古韵芝城

中共无城镇委员会　　　编
无城镇人民政府

赵同峰 ◎ 主编

安徽师范大学出版社
ANHUI NORMAL UNIVERSITY PRESS

·芜湖·

图书在版编目（CIP）数据

古韵芝城 / 中共无城镇委员会,无城镇人民政府编 . — 芜湖：安徽师范大学出版社，2024.3
ISBN 978-7-5676-6635-1

Ⅰ.①古… Ⅱ.①中… Ⅲ.①乡镇—文化史—无为Ⅳ.①K295.45

中国国家版本馆 CIP 数据核字(2024)第023790号

古韵芝城

中共无城镇委员会　　无城镇人民政府◎编

GUYUN ZHICHENG

责任编辑：祝凤霞　李　玲　　　责任校对：舒贵波　吴俊瑶
装帧设计：王晴晴　冯君君　　　责任印制：桑国磊
封面题字：汪国金
出版发行：安徽师范大学出版社
　　　　　芜湖市北京中路2号安徽师范大学赭山校区　　邮政编码：241000
网　　　址：http://www.ahnupress.com/
发 行 部：0553-3883578　　　5910327　　　5910310(传真)
印　　刷：安徽联众印刷有限公司
版　　次：2024年3月第1版
印　　次：2024年3月第1次印刷
规　　格：787 mm × 1092 mm　　1/16
印　　张：31.25
字　　数：518千字
书　　号：ISBN 978-7-5676-6635-1
定　　价：198.00元

《古韵芝城》编委会

顾　　　问：陶光晓

主　　　任：赵世宏

副 主 任：魏代龙　毛少华

成　　　员：陶宏强　罗志刚　汪雁茹　沙德贵　昂朝东

　　　　　　周昌满　季爱生　潘银花　张金坤　黄永军

　　　　　　钱　坤　刘建美　张俊马　林春峰　刘　晨

　　　　　　王　阳　熊志舟　罗　萍

编 务 主 任：汪雁茹（兼）

编务副主任：潘银花（兼）　任汴咏

《古韵芝城》编写组

主　　　编：赵同峰

编　　　委：赵同峰　王惠舟　李俊平　叶悟松　卞业庆

　　　　　　童毅之　邢朝庆　方小平　耿松林　焦晓澜

　　　　　　朱先贵　李光明　汪大木　张甫根

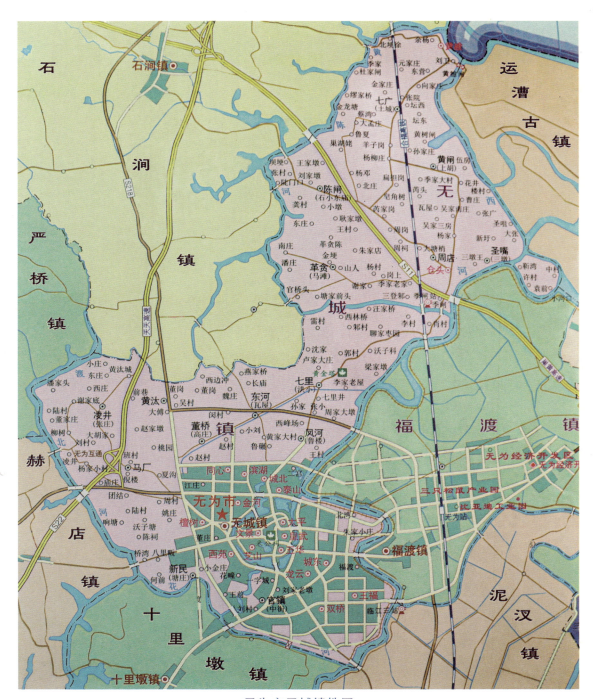

无为市无城镇地图

序　言

　　我是农民的儿子，离别家乡，至今快 70 年了。此次，无城镇编撰《古韵芝城》一书，要我作序，倍感荣耀。家乡的情怀，始终萦绕在脑海，那是我生命的起点。

　　《古韵芝城》是本好书，图文并茂，结构严谨，可读可赞。一篇篇精彩文章，令人回味；一个个英雄人物，令人钦佩。穿越时空，与古人对话，去胜地遨游。还看今朝，与现代交融，为幸福点赞。

　　历史厚重，出凡入胜。自隋开皇元年（581）设置襄安县（治今巢湖市区）无为镇始，历时一千多年的无城，自古就有"芝山绣水，景色宜人"的美誉，人称"河在城中游，城在水上漂"，是一个不太多见的中国式"威尼斯"滨水重镇。

　　锦绣山河，赏心悦目。在无城西南隅，有历史上闻名遐迩的锦绣溪（今名绣溪）。盈盈碧水微波荡漾，绿荫丛中粉墙黛瓦。在老城的中心有著名的米公祠，原名宝晋斋。米芾任无为知军时所建，后人感念其德政，改名至今。被誉为"张青天"的张凯帆题写匾额悬挂其上，熠熠生辉。水乡画境，充满灵性，无城因水而更具魅力。西河、花渡河、华林河等，千百年来滋润

1

着无城。众多桥梁，渡古连今，赓续着生生不息的人间烟火。

名胜古迹，心醉神迷。西寺塔，俗称西门锥子，已近千年。高44米，七层，层层飞檐。塔内中轴旋梯，上下通接，惜20世纪60年代被毁。黄金塔，因汰水东出黄金闸，附近还有黄金庵、黄金城，素有"十里三黄金，凤凰赶麒麟"之说而得名，为安徽省现存最早的古塔。杏花泉古井，自古以来甘泉不断。千年古城墙，留下了历史的沧桑。

文化璀璨，辉煌城乡。无城的古诗词，反映了无城不凡的风貌，是历史长河中绚丽动人的浪花。寺庙、宗祠、名人故居等众多名胜古迹，留下了宝贵的楹联文化遗产，为大美无城增添更多光彩！宋时设立无为军，故无为学宫旧名"军学"，又称"儒学"。新中国成立后，教育事业蓬勃发展，为社会主义建设输送了大批人才。

非遗传承，光耀子孙。剔墨纱灯，技艺卓绝。1894年，光绪皇帝为慈禧太后操办60寿诞，特派统领官员来无为州选此纱灯，剔墨纱灯一举成名。境内河流水系众多，舞鱼灯的传统风俗流传范围广，花渡河水系的八里鱼灯是其中的佼佼者。

风情美妙，目不暇接。端午节的重头戏，是独具特色的划龙舟竞赛。街头巷尾，点心繁多，全是舌尖上的美味。"鼓楼新风"志愿者服务队，是芜湖市"最美志愿服务组织"，荣获无为市首届志愿项目大赛银奖。"无城好人馆"，是无为市建成的第一个好人馆，设置"好人墙""笑脸墙""荣誉墙"，弘扬时代精神。

精英荟萃，令人敬佩。王之道，宋代杰出诗人、军事家和政治家；金全才，著名戏剧家、评论家和教育家；卢光楼，无为最早的中国共产党党员；刘正国，创作多首笛子独奏曲和歌曲，首创竹笛"咔奏双声"新技法；宣益民，工程热物理学家，中国科学院院士，成就斐然；王传福，比亚迪股份有限公司董事长，拳拳盛意，回报家乡。

巡礼宝地，奇光异彩。老城区，人文厚重；新城区，日新月异。无为板鸭，味美传八方；羽毛羽绒，暖意四海扬。

今年是我们伟大祖国75周年华诞，《古韵芝城》出版，正是献礼之书。我们已经步入新时代，深信无城人民踔厉奋发，阔步前行，明天会更美好。

中共安徽省纪律检查委员会原副书记　蒋克伦

2024年1月8日于合肥

目 录

⬥ 无城历史

无城锦绣

古韵芝城

无城风情

＊ 无城故事

目录

🜨 无城精英

八　无城巡礼

目录

古韵芝城

8

一

无城历史

无城镇沿革述略

耿松林　赵同峰

自隋开皇元年（581）设置襄安县（治今巢湖市区）无为镇，历时一千多年的无城，始终是当地政治、经济和文化中心。宋明时期，在无城设"茶榷务"，为全国六大茶叶集散市场之一。明初，茶务税银高达4.3万两，年销茶叶百万余斤。宋时，"无为纸"受到广泛赞誉。其时，无城开始用土筑城墙，城东沿河地带贸易尤其繁盛。明时，县城称"在城"，辖9个里（又称图），一图在官沟后街，二图在紫芝山西，三图在养济院北，四图在教场东南，五图在董家巷，六图在新街，七图在社学旁，八图在包家嘴，九图在城隍庙东。明朝中期，为防御倭寇，城墙改用砖石砌筑，城内形成"九街十八巷"格局。明清之际的无为板鸭、剔墨纱灯，极大地提升了无城的美誉度。

在自然经济状态下，无城的发展总体缓慢，长期处于城墙围成的不足两平方公里范围内。

史料记载，1912年，无为改州为县，县治设在今十字街人民广场北侧原无为饭店处。1936年，无城隶属虹桥区，共有皇武、五华、文景、东岳4个镇，计43个保。

1949年无为解放之初，这4个镇共同组成无城区。1952年元月，无城区增设太平镇。1957年元月，无城区改为县直属镇。1958年9月，改称红旗人民公社，12月又称新民人民公社。1960年元月，改称大江人民公社；2月，

一

无
城
历
史

城区从大江人民公社划出，恢复县直属镇建制；6月，改称无城人民公社。1961年10月，改为无城直属镇，辖芝山、登沄、城南、五华、皇武、太平、铁山7个居民委员会。

1968年，无城镇辖抗大、东风、跃进、大庆4个居民委员会和1个蔬菜大队。1982年，辖五华、太平、皇武、文景、芝山5个管理区，下设22个居民委员会。1988年12月，辖太平、皇武、文景、五华、芝山5个居民委员会，并代管官镇、檀树、凤河3个乡。彼时，城乡居民11万余人，其中城区居民4.7万余人，城区面积4.8平方公里。

2003年4月，县政府撤销无城镇5个管理区建制，在新老城区新设9个社区居民委员会，7月1日新的社区正式挂牌运行。这9个社区是：五华、芝山、文景、皇武、太平、金河、西苑、泰山、城东。

2005年，仓头镇并入无城镇。合并后，全镇人口17.2万人，城区面积12平方公里，辖老屋、凌井等43个行政村和金河、皇武、太平、五华、文景、城东、西苑、泰山、芝山、仓头、黄雒等11个社区。

2006年，改王福村为王福社区，改城北村为城北社区。2008年，新设滨湖社区、同心社区。2009年，新设檀树社区。2014年，新设龙云社区。2015年，新设双桥社区。

截至2021年底，无城镇户籍人口18.1万人，常住人口28万人；全镇总面积123平方公里，其中城区面积30.5平方公里（包括福渡镇境内的东部新城）。2023年2月，改官镇村为官镇社区。至此，无城镇辖19个社区和14个行政村。

无城自古就有"芝山绣水，景色宜人"的美誉，人称"河在城中游，城在水上漂"，是一个不太多见的中国式"威尼斯"滨水重镇，是无为市委、市政府所在地。

按照乡村振兴"产业兴旺，生态宜居，乡风文明，治理有效，生活富裕"的二十字总要求，无城镇扎实推进农村"三大革命"和美丽乡村创建工作。全镇在黄雒社区、仓头社区、黄闸村、革贪村、黄汰村、凌井村等，共创建了8个美丽乡村中心村。其中，黄闸村、革贪村为省级美丽乡村重点示范村，仓头村为省级美丽乡村示范村。通过美丽乡村建设，各村村容村貌焕然一新。

无城境内有羽毛羽绒生产加工企业130多家（规模以上企业30多家），

年总产值近60亿元。其中，东隆家纺股份有限公司年销售收入超10亿元，17家企业年销售收入超1亿元。以东隆、文翔、万利达等大型羽绒生产企业为代表，羽绒总产量约占全省市场的33%；以光明、鹏翔、蓝翔、永胜等为代表的50多家羽毛球及毛片专业生产企业，高档羽毛球毛片总产量约占全国市场的70%。业内有"国际羽毛看中国，中国羽毛看安徽，安徽羽毛看无城"之说。无城产的毛片、羽毛球、羽绒制品等畅销全国，远销欧美、非洲、东南亚等20多个国家。此外，无城还有天然羽绒制品有限公司、波司登羽绒工业园、浙江万翔寝具制品有限公司、台湾光隆羽绒制品项目等。

无城镇政府提出，围绕"提升传统产业，打造百亿园区"总目标，争取用5～10年时间，将无为羽毛羽绒产业园打造成全国最大的集生产加工、市场贸易、研发设计为一体的综合性特色产业集群；到2025年，培育3～5家年销售收入超过10亿元的龙头企业，园区实现年产值达到100亿元，跻身芜湖市第五大产业园区；到2030年，培育5～10家年销售收入超过10亿元的龙头企业，园区实现年产值达到200亿元，成为优势明显、产业突出、能源清洁、环境美好的绿色循环经济示范园，以及中国最大的白鹅绒交易中心、定价中心和中国鹅绒之都。

党的二十大已描绘发展宏图，无城镇已制定今后五年乃至长期经济社会发展规划。在无为市委、市政府的坚强领导下，无城镇将奋发有为、开拓进取，昂首阔步，迈向灿烂辉煌的美好明天。

无城镇人民政府

古邑无城

李俊平

　　无城草创于三国时期，当时魏、吴两国均在古濡须河沿岸营造军寨，由巢湖出口逶迤至长江边，其中的濡须山、仓头、无城均为军事重地。北宋乐史所撰的地理总志《太平寰宇记》云："无为军本巢县之无为镇，即曹操征孙权，筑城于此。攻吴无功，因号为无为城，临濡须水上壖地。"《安徽省志》亦记载，无为县城无城镇，为曹操东进南下在今镇北花家疃所筑军城无为城的基础上向南发展形成的古代军事战备要地。

　　至隋开皇元年（581），庐江郡襄安县始置无为镇（今无城镇）。当时商贸业十分发达，后改称城口镇，为巢县首镇。

　　北宋太平兴国三年（978）立无为军，军治在今无城中心菜市场一带。其后设无为县，县治在今无城芝山北，正式修筑垣墉。无城人烟辐辏，街市兴旺，居民向学，翰墨飘香。宋郡人王栐《燕翼诒谋录》曰："泊至皇祐三年，仁宗皇帝在位三十年矣。六月丁亥，守臣茹孝标奏：城内小山生芝三百五十本，悉以上进，改名其山曰紫芝山。"此后，无城又称芝山、芝城。宋和州人郭象《睽车志》曰："无为军城内有秀溪者，初名锦绣溪。始未有城，溪水与外通。中有珠蚌，入水者足或履之，其大如席，旋即失之，盖亦灵异。或夜傍水际，启壳吐其光，明皎如月，照地数丈。秀之名，盖取川媚之义也。其后筑城，绝不通外，珠遂不知所在。"此后，无城亦称绣水。

到元代，无为军升为无为路，后又降为无为州，治所未变。"明初，橄知州夏君祥督葺成城，周围九里三十六步，高一丈二尺，址宽七尺，上广四尺，东引华林大河为濠，深一丈，宽五丈九尺，西、南、北深七尺，宽如之。"（嘉庆《无为州志》卷三《舆地志》）引华林河水以灌之，护城河由此形成；城门6道，东有楚泽门（大东门）、东津门（小东门），南有蕉风门，西有大安门，北有镇淮门，东北有仓埠门。

　　清嘉庆年间，城内外有街21条，其中，城内主要街道有13条，即十字街、兔儿岗街、小十字街、登沄街、五神寺街、熙春街、鼓楼街、城隍庙街、后新街、前新街、皇华坊街、大安街、迎恩街。今人民广场西侧前为十字街。城南为南大街、小十字街，南门外为九华街和一字城。城东为阁上，称米市街，东津街称东大街，东南横街为五神寺街，东北纵街为鼓楼街，亦称鹅市；北面横街为城隍庙街，又称鱼市；鱼市至小东门街，左达仓埠门的为后新街；后新街之西为前新街；其南接古楼，北为皇华坊街。城西为大安街，称西大街，西南为登沄街；西北纵街为太平街。城北为迎恩街，即北门大街；北门外为上草城街、下草城街；由仓埠门外达东门靠大河的为河街。城内外有巷28条。城东有察院巷、郭家巷、佘家巷、大井巷，城西有状元祠巷、张拱巷、陶家巷、观音堂巷、阮家巷、董家巷、白家巷、新仓巷，城南有筛子巷、毕家巷，城北有官巷、谎称巷、俞家巷、庄家巷、太平巷。徐举人巷在鼓楼北，小井巷在皇华坊东北，杜家巷在前新街，儒学巷、陆家巷俱在儒学西，燕家巷在南门外九华街，支家巷在仓埠外门，东津巷、竹巷俱在小东门外。1938年，草市街、鹅市街遭日军飞机轰炸燃烧殆尽。至1949年，全城依旧遍地平房，街巷狭窄。

　　无城历史遗迹众多，有孔山、芝山、铁山，有锦绣双溪（即米公祠边的杏花泉和景福寺内的太守泉），有稻孙楼等名胜，有州学簧门、林泉书院、芝山书院等。此外，还有两塔一祠一园，即北郊黄金塔、城西西寺塔、城中米公祠、城南绣溪公园，均建于北宋，与无为建置同属一个时代。二状元祠旧址在西大街，今无为市实验小学附近，为祭祀宋状元焦蹈、明状元邢宽而建，现无存。黄金塔、米公祠现为安徽省重点文物保护单位，彰显了无城深厚的人文历史底蕴。

　　20世纪60年代，旧城改造兴建的工程以十字街周边最为突出。百货商场、无为饭店、二轻局、邮电局四幢楼房形成十字街中心商业区。商业大厦、供销社商场均为四层楼房，门面装潢考究。西大街的60米高电视转播塔，为县内最高建筑物。1988年，太平、皇武、文景、五华、芝山5个管理区有千余户居民。街道两侧绿化植物以法国梧桐为主，计2600棵。1991年《无为县城总体规划》确定"打通四门，改造老城；开辟新区，建设新城"的目标，掀起城区建设高潮，新的道路和办公楼相继开工。至2013年底，城区建成或改造标准化主干道63条，全长60公里；改造街巷道路21条，全长10.3公里。

　　丰富的物产、优越的地理位置，促进了地方经济发展、城市繁荣和社会进步。无城镇经济发展位列无为市榜首，招商引资名列前茅，先后两次被评为"中国百强镇"。

崛起的无城

仓头奋勇抗日

张甫根

1938年8月14日，日本侵略者先后侵占了无城、黄雏、仓头等地，把无城镇繁华的米市街及十字街焚烧为废墟。他们到处烧杀淫掠，无恶不作，在仓头街道更是犯下了不可饶恕的滔天罪行。

仓头曾目睹惨案的老人回忆，那时他已九岁，很清楚地记得当年的事，现在想起心口还隐隐发痛。

1942年10月27日上午，新四军第七师侦察排周排长带领侦察员，进入仓头街道了解敌情。周排长和两个侦察员坐在王记茶馆内，一边喝茶一边观察敌情。就在这时，有三个日本兵来到茶馆对面的"查记"豆腐店门口。他们看见该店的老板娘年轻，便兽性大发，一边大叫着，一边跨进店堂。一个日本兵猛地从背后抱住她，老板娘被这突然的侮辱惊呆了，但没忘记高声呼救："救命啊！救命啊！"撕心裂肺的呼救声，回旋在仓头街道的上空，撞击着父老乡亲们的心。

周排长目睹同胞被日军侮辱，气得咬牙切齿。他环顾四周，看街上只有三个日本兵，便用眼神示意身边的两个侦察员。他们迅速穿过街道，直奔豆腐店内，一人抱住一个日本兵，三声闷枪后，日本兵还没反应过来，就立刻倒在地上。他们缴获了日本兵身上的枪支弹药，迅速奔出店堂。

为了不连累老百姓，他们故意向日军驻地的房子打了几枪，才撤出了仓头街道。日军以为是抗日大部队到此，不知底细，不敢追赶。直到中午后，日军才将三具尸体抬走，同时驻街道的日伪军全部撤到无为县城内。

日军撤走后，仓头街道陷入一片混乱。街道上的居民担心敌人会回来报复，于是扶老携幼，纷纷举家出走，逃往外地临时避难。

第二天上午，驻无为县城的日军警备大队长滕木和翻译便带领日伪军200多人，杀气腾腾地奔向仓头街道，大发淫威，挨门逐户搜查，将没有出逃的人全部赶到街道西头藕塘边的大场基上。四周站满了荷枪实弹的日伪军，还架设了一挺重机枪。

滕木与翻译叽里呱啦地说了一阵后，翻译喊道："谁是仓头街上的人？站到这边来。"他一边喊人，一边指着右边的空地。在场的一两百人里有半数是街上的人，但无人应声。滕木见状，拔出马刀，大吼一声。日军迅速拉响了枪栓，举枪对着群众瞄准。

就在这气氛极度紧张之时，人群中有一姓李的老人心存侥幸，他曾听别人说只要不反抗就不会遭殃，于是答应道："我是仓头街上的人。"他边说边往右边走。只见滕木将刺刀对准老人的胸膛刺进去，把老人刺死了。

接着翻译又向群众喊话："新四军是怎么来仓头的？"人们都不敢吭声。翻译又大喊："谁是仓头街上的人？站到这边来。"这时，又一老人站出来说："我是街上的人。"滕木又用同样的方法把他杀死了。日军接连刺死两名无辜的老人后，任凭翻译怎么喊都无人应声，场上一片寂静。

此时滕木又向翻译咕噜了几句，翻译面向无辜群众大声喊："现在用机枪送大家回去。"就在这紧急关头，人群中有人高声呼喊："鬼子今天是不想让我们活了，大家跑啊！"由于场基两头的通道被敌人封锁，大家无路可逃，于是纷纷跳向场基旁边的藕塘里，拼命向藕塘对岸游去。此时，日军的机枪对准手无寸铁的男女老少疯狂扫射，许多人没有逃脱魔掌，不是被枪杀，就是被淹死，鲜血染红了藕塘。

敌人血腥屠杀之后，又放火烧了街道两边的商店和附近几个村庄。待日军撤回无为县城，已是傍晚时分。幸存的群众从四面八方赶到藕塘打捞遇难者，总共捞出93具尸体。其中，村民王恒元一家就有四人被害。场基上尸体遍野，惨不忍睹。

仓头老街边藕塘

　　人们在痛定思痛之后，更加仇恨侵略者，认识到只有抗日才有活路。于是，仓头街道及其附近村庄的很多青壮年，都纷纷到无为西北乡报名参加新四军和游击队，奔赴抗日战场，以雪国耻家仇。

　　仓头惨案距今已有80多年了，我们要永远记住这血泪仇、民族恨，同时，要全身心地投入新时代的建设中，为民族振兴、祖国富强和人民幸福贡献力量。

　　　勿忘国耻　振兴中华
　　　铭记历史　吾辈自强

无城历史

三闸工程
——皖中抗日根据地水利建设重点工程

邢朝庆　童毅之

三闸指的是陈家闸、黄树闸、季家闸，位于无城镇北郊。陈家闸在陈闸村季村自然村，黄树闸在黄闸村姚巷自然村，季家闸在无仓路仓头段。陈家闸属黄陈河水系，黄树闸、季家闸属西河水系。三闸工程灌溉范围为三闸大圩内的十万亩农田。现今的三闸虽有部分损坏，但主体仍然保存良好，有的进行了改建，基本上还在发挥作用。

三闸工程最早兴建于明朝。明正统年间，州守王仕锡募资捐工，建黄金城闸，又名黄金闸，即季家闸，"外滨大河，内环七流，地方三十余里，有七十二圩，三百六十冲汊，全赖此闸蓄泄。旱则开通以救田禾，涝则闭塞以堵江涨……由是旱涝无患"。黄树闸"大小沟汊甚多，蓄泄坂水，灌溉田亩五十余顷"。陈家闸"蓄洪坂水，灌田六十余顷"。（嘉庆《无为州志》卷六《水利志》）

三闸工程真正大规模兴建，是在抗日战争时期。皖中抗日民主政府为了持久抗战，解决经济困难，保障供给，尤其是保障粮食丰收和增产，决定大修水利。1942年7月皖中抗日根据地皖中行政公署成立后，毕业于北京农业大学的行署主任吕惠生就把兴修水利摆上了工作日程。他在全区农业会议上指出，经营农业，不能不讲水利，闸是圩田作灌溉排水用的，堤坝是抵御河水、江水的，这些设备必须健全起来，然后就可以按需调节水位，就必然年年丰收。基于此，1943年7月，皖中抗日根据地中心区军民在粉碎日军的二次"扫荡"之后，开始在全境范围内修建涵闸斗门。此时的三闸大圩基本形成，圈圩垦殖进入高潮。但由于圩势倾斜，河道多弯曲，遇有暴雨，洪水直泄，流聚内圩，易形成涝灾。吕惠生率领水利委员会负责人到大圩踏勘，制定了"蓄泄分举，分流疏导"的建堤方案。经过一年的艰苦奋斗，三闸工程如期完成，成为调节圩内十万亩农田水利的吐纳咽喉。

三闸工程是敌后水利建设的壮举，是无城人民在严酷的战争环境中，为抗日救国大业作出的贡献，是抗日民主政府"利为民所谋"的具体体现。三闸工程开创了奇迹，成为大江币的票面图案。

皖中抗日民主政权建立后，根据中共中央华中局第一次扩大会议精神，于1943年在皖中总金库的基础上成立大江银行，下设会计、发行、业务三个职能科，行长叶进明。大江银行为皖中行政公署的地方银行，总部设在皖中抗日根据地无为县汤家沟。该行发行的货币简称"大江币"，主要流通在皖中的长江南北和芜湖以西的无为、巢县、庐江、舒城、桐城一带。

《皖江抗日根据地财经史稿》记载，皖中抗日根据地发行的纸币一共有40种。以陈家闸为票面图案的有拾元铜板券、青莲色伍元铜板券、绿色伍元铜板券、壹元铜板券、壹角木刻券、壹角紫色券、壹角黄色券，共7种，以季家闸为票面图案的有贰元木刻券，两者兼有的大江币有8种。以三闸工程为票面图案，凸显了水利建设工程在皖中抗日根据地的重要地位。

据《华中革命根据地货币史》对大江币发行情况的统计，发行量较大的号码有9种。其中，陈家闸2种，为1944年陈家闸伍元券（号码为231363，共1156815元）和1945年陈家闸拾元券（号码为0240701，共2407010元）；季家闸1种，为1945年季家闸贰元券（号码为128064，共256128元）。

大江币的图案一般和抗日根据地人民生活有一定关系，如灯塔图案象征着中国共产党在抗日战争中的正确领导；陈家闸票面图案正面为陈家闸，背面分别为支前、抱禾农民、花符；季家闸票面图案正面为季家闸，背面为花符。这些图案均体现出新四军和人民群众军民团结一心，也表现出军民共建家园的美好愿望。

无城历史

1945年，大江银行发行的印有陈家闸工程图案的拾元纸币

　　另外，1945年大江银行还发行了两种券面为贰拾元的大江币：一种是正面图案为黄金塔、背面图案为保卫春耕、主色为蓝色的贰拾元纸币，另一种是正面图案为黄金塔、背面图案为保卫春耕、主色为蓝色、黄底的贰拾元纸币。贰拾元纸币是大江币面额最大的纸币，加上以陈家闸为图案的拾元券、伍元券，更显示出无城地区水利工程包括名胜古迹在皖中抗日根据地的重要地位。

大军过江点滴见证

王惠舟

70多年前，解放大军胜利渡过长江，我有幸见证了点滴。

1949年元月无城解放时，我家刚从农村搬进城暂住南园外婆家（现烈士陵园东侧）。我读绣溪小学三年级，上学经过开阔的菜园和绣溪公园长堤，很近。

春天开学了。一次晨会上，从解放区来的程玉如校长讲话。她说："解放大军马上要打过长江去，推翻蒋家王朝，解放全中国。"一天下午放学后，我走在公园长堤的平板石桥上，意外地看到西边黄泥湾走来一支长长的队伍，很自然地想起程校长说的"解放大军"。一路纵队，沿着公园塘边走来。后来我才知道，他们为了避开闹市区，从西门进城，在西寺（现无为中学）大门前转入县体育场，下坡到黄泥湾，沿公园塘边直插南大街，出南城门，顺东城巷（现一环路段），过东门大桥直奔长江边。

解放军通常是下午四点多开始行动，这样很快就天黑了，可以避开国民党飞机的侦察和轰炸。老百姓在路边看解放军行军，很热闹。他们有的轻轻地摆摆手招呼一下，有的满脸笑意，还有的咂咂嘴、挤挤眼，跟我们逗乐，和善又亲切。他们头上、背上都编插着柳条和草叶伪装，洗得发白的军装左胸上，"中国人民解放军"白底蓝字胸章十分醒目。

我最爱看解放军的武器。多数是步枪、刺刀、手榴弹，也有两条腿的轻

无城历史

15

机枪、三人抬的重机枪，还有大人说的掷弹筒、小钢炮（迫击炮）。他们都背着或挎着背包、干粮袋、烙饼（我们叫侉饼）和干蒜头。

隔两天同学说，大街上来了解放军的汽车和大炮。我很兴奋，连忙跑去看，街边人很多。那些一人多高、插满树枝和草叶伪装的大卡车里坐着解放军，被拖着的大炮身穿绿衣，粗大炮筒架在两个大轮子上，炮口朝后高高翘起，很威风、很吓人。汽车和大炮行近东门大桥时，解放军怕这石拱桥不能承受重压，十分谨慎。有人在桥四角观察，关注是否安全，一位解放军驾驶汽车拖着大炮慢慢驶上桥，过了桥的中段略微提速，很快便安全通过了。古城石拱桥，为大军渡江立了大功。

解放军来到无城，老百姓近距离看到解放军，异常亲切。天然的鱼水情，已经在老百姓心中生根、生长。我在农村曾见到下乡扫荡的国民党反动派的军队，他们抢劫掳掠，打骂百姓，坏事做尽，丧尽天良，老百姓恨他们恨得牙痒痒。

过了好些天，学校组织了20人的歌咏队，我有幸入选。每天课外活动，从解放区来的丁学章、孙静端两位老师，教我们唱解放区的新歌：《解放区的天》《南泥湾》《团结就是力量》《咱们工人有力量》《你是灯塔》等。一天练习结束，程校长对我们说："解放大军已经胜利渡过长江。一些解放军叔叔在战斗中负了伤，在医院养伤治疗。按照县领导安排，你们明天去医院慰问他们。希望你们好好唱歌，为学校争光。"接着，孙老师说："表演时大家一律穿白衬衫、蓝制服裤子，戴红领巾。明天早上准时到校，集合后出发。"大家都非常高兴。但是服装和红领巾，我都没有。回家跟妈妈一讲，她很快从邻居家借来了衣服。裤子长了点，她把裤脚朝里翻进去缝短了。白衬衫大了点，往裤腰里一扎就成。红领巾用红绸布拼合而成。慰问演出那天早上，孙老师、丁老师给我们简单化了妆就出发了。

解放军伤病员住的是临时医院，集中在上新街和后新街徐、邢、叶等五家大户人家（即后来的粮食局、迎宾楼和木材公司所在地，也就是现在的华林府小区一带）。我们先到徐家大屋，早有一位解放军首长在门口等着。他与孙老师、丁老师热情握手后，就领着我们进了病房。那位首长把我们简单介绍后，就鼓掌欢迎。我们排好队，孙老师点出歌名，起头唱了一句，再发出口令"一、二",手一挥,我们就浑身是劲地唱起来。唱一首就得到一阵掌声,共唱了三首。我们在徐家大屋四个病房轮流唱完后,接着又到邢家大屋、叶家大屋演唱,圆满完成任务。

那些临时医院都很大,每一处都有几十间病房。我们演唱的病房里都是轻伤员,重伤员病房是不准外人进入的。医院里非常干净,闻不到一点血腥味和异样的药味,也没有什么杂音,只是院子和走廊里晾满了绷带和衣服。这些临时医院,不久都完成了使命而被撤销了。

革命烈士纪念碑

无城解放前夜

王惠舟

1949年1月21日，农历腊月二十三送灶的夜间，统治无城的国民党反动政权垮台了。这些与人民为敌的反动势力，在走向灭亡的黑夜，还给无城人民制造了巨大的灾难。这是一个令人难忘之夜，让人惊恐不已。

不知什么时候，我从熟睡中突然惊醒，稀里糊涂地觉得大事不好！外面突如其来的各种撕心裂肺的声音直刺耳中。我不知道是被外面人的狂吼与惨嚎吓醒的，还是被远近狗的狂吠惊醒的，是被家里大人们低沉而又充满恐惧的声音唤醒的，还是被冰窖一样的严寒冻醒的。我全身颤抖着，上牙不住地碰着下牙，慌慌张张地穿好衣服，不知所措地坐在床边。堂屋中全家老小十来个人都在，坐的坐，站的站，没有点灯，看不见彼此的神态，但肯定都笼罩在突如其来的巨大惊恐之中，提心吊胆。

就在这时，传来劈里啪啦烧火的声音，可以看到我家院外的西边，火光像魔影，一蹿一蹿在半空中张牙舞爪。那些恶魔在放火烧老百姓的房子！这一带的菜农们，住草房的多，一旦烧起来，不堪设想！

作为家主，父亲当然害怕那些强盗闯进家里来。他担心一家老小会遭遇不测，但又不知如何是好。面对外面惊心动魄又不知所以的世界，他摸索着搬起板凳，慢慢地走到西边院墙边，站在凳子上向院墙外偷看动静。不得了，火光一闪，父亲被发现了。远处立刻传来一声吼叫："墙头上有人，快出来！"接着"叭"的一枪，子弹带着哨音，从房顶上飞过。父亲吓得跌下板凳，还未站稳，就听到一阵咚咚咚的脚步声由远及近，跑到我家院墙外。有人嚷着："进去进去，里面有人！"父亲压低声音慌张万分地小声说："强盗来了，不得了，不得了……"

情急之下，70岁的祖母赶紧指挥一切："小孩子都不要动，不准讲话；二房里（祖母按父亲排行称呼我母亲）快些把锅前（厨房）的猪肉拎到院子里，把那口破缸翻过来盖上。"祖母又让父亲赶快搬梯子上屋头到与邻屋相连的过道顶上去。那地方好，正好凹下去一个长条，睡下一个人，就是白天也没人能看见。父亲是一个地道的文弱书生，又患有严重的支气管哮喘，40多岁的人，手无缚鸡之力。祖母要他上屋顶去躲一躲，是怕他被坏人抓走，如果被抓走，那肯定是有命去无命回的。最后祖母说："坏人来了，都不要讲话，我来对付！"祖母一番安排，让一家人觉得多少有一些安全感。

只等坏人破门而入了。但是奇怪，他们始终没有进来。只听到墙外不住地乱喊乱骂："这墙太高，爬不上去！""这院门在哪？怎么找不到？"我们当时住的房子，是在外婆家大院套小院的里面，走进走出都是转弯抹角，陌生人白天也不容易走进来，何况这是黑夜！又听到院墙外的人惶恐地说："算了，别进去了，快走吧，就剩我们这几个人了。"万幸，狂徒们走了，如一阵恶风邪气席卷而去。

渐渐地平静下来，我们在黑暗中又坐了一会。估计那些强盗不会再来了，祖母叫父亲从屋顶上下来，十分欣喜地说："怪事，你平时走路腿脚都无力，今天上下梯子倒是手脚利利索索；平时夜里咳嗽三间屋都能听见，今天在屋顶上那么冷，连一声也不咳。这真是老天保佑啊！"四下里漆黑漆黑，天亮还早，全家人又都睡下了。

第二天，我一觉醒来，已是红日高照。吃过早饭，我溜出家门，实在想看看昨夜外面到底发生了什么。走在绣溪公园的堤埂上，觉得阳光下凉亭、房屋、池水都那么明晰、油亮。没有风，也不冷。路上行人很少很少。走过登沄街我的学校——绣溪小学之后，就到了小十字街。一路上，各家各户都大门紧闭。

从小十字街往北向大十字街走去，情况就不一样了。临街的店面十有七

无城历史

八门板被砸坏，货架东倒西歪，各种物品凌乱散落，遍地都是。我猜想这都是昨夜遭劫的痕迹。最惨的是，城中心十字街东北角的森昌百货店。这家商店，是我记忆中县城里数一数二的高档百货店。两层楼房，下面三间门面，货物又多又好，陈列得很漂亮。晚上汽油灯一点，灯火辉煌，很气派，很吸引人。平时顾客多，逢年过节更是热闹非凡。但这时，厚重的门板倒在一边，十多个大玻璃货架全部翻倒在地，而且都被砸坏了。被抢剩下的商品如毛巾、水瓶、鞋袜等被扔在地上，一塌糊涂。各色绢花、毛线全成了垃圾，里面传来女人的哭泣声……可以肯定，昨夜强盗在这里闹的时间一定很长，抢的东西很多。我站在十字街心，向四周望去，大街上散落着无数物件，看得出昨夜那些强盗是怎样的疯狂，又是何等的慌张！

到街上闲看的人多起来。我继续顺着大街向东门走去，因为越看越好奇，越好奇越想看。在阁上礼拜寺巷口，我十分惊奇地发现，从不远处的警察局那头，先后走出几个衣服破烂、头发蓬乱、满脸胡须的人。他们边走边四下张望，黑眼珠闪着异样的光。在这几个人的后面，有一个看不清面目的人，戴着手铐、脚镣，歪歪倒倒地顺着墙边，很慢很慢地挪着脚步。我有点害怕，赶快回家了。

我从礼拜寺转回小十字街，再到登运街，从博爱医院的小巷踅回绣溪公园堤埂。同清晨不一样，此时外面走动的人多起来。远远地看到凉亭里有几个人，坐的坐，站的站，随随便便地，并无惊恐的样子，好像在闲聊。

走到亭子边，我好奇地想听听这些大人们在说些什么，特别想从他们嘴里听到我希望听到的话。这些大人都面熟，是附近的住户。我猜测，他们在经历了昨夜的惊恐之后，肯定是凑到一起，讲讲这个奇怪而新鲜的话题。于是我走进亭子，在靠水边的护栏长凳上坐下来。

几个大人既满不在乎，又神秘兮兮地相互言语着。刚刚过去的那个惊恐之夜，原来是统治无为的国民党反动派那些魔鬼般的残兵败将逃窜时丧心病狂、大掳大抢的丑恶表演！

后来，我从《无为县志》中读到那个惊恐之夜的背景材料：民国三十八年（1949）1月21日（农历腊月二十三日），皖西第四军分区派遣小股队伍四面逼近无城。国民党无为县常备队闻讯仓皇撤离，途经泥汊，被无南大队拦截，全部歼灭。至此，无城宣告解放。

无为解放了，古老的无城迎来了光明，正如歌中唱道："共产党，像太阳，照到哪里哪里亮！"

在抗美援朝的日子里

王惠舟

  1950—1953 年，是一段让人震撼、感动和满怀崇敬之情的日子。1950 年
6 月 25 日，朝鲜内战爆发。1950 年 10 月初，美军不顾中国政府一再警告，
悍然越过"三八线"，把战火烧到鸭绿江边，炸弹落到中国的土地上。毛主
席发出"抗美援朝，保家卫国"伟大口号，全国人民热烈响应，坚决拥护。
在那个全国人民同仇敌忾、非常艰难的岁月，无城人民全力以赴，积极行
动，为抗美援朝作出贡献。刚开始，无城人民就按照县委、县政府部署，认
真地订立《抗美援朝保家卫国爱国公约》，表达了对美国侵略者无比痛恨、
全力支援抗美援朝的坚定决心，同时保证做好工作、努力生产，增产节约，
以实际行动支援志愿军。

  全国抗美援朝总动员，号召开展捐献活动，无城人民热烈拥护，迅速行
动。人们不只捐出现钞，很多人甚至捐出了心爱的金银首饰。中小学生们有
的拾废品卖钱捐款，有的捐出了家长给的零花钱。1951 年底，全县捐款达
35 亿元（旧币），超额百分之十七。

  为做好优抚工作，给最可爱的人献爱心，城乡普遍开展帮助志愿军烈
属、军属、工属耕田种地，称为代耕。第一年，全县代耕田就有 31897 亩。
无城先后接收志愿军伤员 1000 多人，他们为保卫祖国光荣负伤，是最可爱
的人。每次伤员到达，都受到热烈欢迎。青壮年踊跃抬担架接运，其中妇女

担架有 37 副。伤员安排好了，2985 名妇女组成 299 个洗衣组给伤员洗衣服，还有 960 名妇女组成 64 个缝纫组为伤员缝制衣服和鞋袜。人们都以能为志愿军服务为荣，这是无城人民拥军史上值得自豪的一页。

无城还大力开展爱国卫生运动。1952 年，美国在惨败之时，丧心病狂地发动了细菌战，用飞机把装满带有细菌的昆虫炸弹投放到朝鲜和中国。这些炸弹落地就自动打开。人一旦被细菌传染，就会患上天花、霍乱、疟疾这些可怕的疾病。细菌沾染上牲畜、农作物、水源等，也会间接传染给人，后果同样不堪设想。人们都明白：搞好卫生，就是保卫祖国。全镇各种宣传活动深入人心，人们定期或不定期地打扫卫生，保持室内外环境整洁，勤理发、勤洗澡、勤换衣，养成讲卫生的好习惯，千方百计消灭臭虫、蚊子、跳蚤、苍蝇和老鼠。各居民小组深入开展防特、防盗、防火宣传，白天到各户检查"穷锅底，富水缸"（防火），夜晚组织巡更，严防坏人破坏。全民发动，百倍警惕。全国亿万人民团结奋战，很快，美国的细菌战彻底失败。

抗美援朝，最重要的当然是在战场上"打败美国野心狼"！青年人都响应号召，踊跃报名参加中国人民志愿军。1951 年春，无为县第一批入伍青年在鼓楼小学北面上新街集中。四面八方的人涌向这里，只见满街是人，最多的是已经换上军装、戴着大红花的新兵。他们列队站着，少说也不下千人。其他你来我往的是入伍青年的亲人、街道干部、工作人员。现场人声鼎沸，气氛热烈。刚刚获得解放的无城人，平生第一次看到这种爱国情、鱼水情、骨肉情彼此交融的动人场面。无为中学有数十名高中学生，接受祖国挑选，光荣"参干"（入伍任干部），走上了抗美援朝前线。据史料记载，到 1953 年底，无为县共有 6643 人参加了志愿军，其中无城参军青年在千人以上。

70 多年前，无城大批热血儿郎义无反顾奔赴朝鲜战场，为彻底打败美国侵略者作出贡献。黄闸村的季鸿，曾任解放军空军第十五师师长、南京军区空军副参谋长等职。他入朝作战，指挥有方，作战英勇，荣获了朝鲜民主主义人民共和国二级自由独立勋章。该村的胡世寿和所在部队，在 1953 年 7 月夏季反击战等多次战斗中，都给美国侵略者以沉重打击。他们的英名，无城人将世代铭记。

无为电力发展述要

耿松林

　　1950年8月，坐落在无城十字街北侧关帝庙内的地方国营无城电气厂，开始用一台24千瓦柴油发电机发电，仅运行27天。1952年元月，新增一台70千瓦柴油发电机，由于发电不正常，7月又增加一台48千瓦发电机。1954年，厂名更改为"无为电灯厂"。1957年又添置一台55千瓦柴油发电机，当年电灯厂实际发电机总容量经测算达到127千瓦。

　　1958年8月，厂名进一步改为"无为县长江电厂"，在无城北门河口设立第二发电车间。次年5月，又在无城小东门外设立第三发电车间。

　　1961年9月4日，无为县火力发电厂在无城北门外新河口投产，新增一台1500千瓦燃煤汽轮发电机组。无城的工业、照明及城郊的排灌站用电，都得到了保证。

　　1962年6月，含山县杨柳圩110千伏变电所到无为电厂开关站的35千伏木杆线路建成。同时，在无为电厂开关站基础上，扩建成无城35千伏变电所。至当年11月3日，无为电厂与国家电网并车运行。当年底，无城变电所至石涧35千伏电力线路建成。

　　1963年元月，无为供电所成立。当年2月6日，无为电厂停止发电，无为县转入电力系统电网供电。同时，无城变电所至襄安35千伏电力线路建成。6月25日，襄安变电所750千伏安变压器投入运行。11月28日，襄安供电站成立。

随后，35千伏巢无线路、35千伏中汤线路（和县西梁山至裕溪口输电线路途经中所村，由该村接电架线至无为汤沟）、110千伏巢无线路相继竣工输电。至1988年底，全县拥有110千伏输电线路一条，长38.46公里；35千伏输电线路27条，长225.2公里。同时，全县拥有110千伏变电所1座，35千伏变电所12座，35千伏直变降压站12座。此外，还有10千伏配电线路1517公里，配电变压器1460台，0.4千伏低压线路3513公里。它们共同组成高低压配电网络。

其间，1964年底，黑沙洲开始有发电机发电用于居民照明。1966年11月20日，雍南变电所3200千伏安变压器投入运行。1971年5月初，无为供电局成立。1976年，供电局办公大楼在无城北门龙口破土动工兴建。1978年，电力部在无为县主持编写《农村低压电力技术规程（初稿）》。

淮南至上海500千伏超高压输变电力线路洛河—繁昌段，由六店入境，跨江至江南荻港。1984年，无为县境内开工兴建45米以上铁塔93座，次年放线，过境线路长39.8公里。

1983年起，为加强电力调控，无为县设立"三电（计划用电、节约用电、安全用电）办公室"，分管县长任办公室主任，办公室设在县供电局。1985—1999年，无为供电局隶属巢湖地区供电局，下设12个供电所，35个乡镇设农电管理站。1999年，电力供应稳定，"三电办公室"撤销。2000年，县供电局改制为"无为供电有限责任公司"，系安徽省电力公司全资控股公司。

1998年下半年，无为开始了历时四年零八个月的农村电网改造。电网改造提高了供电质量，减轻了群众负担。2004年5月1日，实行城乡居民照明用电同网同价。至2005年底，无为县拥有220千伏变电所1座，总容量12万千伏安；110千伏变电所3座，总容量15.4万千伏安；35千伏变电所15座，总容量16万千伏安；全县电网覆盖率100%。

2000年，位于无城狮子口的供电调度大楼启用，分别于2003年、2004年完成供电调度自动化第一、第二期工程。2001年，无城地区实施第一期城网改造工程；2007年，完成第二期城网改造工程。

无城历史

2021 年，无为市（2019 年 12 月 26 日，无为撤县设市）有高压线路 4430 公里、低压线路 16181 公里，全年用电总量 20.4708 亿千瓦时。

无为电力大厦

无为工业曾经的一面旗帜

——有关无为纺织厂的记忆

耿松林

　　位于无城镇东北部的泰山社区，曾经集中了无为众多的国有明星企业。无为制药厂、无为肉联厂、无为齿轮厂、无为电机厂、无为纺织厂等，共同构成当年无为县的工业高地。而其中的无为纺织厂，更是一颗闪闪发光的明珠。

　　1958年，上海一家小型纺织厂内迁至无城北门外现制药厂厂址，与无为芝华针织厂合并成立无为纺织厂。1961年投产不久，随着国家"调整、巩固、充实、提高"八字方针而下马，该厂也称为"老纱厂"。

　　鉴于无为多年入围全国棉产百强县，被列为国家优质棉基地县，且人口众多，工业基础薄弱，城镇人员就业压力较大，加上"老纱厂"留有一定的基础，1968年6月初，新的无为纺织厂筹建小组成立，次年获得批准建厂。1970年6月25日，无为纺织厂（又称无为纺织总厂）在原大江钢铁厂厂址，也即临近县供电局的"龙口"破土动工。1972年9月27日，细纱车间纺出合格的21支管纱。1973年，该厂正式投产，当年生产棉布616万米。随着持续扩建改造和充实人员，组织架构和管理制度建立健全，企业的生产经营能力和技术力量都得到了极大提升。1987年、1988年，该厂利税连续突破500万元、1000万元大关，其中1988年完成纺织工业总产值4145万元。后来该厂员工逐渐增加到3200余人，成长为集棉纺织、苎麻纺、针织、服装加工于

27

一体的成龙配套的综合性国家大二型企业，产品不仅畅销国内，还远销欧美等世界各地。无为纺织厂长期处于排头兵的位置，成为全县工业企业中的一面旗帜，为无为成为工业强县及其经济社会发展，作出了不可磨灭的贡献。

无为纺织厂大门

无为纺织厂先后获得了众多荣誉，据不完全统计，仅国字号的先进个人就有多人。吴贞桂、秦桂萍获评"全国三八红旗手"，汤雪芳获评"全国优秀工会工作者"，谢卓祥获评"全国技术革新能手"，王骏、侯永芬、奚桂芝获评"全国纺织工业劳动模范"等，赵玉涛当选为第八届全国人大代表。

当年的无为纺织总厂，契合当时大中型厂矿企业办社会的时代特点，拥有职工医院、电影院、车队、图书馆、幼儿园、餐厅、浴室和劳动服务公司等内设部门，全员劳保福利待遇优厚。20世纪八九十年代，无为县城人口从4万缓慢增长至10万。该厂3200多人，加上家属有近万人的规模。可以说，纺织厂送出来的温暖，惠及了众多的人群，在无城具有重要意义。犹记得夏季每日配发的冰棒、冰激凌、啤酒、可乐等，平时职工下班带回家的包子、大馍等，吸引了众多路人艳羡的目光。

由于棉花生产和人力资源优势，以及当时纺织品市场产销两旺的形势等，一度有人提出了"棉花县，纺织城"的发展口号。于是，全县植棉面积一度迅速扩大，除无为纺织总厂之外，先后建立了新业纺织有限公司、无为二纺厂等新的纺织企业，纺织服装自然而然成为县里几大支柱产业之一（另有机电、化工、制药、建材和粮油食品加工等）。

随着市场的变化，2003年无为纺织总厂和新业纺织有限公司进行整体改制，企业资产和职工身份全面改变。经过公开竞拍，纺织总厂被浙江温州天成纺织有限公司收购，新业纺织有限公司被浙江绍兴县中国轻纺城安徽金奇布行收购。新组建的安徽天成纺织有限公司和安徽鑫和纺织有限公司，继续作为无为地区的纺织骨干企业，为无为的经济社会发展作贡献。

家住环城河畔

方小平

　　"河在城中游，城在水上漂。"一位外地游人来无城观光时写下了这么两句赞美诗，使家住环城河畔的我心里生出一种自豪感。

　　环城河环抱老城区，像一条游龙在新、老城区之间流动。河长约十公里，主要水系有花渡河、护城河和沟塘密布的晏公圩、刘家圩、王家圩、汤家圩等。环城河的水四通八达，东北环城河汇入华林河，注入西河，再由凤凰颈大站流入长江；西南环城河连接花渡河，经黄雒河流向巢湖。

华林桥

现在的环城河，是古代护城河的延伸和拓展。据说，护城河开凿于宋代，完善于明清。改革开放以来，无城面貌发生了巨大变化。楼群增多了，马路拓宽了，街道整洁了，穿行城中的人们精气神十足。特别是近十年来，城南新区建设更是日新月异，起点高、规模大，集居住、商务、文化休闲于一体，富有魅力和活力。城南是无为政务区所在地，市环保局、城管局、退役军人事务局、农业农村局等机关皆设在这里。无为市全民健身综合馆和奥林匹克体育馆已建成，市文化馆也已列入规划。无为市电线电缆检测中心位于产业研发区。城南还拥有多个高标准学区，有安徽省示范高中——无为一中，还有无为五中、无为六中、无为职业技术学校、无为广播电视大学、无为教师进修学校和无为人才发展学院等。无为市最大的商业综合体——盐百商厦也落户城南。随着碧桂园入驻城南，全国十强地产更是强势进入无城，高标准地建设了中俊理想城、城市经典小区、蓝鼎中央城、绿城玫瑰园等一批大型居住区。楼房大多为高层建筑，环境优美。凯帆路、比亚迪大道、长江路、幸福路等道路平坦宽阔，绿树成荫，绿地和花卉相映。军二路、高新大道穿境而过，交通十分便捷。来此游玩的人皆称，城南有大城市的气派和风貌。在无为环城景区建设中，环城河水系是一大特色，现已投资十多亿元，建成了北门绿化广场、城东田园风光景观区、城北怡和水岸景观带、城西南樱花岛植物观赏区、城南公园、城南水景公园等20多个沿河景区景点。

　　为了连接新、老城区，无城先后架设了状元桥、通济桥、比亚迪大桥、东门大桥和蒋家湾大桥等。2021年，在市委、市政府的高度重视下，在无城镇党委、政府和水务局等有关部门的大力支持下，无城又投资1.36亿元新建了安澜桥和景福桥。两桥均坐落在无城的西北面，横跨花渡河，它们相距约千米。安澜桥原名为小安桥，景福桥原名叫大安桥。过去无为水患严重，人们为祈求风调雨顺，有个好年头，便给两座老桥起名为小安桥和大安桥。新建的安澜桥为梁式结构，分机动车道、非机动车道和人行道，人行道上建有木质亭廊，飞檐翘角，古色古香。走廊顶上悬挂着一盏盏造型别致的剔墨纱灯。该灯又名宫灯，清代时进贡皇宫之用，现在的人民大会堂安徽厅还高悬着由无为人制作的剔墨纱灯。安澜桥被人们称为无城的廊桥，取名安澜，一是纪念抗日英雄戴安澜，二是寓意天下太平。该桥于2023年元旦正式通车。

无
城
历
史

近年来，为了优化城市环境，无城对环城河进行了疏浚和清淤，并建了城防泵站，做到了涝能排、旱能灌。景福桥为 11 孔空腹式连拱桥，总长 260 米，桥面宽阔，为双向四车道，两侧为人行道，大理石桥栏壁上雕刻着"梅兰竹菊"四君子和荷花的精美图案，显得典雅大气，又突出了无为水乡的特色。"景福"两字出自《诗·周颂·潜》，指洪福、大福。用景福作为桥名，寓"大吉大利、阖家幸福"之意。景福桥 2023 年 4 月通车，是连接城中和城西的重要交通枢纽。两座大桥的建成，为居民的出行提供了方便，也给无城增添了新的亮点，现在的安澜桥和景福桥已成为人们游览无城的网红打卡地。

环城河两岸树木葱郁、绿草如茵。漫步河边，清风吹拂、碧波荡漾，河面上偶尔有几只鸟儿掠水而过。每当我看到这样的情景，城市的喧嚣、工作的压力、尘世的纷扰都抛之脑后，浮躁的心情顿时如这寂静的河水，宁静致远。

环城河畔还是旅游、休憩的理想场所。沿河岸边锻炼的人很多，他们舞剑、练拳、跑步……晨曦中，不时可见一些学生在河畔读书。夜晚，星月满天、灯火阑珊，三三两两的人群在河滨大道上悠闲地散步。河边的石椅上有人在聊天，凉亭里有人在说悄悄话。我曾触景生情写下这样的诗句："杨柳下，小亭旁，是谁坐在老地方？望着无城的倒影和闪烁的霓虹在涟漪中荡漾，我们的心儿也漂泊在这河面上。"

环城河像一串珍珠项链，把无城的风景名胜连接起来。

呵，环城河——我的母亲河，你是我身心的栖息之地。

沧桑巨变门前路

夏宇欣

每个游子的内心深处，都有一个魂牵梦萦的老家。老家，老屋，老路，构成了我们挥之不去的乡愁。我的老家在无城镇凌井村，老家门前那条路，记录了父老乡亲生活的改变，写满了时代的变迁。

多少次回老家，总要走过门前的那条路。儿时的记忆中，那条路坑洼不平，宽窄不一。这和当时乡村其他路没有什么不同。每次雨雪过后，路上就会出现一道道车辙沟，等到稍微干一些，父亲总是会拿着铁锹，一边平整，一边叹息，一干就是大半晌。每年夏天，一阵急雨过后往往伴随似停非停、似有若无的毛毛细雨，我和小伙伴们蹚着雨水在那条路上来回奔跑打闹，溅得满身泥水。有时溅到嘴里，咂巴咂巴嘴，一股苦酸味，牙碜得要命。这也许就是我家门前那条路的滋味吧，有我童年时的欢乐，更有父辈历经岁月沧桑的辛酸。

20世纪80年代初的中学时代，门前那条路是连接家与学校的唯一一条路，有20多里。每次雨雪天气，我心里就发怵，这路咋走啊？又黑又黏的土连鞋都能粘掉，我那辆平时爱惜得要命的自行车，却成了累赘。别说骑了，就是推着，走不了几步，就要用手里的树枝掏一掏塞满泥土的挡泥板，实在掏不动了，就不得不"车骑人"。扛着车子，肩膀硌得生疼，只能咬牙忍着。此时，泪水在眼里打转，雨水在脸上流淌，委屈、烦恼在心中翻腾，

无城历史

既无助又无奈的我，多么渴望脚下有一条硬化的路啊。每每这时，父母或者哥哥姐姐们总是会沿着那条路迎接我。卸去肩上自行车的那一刻，我的眼泪再也憋不住地流了出来。

2005年是个好年头，"村村通"公路建设如火如荼地进行着。老家门前那条20多里泥巴路摇身一变成了水泥路，那种出门前要看天气的日子一去不复返了。昔日肩挑车拉，田间劳动一身汗，行路到家浑身泥的现象再也不见了。农业生产发展了，乡亲们的日子如同芝麻开花节节高，生活幸福甜如蜜。寻常百姓家也有了私家轿车，广大农民群众的喜悦感、满足感、幸福感溢于言表，实现了农家几代人脱贫致富、全面建成小康社会的美梦。

"村村通"道路

如今，我周末回家，开着小轿车行驶在老家门前的路上，真是一种别样的感觉。清晰的车道线、警示标语牌，这些似乎只应出现在城市里的东西，这里都有了。路两旁的民房建在了安全的区域，都着上了统一的颜色，很多房屋建筑风格都是整齐划一的。在村民集中的地方，健身设施一应俱全。公路两旁每间隔一段距离，都修建有大小一样的花台，栽种着艳丽的花草。每到春夏季节，繁花似锦、彩蝶纷飞。

中国要美，农村必须美。"四好农村路"的建设和惠民政策的落实，不仅把条条宽敞平坦的大道修到了村里，修到了田间地头和老百姓的家门口，更重要的是修到了广大村民的心坎里。它不仅使农村过去破旧不堪的面貌发生了翻天覆地的变化，还带动了农村特色种植产业的提档升级，提高了人们的生活品质。过去只有城里人享受的生活，现在像春天飞舞的燕子，飞到了乡村寻常百姓家。

老家门前的那条路，蕴含了家乡人的骄傲与梦想，凝聚了几代人的心血，见证了家乡的发展，折射出了祖国的日益强盛！相信在不久的将来，在党的领导下，在乡村振兴战略的实施下，我们将会迎来更大的变化，家乡的路一定会越修越好，老百姓的路也一定会越走越宽。

美丽无城新篇章

徐景春

　　无城镇，在宏大的视野里，她便是一朵花，静静地，温柔地，渲染着大地的华彩，吐纳着芬芳的气息，吸引着世人的目光。锦绣大地之上的琼楼玉宇……境内有闻名遐迩的米公祠、墨池、黄金塔、绣锦溪等。这一方宝地啊，永远难忘！

　　那是 2011 年秋高气爽之际，受朋友之邀，前往千年古镇——无城镇采风。参观了古色古香的名胜古迹，看到了美丽的山水风光，我深深地为此地的景色所吸引。然而，当时由于环境治理正在进行中，不可避免地存在着一些美中不足的地方。好在经过十余年快速发展，无城镇已蜕变为一方宜居、宜业、宜游的人间胜地了。

　　由于当时无城镇正处于基建发展的高峰期，街上散乱地堆积着砂石和水泥，仿佛就是一个超级基建工地。尽管当时的经济发展总体上不错，但在街道环境治理方面跟不上。尘土飞扬，噪声盈耳，甚至露天的餐桌上也落下尘埃。"我们的生意是不错的，就是生活环境不太好，卫生治理上还有不少欠缺的地方。"一位经营小饭馆的张先生对我说。"如果在环境治理上能够同步发展就更好了，我们渴望过上清洁卫生的日子！"一位经营美发店的李小姐说。在采风中，我切身感受到了现实和风采，也感受到了无城人的憧憬和梦想。

光阴似箭，日月如梭。十余年之后，因偶然的机缘再一次与无城镇邂逅。2022年7月初，我去无为市参加了一个民间文艺交流会，会后又故地重游了无城镇。车子刚驶入这片此前采风的地方，我就惊呆了。一切都变了，都在有条不紊地推进着，居民区建设好了。

　　"这次是有规划的大建设，不是小打小闹。我们这一带环境大变样了，居民住宅、公园、绿地、场馆都建立起来，是真正的现代化城镇了。政府决心大，规划好，步子稳，推进快，污染严重的工厂都实现了关、停、并、转，尘土乱飞、污水横流的情况得到了彻底扭转。百姓们的生活日趋健康舒适了。煤改气、煤改电的取暖模式也兴起了，还实施了生活垃圾集中分类处理，环境污染从根源上得到了治理。"一位健谈的社区工作人员刘先生对我说。"说实在的，以前我不理解，原有的居民区拆除，新的居民区刚开工时，我的生意受到了影响，起初有意见。现在政府讲清了道理，并进行了妥善安置。一切都好了，生意一天天地好起来，片区的改造和升级成效明显，城镇和乡村像花园一样美丽。来这里的游人越来越多，还愁做不好生意、增加不了收入吗？"零售商孙先生对我说。

　　我高兴地行走在整洁有序的大街上，心里美滋滋的。我在心中暗想："无城镇政府规划好、起点高，百姓理解支持，上下同心，短短十余年间，一个百业振兴的新无城镇建设起来了，真是太令人振奋了。"

　　"徐哥，到那边社区看一下吧，你必定会有更多的收获！"一位朋友说。我一下子从沉思中惊醒。望着身边繁华的街道，楼房气派，井然有序，格外亮眼；看着欣欣向荣的商品贸易区，人来人往，好不热闹。这里处处展现出文明、富裕和繁荣的新面貌。广大百姓安居乐业，安享幸福生活，步入了人间天堂。无城镇，不愧是一座宜居、宜业、宜游的皖江名镇啊！

　　诚然，无城镇在短短十余年间实现了美丽蝶变，并且紧跟新时代的发展大潮，又开启了更加恢宏无比的建设序幕。我始终坚信：在不久的将来，无城镇必定绽放更加璀璨夺目的光彩，书写更加辉煌灿烂的篇章！

无城历史

古韵芝城

夕阳下的无城

说说无城好气候

王惠舟

无城是个好地方。新中国成立以后，尤其是改革开放以来，无城面貌日新月异，环境优美，人文荟萃，百业兴旺，民风淳正，人们拥有丰富、平实、向上的好日子。与远近相比，无城在这些方面都有骄人之处。此外，值得一说的是无城的好气候。

因为有好气候，这座古城四季分明，春秋清爽，寒暑不锐，恰如古人所言："冬无愆阳，夏无伏阴，春无凄风，秋无苦雨。"因为有好气候，所以四季展示着多彩的画卷，有百花妖娆，有浓荫奔放，有金黄丰稔，有白雪诗章，而且巧的是，一年365天近乎被它们等而分之。

无城的好气候，恩赐给人们这样的好运：美艳的春光里，人们满心欢喜地在沃野播种着希望；暑天到了，人们用汗水滋润着禾苗茁壮地成长；醉人的秋风吹来，人们尽情地收获着满意和甘甜；冬天姗姗而至，在不太凛冽的寒风和不多的冰雪中，人们释放着舒畅和享受的心绪。气候，是书写农耕文化的纸笔高手，一年如此，年年如此，使无城成为芳容不老、永唱青春之歌的福地。当然，这种好气候对工商各业也是好处多多，自不待言了。

无为，是地球的儿子，也是祖国大家庭的一员，幸运地安家在亚热带季风气候区域内。无城镇正处于这里的中心地带，既远离了高山大岭，也对桀骜难驯的海洋敬而远之；既远离了江南酷暑的炙烤，也摆脱了北国严寒的凛冽。凶猛狂暴的台风，到达我们这里，已是强弩之末，知趣地一晃而过；醉汉发疯般的沙尘暴，也是"心有余而力不足"。这里充足的光照和很长的无霜期，越发凸显出其区位的优越。

　　无城地处平原水网居多的地带，人们谈洪色变，但是这种历史早已被深埋。如今，高耸的长江三峡大坝和各种大小水利工程，已经对天气的这种"毛病"进行了有效的防治。1954年特大洪水冲破长江大堤土桥安定街段堤埂，洪魔直扑无为大地，无城成为水中孤岛。多亏人民政府早就加高加固了城墙，护卫着数万居民生命财产免受洪灾。洪魔肆虐的历史，绝不会重演。如今，无城镇社会繁荣，生活安逸，非常适合人们居住。

美丽的无城

二

无城锦绣

无城锦绣溪

谢同裕

在无城西南隅，有一泓盈盈碧水微波荡漾，一条翠堤横卧水上。堤上一亭，安然仁立于拱桥边，周围芳草茵茵，垂柳夹岸。绿荫丛中，各式粉墙黛瓦建筑隐现其中。这就是历史上闻名遐迩的无城锦绣溪。

宋代锦绣溪周边胜迹有文峰塔（塔圮建沂春亭）、见龙桥（原为石板桥，现代改建为拱桥）、迎绣楼、挹秀亭、赏樱亭、小三山（明代建一组假山群，后改建）、紫芝亭、绣溪驿、元妙坊、平山堂、景贤堂、报恩寺、锦绣坊、隆恩宠锡坊、兴文书院、奎楼、棂星门、泮池、绎志亭、戟门、崇圣殿、天香亭、丽泽园、画锦桥、四世承恩坊等。

从北宋淳化四年（993）筑无为军城起，锦绣溪以其秀丽之姿和神奇传说，为历代文人雅士所咏颂。宋代熙宁年间，溪上筑堤，建文峰塔、迎绣楼、挹秀亭、平山堂、芝山书院，再配以无为军学文庙建筑，是时，竹坞花溪，飞楼拥殿，诗人称奇。

近代锦绣溪周边胜迹有见龙桥、文峰阁、迎绣楼、挹秀亭、沂春堂（一座西洋式建筑）、双溪茶社、觉亭、小三山、归园观、隆恩宠锡坊、棂星门、泮池、回龙桥等。

近代的绣溪公园，分园林和水面两大块。园林景致约60亩，曾名"曹园"，自然典雅，富有江南水乡韵味，原主人是一位地方豪绅，以行医

无城锦绣

为生。

　　无城解放初，绣溪公园经过整修。进入公园大门，有从徐园移过来的两只紫色花岗岩雕塑石狗。大门旁边是宋代建筑迎绣楼，也能由此进出公园，当时是绣溪公园管理处。园内曾有茶社，供人休憩、观赏、游玩。迎绣楼四周云墙、门廊曲折有致，楼后是一片藤萝架，架下置假山、盆景和从徐园移过来的一只西洋雕塑汉白玉小天使金鱼缸。

　　从大门和迎绣楼有两条路向里进入公园深处：一条沿着锦绣溪池塘边，路边数对宋代石狮相对而立；一条从迎绣楼后面的藤萝架沿着花圃，这里也有数对宋代和明代石狮，都是从倒塌的牌坊处移过来的。从这里一眼就能看到西洋式建筑——礼拜堂沂春堂，专门供新式男女举办结婚典礼之用。该建筑物后毁损不见，只剩下基座，基座上置四张石椅供人们歇息。

　　锦绣溪西北是棂星门和泮池（原来是无为一中南大门）。登沄街和张拱老巷拐角处是隆恩宠锡坊。绣溪公园里有高约12米、面积约10平方米的两层六角重檐文峰阁，红柱铁瓦，飞檐翘角，造型优美。亭五面临水，四周可凭栏而坐，内置石桌、石鼓。亭内原有扶梯可登二层，凭栏远眺，绣溪公园和紫芝山亭台起伏，绿树簇拥，景色如画。

绣溪公园文峰阁

风雅图鉴米公祠

王利军

近千载光阴焰火，在反复焙烧米公祠。

偏居无城镇西北隅的米公祠蓄了幽古，周边整饬一新的白墙覆了灰瓦，竖起一道时空结界，把涌动在祠外窄巷里的滚滚红尘隔绝开。

北宋崇宁三年（1104）七月，米芾奉朝廷之命任无为知军。彼时地处淮右的无为，村野散落，人烟稀少，在见惯京城繁华的米芾眼中，显得荒凉闭塞，他在书简中留下"濡须僻陋，月十日无一递，无一过客，坐井底尔"。

米公祠前身为宝晋斋，米芾任无为知军时所建。米芾离世后，无为人感念其德政，将宝晋斋改建成米公祠。

跨进米公祠大门，一脚便穿越至米芾所在的北宋。

墨池赫然入目，一池碧水栖了千古。池岸遍植杨柳，柔长枝条舞作碧色丝绦。池中层层莲叶垒砌出翡翠山峦，点点红荷如虹霓出岫。池心一座六角古亭，名投砚亭，置石桌、石凳，四周设有围栏，可倚栏而坐。

当年米芾公干之余，便行至湖心亭捉笔弄墨。其时清风吹拂，荷香袅袅，让人好不惬意。

米芾所竖"墨池"石碑，南宋时已断裂。明嘉靖三十二年（1553）始得修复，碑上所刻"墨池"二字为朱麟题写。至清康熙年间，米公祠因年久失修，墙倾屋颓。其时颜尧揆任无为知州，曾作律诗《初晴步墨池》摹其篱落疏疏、柳竹乱生的景况：

> 散衔偶尔步林塘，水满孤亭似客航。
>
> 竹忽出栏无约束，鹤思冲汉独昂藏。
>
> 墙倾久雨篱能补，桥湿初晴屐自将。
>
> 绿柳四围眠复起，欣然人在水中央。

倚了墨池水岸垂柳，望向池心投砚亭，你会感觉中间隔了一条光阴之河。米芾正端坐在投砚亭中，心无旁骛地泼墨弄彩，而这池碧水已辗转近千个春秋……

一尊多孔太湖石置于墨池北侧，暗影沉郁，斑驳顿挫，俨然历经沧海的智者，整个石体透出一股子气定神闲。这石名石丈，又名拜石，当年米芾以"石兄"敬之，每日政事之前必拜石一次，从不间断。

石虽无言，却有蕴意，品石者自能悟透个中况味，与其心念相融，米芾与"石兄"神交当缘于此。《宋史·本传》载："米元章（米芾字元章）守濡须（无为军）时，闻有怪石在河濡，莫知其所自来，人以为异而不敢取。公命移至州治，为燕游之玩。石至遂命设席拜于庭下曰：'吾欲见石兄二十年矣！'言者以为罪，坐是罢。"只是那段人石奇缘，却被某些有心术者诟病，终招致米芾罢官。

但奔腾流淌的岁月之河，到底存了几许悲悯，不忍损害米芾"石兄"分毫。它还是当初的模样，只是将它引为知己的那个人早已被时光带走。或许在某个夜晚，米芾还会乘明月清风而来，与"石兄"对坐论道，全不管世事变迁……

默默伫立在墨池畔的"石兄"，在我眼中已然与米芾合二为一。它那玲珑多窍的石体沧桑毕现，却神态怡然，有一种超然旷达之感，这世上大约只有米芾能与其合奏高山流水！

墨池南侧，有杏林洋洋洒洒，每个春日都会吟一曲芳菲小调。杏林下一眼清泉，名杏花泉，为清嘉庆三年（1798）无为知州顾浩疏浚泉眼时所获，水质尤为清冽甘甜。

墨池前重新筑起的宝晋斋，最初为米芾放置古籍书画所建。当年藏有王羲之的《王略帖》、谢安的《八月五日帖》与王献之的《十二月帖》，每一帖都价值连城。但那样一座小小院落，到底禁不住一次又一次的兵荒马乱。宝晋斋跟着米公祠几毁几建，斋内诸多藏品皆失了踪影。好在无城人又寻回了晋唐以来书画名家碑刻百余方，用古墨沉香填补了缺憾……

  风雅的种子，被米芾播撒在无城，早已生根、发芽、开花、结果，芬芳了这座古城每一寸土地。

  米公祠，无城的风雅图鉴！

米公祠

无城古桥

汪大木

　　水乡无为，充满灵性。无城，也因水而更具魅力，西河、花渡河（环城河段）、华林河千百年来滋润着无城。不管是官方还是民间，修桥铺路都是行善利人、造福子孙的莫大功德。无城自古就有众多桥梁，渡古连今，赓续着生生不息的人间烟火。

　　华林桥。因河得名。华林河绕无城东北注入西河，原为环城河的一部分。河上有座古桥，正对州城仓埠门，是石条垒砌的单孔拱桥，长 11.8 米，宽 5.7 米，时为进城要道，也是无城唯一保存至今的古桥。华林桥据传建于宋代，嘉庆《无为州志》载"在仓埠门外，（明）崇祯八年拆毁，国朝康熙十一年州人徐可传募建，乾隆三十四年重修"，曾是无城最繁华地段。仓埠门（内为仓、外为埠）为全城物资交易与货运仓储的重要场所。古华林桥穿过时光，走入现代，虽然没有现代桥梁的气势，更无豪华之态，却凝聚着岁月的厚重与沧桑。华林桥桥面破旧，桥拱完好，残存的桥肩石板上刻有卷云、花瓣等纹饰图案，现已修葺，古韵氤氲，为无为市文物保护单位。

　　通济桥。2014 年 4 月新建于小东门，位于华林桥南不远处，成为连通老城与城东新区的重要桥梁，充满现代气息，三道弧线优美的桥拱在灯光、河水的映衬下，美轮美奂，让人深感时光静好。新桥桥面宽阔，东西两侧汉阙高耸，别具魅力，彰显威仪。汉阙，是汉代的一种纪念性建筑，有石质"汉书"之称，是我国古代建筑的"活化石"。古通济桥大致在这一带环城河上，嘉庆《无为州志》载"在小东门外，明隆庆丁卯徽人黄以惠建"。至于古通济桥规格如何、何时损毁，未见记载。全国多地都有"通济桥"，蕴含"必通而后有济也"之意，即往来通达。

九华桥。在南门外环城河上，因九华楼得名，城楼居高望远，面对江南佛教胜地九华山。宋代杨杰云："此楼此景他州无，山川形势吞三吴。"明永乐十年（1412），州守邹以信建九华桥；正统二年（1437），州守王仕锡修缮；嘉靖年间倒塌，州守邢渭等重修；万历十年（1582），掌州事查志文及州衿刘崒、刘墀等募资重建；崇祯八年（1635），拆中一梁；清顺治十三年（1656）重建；雍正元年（1723）重修；乾隆五十三年（1788）圮，街民捐资架木以济；乾隆五十八年（1793），景福寺僧普缘募建石桥。纵历代修葺，九华桥仍走进历史，徒存其名。

大安桥。在西门外环城河上，旧为坝，属西门大安冈之延伸。旧时以山势为龙，称其姿态起伏绵亘，为龙脉。明正统二年（1437），州守王仕锡修建一小桥；崇祯八年（1635），因担心起义军攻城，挖断土坝，人们认为此举大伤龙脉之气，州城反而被攻破；清康熙三十七年（1698），州守李璋筑塞成堤；康熙五十九年（1720）又被开掘；乾隆二年（1737），州守范从彻又筑堤，以固风气，永禁开凿；乾隆三十八年（1773），村民因水流不畅，禀州守张侨，认为建桥有益，再次掘开堤坝，募建石桥。桥因大安门得名大安桥。小安桥在大安桥北，俗称小桥。今环城河西门段新建二桥，一曰安澜桥，一曰景福桥（建成前暂用名为大安桥）。

环城河上还有东津桥、迎恩桥，城内有三思桥（州治三思坊前）、光裕桥（十字街光裕坊下）、见龙桥（在锦绣溪，一名观政桥）、回龙桥（在儒学西）、斗锦桥（南门内）、青龙桥（五神寺街西）、白龙桥（后新街）等精致小桥。

无城锦绣

安澜桥

孔山寻踪

汪大木

无城，今天看来只露水不显山，其实旧时城区有多座山，从沿用的一些地名就可以看出，例如芝山社区、月牙山庄、泰山社区、铁山路等。

州志载治内外有山六座：紫芝山、泰山、铁山、月山、孔山、粉山。现在的无城却看不到山，这些山呢？只能感慨沧海桑田，斗转星移。

无为州治西南为芝山，西为孔山，犹如治所之两翼，形如飞凤，寄寓凤舞九天。又传水乡无为是船形地，所以建有黄金塔和西寺塔，相当于船之双桅，顺风顺水，护佑一方平安。西寺塔矗立在西寺（又名景福寺，今无为中学校园内），与城东五神寺街（今礼拜寺街）的东寺（罗汉寺）相呼应。今西大街文景社区之名，即源于景福寺和二状元祠侧的文昌庙及西大街南侧的古文庙。

孔山在景福寺后，又名张家山，毗邻护城河，大致位置在今无为老年大学、无为中学北门一带并向东延伸。"旧卑于城四五尺，有挟青鸟术者云，此山当兴，后果不培而长。"可见孔山原来并不高，比城墙还低四五尺。至于其后来是否"长个"了，不得而知。

依稀记得原互感器厂后面曾有高高的山体，今天已无法寻觅孔山踪迹。除去历代城区大兴土木、水土流失因素外，原檀树乡曾在那里建有一个轮窑厂（今无为老年大学一带），长年累月地取土，应是孔山彻底消失的又一个

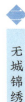

无城锦绣

51

重要原因。

　　昔日孔山应只是一个高大土丘，却也林木荟郁，小阁重亭掩映其间。其中就有云留阁、问天亭等，命名颇有气势。置身其中，"剑伏光芒仍射斗，天空呼吸可通灵"（明光禄寺卿钱策《孔山问天亭》），令人不敢高声语，恐惊天上人。

　　云留阁是明代无为州人、山东青州司理张克佳的别业。张克佳，字士奇，号玉华，六七岁时即作《洪水赋》，明万历四十年（1612）举人，崇祯元年（1628）进士，授山东青州司理。其兄张克俊在任职陕西白水时，有"青天"之誉。后张克佳告病还乡，居家十余载，筑别业于城西孔山。置身其间，小构嵯峨，香茗氤氲，翠映四壁；抬眼南望，白云淡荡，"城郭千家开曙色，莺花四序破愁颜"（张克佳《孔山云留间》）。

　　诗酒琴棋客，风花雪月天。孔山绝妙的风景，引得墨客骚人流连驻足。明末清初州人懒蚕居士季步骦携友慕名前往，于园亭中把盏酣饮，"接岸板桥扶醉渡，穿花石路觅诗还"。季步骦，字子尾，号尾孙，明无为州诸生、知名诗人，有《懒蚕居士遗稿》传世。

　　孔山上遥望，州城外西北仓头季氏宗祠东侧，有月当楼，是懒蚕公之侄季孟莲读书处。季孟莲，字叔房，号石莲，崇祯八大家之一。石莲先生不屑举业，筑月当楼，积书万卷，博极群书，遍游山水，饮酒赋诗，存有《月当楼诗稿》。

　　时序更张，而今孔山一带已是城市的一部分，学校、医院、住宅、商铺遍布其间。林涛、塔影已随风而逝，取而代之的是林立的高楼、宽阔的马路，车流如梭、行人如织，一派现代化城市繁华景象。状元桥、安澜桥、景福桥长虹卧波，夜色中霓虹闪烁，水波潋滟，美轮美奂。

　　烟柳画桥，风帘翠幕，参差十万人家。形胜之地的无城亦如是！

景福桥

米芾清扬

王润东

清风徐来，水波不兴。走进无城镇，各种有关米芾的文化印记无处不在。悠悠岁月，米芾的清正廉洁之风早已如春风化雨，潜移默化地滋养着这方土地，润泽万民心田，造福无城人民。

来到无城，当拜米公祠。你会看到一块怪石挺立园中，周身多孔，形同人立，老态端庄，又名拜石。"拜石成遗事，山高与水长。""生无孤洁痴，再拜亦徒劳。"亲手触摸它饱经风雨的质感，"米芾拒石"的历史典故映入脑海。米芾一生酷爱收藏怪石，但并没有因为私人爱好而徇私枉法，堕落腐化。在私德和法规面前，他经受得住考验，秉持本心，抵制诱惑。清廉正直的米芾一直被无城人津津乐道，口口相传。

再往米公祠深处走，你还能找到史书中记载的"墨池"，它是米芾任无为知军时所凿。如今重新修葺的"墨池"，池岸砌石，池中筑水心亭，池前垒土山立"墨池"碑，周边栽柳，水中绿荷芳香，有小桥通投砚亭。史书上记载，米芾每从一方离任时，凡地方之所有虽一毫而莫取。"及其去也，携笔诣池而涤之"，以表明自己公私分明，不带走一分公产。见微知著，能在细微处对自己严格要求，米芾的清正廉洁可见一斑。

米芾身为官宦，本可以享受特权，但是他却更为严苛地要求自己，体恤民情，公私分明，不以自己的个人喜好扰乱政治清明，增添百姓负担。高风亮节的冽冽清骨和洁身自好的人格魅力，为无城埋下了清廉的种子，在新时代的春风里焕发勃勃生机，造福更多人民。

墨池

　　拜访米公祠，最不能错过的是珍贵的历代书法名家碑刻。其中最亮眼的莫过于米芾篆书《宋真宗御制文宣王赞》《阳关图帖》以及值得一提的行书《章吉老墓表》拓片等，堪称洋洋大观，笔笔真迹，斗转龙蛇，苍劲有力，令人叹服。正可谓字如其人，让人不由想起"米芾教子"的故事。

　　米芾的儿子米友仁从小跟他练习书法，可是学了几天后，米芾就对儿子说："学书法得用功啊，你这么不用功，怎么行呢？"儿子向他请教说："我每天都在写啊，怎么不用功了？"米芾说："你没有想想吗，'功'字的右边是个'力'字，这个'力'，既包括体力，也包括心力。你每天虽然在写字，但是提起笔来，手中轻飘飘的，眼睛望在纸上，心里却想着别的事情，这怎么叫用功呢？"

　　儿子听了，连连自责，从此以后，再练习书法时，就注意把全身的力量集中于笔端，心中除了书法以外，别无他物，果然日有长进。过了一段时间，米芾又对他说："我看你还是不够用功，我不想再教你了。"儿子委屈地说："我已经按你的教诲在做啊，怎么还不够用功呢?"米芾说："你再想想，'功'字的左边是个'工'字，就是工夫，就是时间。学书法，光舍得用体力和心力还不行，还要舍得花时间。你每天只跟常人一样花同样的时间，怎么可能取得超越常人的成就呢!"儿子听了，拿出别人几倍的时间用来研习书法，终有大成。后人把米芾与其儿子合称"二米"或"大小米"。

其实，练字和为官的道理是相通的。尤其是党员干部的廉洁自律，真用功和假用功大不一样，一般用功和刻苦用功大不一样。有的人好大喜功，看样子像在用功，其实用的是假功、虚功、表面的功夫，所以收效甚微。相反，那些肯下真功、实功、大功夫的人，在同样时间里，收获和成绩就大得多，进步就快得多，对社会、对人民的贡献也大得多。"大米"的话，"小米"的路，值得我们深思，认真践行。

走进无城镇，拜访米公祠，聆听历史回声，感受清廉力量。米芾的精神早已深深印刻在这方热土中，无论从哪一方面深入了解，我们都会受益匪浅。寻访米公祠，聆听清廉事迹，感悟清廉内涵，弘扬清廉风尚，让清风正气的廉洁种子在无城新时代的春风里茁壮生长，滋养无城各项事业蓬勃有序发展，惠及更多人民群众。

说不尽的大无城

袁 牧

无城，工作生活三十多年的地方，我一直在寻找最恰当的词汇描绘她的倩影。

状元桥旁，夕阳下的金柳，是她飘逸的秀发；府苑路边，晨曦中的香樟，是她婷婷的身姿；环城河畔，流淌着的河水，是她甜美的歌喉；西大街上，奔腾不息的车流，是她飘动的裙裾；市政府大楼，璀璨的灯光，是她头顶上的明珠；米公祠和绣溪公园，是她的一双明眸；黄金塔，是她挺拔的腰杆；古城墙，是她历经千年风雨的胸膛。

如果说游子是天空中的风筝，故乡就是那根长长的风筝线，无论飞向何方，心始终握在故乡的手里。无城对于世界，渺似一颗尘埃，微不足道；对于漂泊在外的我，却是永远牵挂的故乡。每当春节临近，我便放下一切羁绊，携妻带子，怀着急切的心情，回到那个魂牵梦绕的地方，那个叫"无城"的地方，因为那里有我的至爱亲朋、同事同学、邻里家人，那里有挥之不去的成长记忆，那里是来路的回溯和情感的皈依。

回到无城，听到乡音，就像遇到久别重逢的老友。上面叫"高头"，下面叫"底盖"，两边叫"二面二"，漂亮叫"青丝"，幸福叫"称朗"，朋友感情好叫"弟兄伙子"，十分思念叫"想巴之心"，还有百听不厌的"高个""毛个""号个"……无论你走到哪里，无论何时何地，那一句句熟悉而亲切的乡音，立马会勾起你的回忆，让你热血沸腾，抑或泪流满面，因为那是家乡的呼唤。

无城一年四季皆是景。春夏秋冬，我独爱她烂漫的春天。走出北门坝埂头、南门一字城，到周边凤河、檀树、官镇等乡下走一走，油菜花盛开的原野上，看蝶飞蜂舞，草长莺飞，聆听着百鸟和鸣演奏着春的声音。不经意间，四周已是桃红柳绿，繁花似锦，春天就这样悄无声息地拉开无城五彩缤纷的序幕。小孩在田间地头奔跑着、嬉闹着，头顶上翻飞着各式各样的风筝，那是放飞梦想和希望的季节。西河、永安河、花渡河的河面上，一只只沉睡已久的小木船在春风中醒来，农民兄弟用粗糙宽大的手掌撑起一支支长篙，在春天朝气蓬勃的旋律中荡起欢快的涟漪。

魅力无城

一次次，我的世界飘着纯洁晶莹的雪花，那是无城赐给我的最好的礼物。站在市政府大楼鸟瞰四周，雪花飞下，浑似江南画。你看，这白色的精灵飞舞着，像一位狂草书法家，肆意地挥洒着激情；田野里、小河旁、屋顶头、枯草上，瞬息留下或浓或淡的白描，苍茫万物，笼盖四野，仿佛有一股久未迸发的豪气，在天地间驰逸。大美无言！雪，这天地之间灵动的舞者，它无声无息，舞出了千树万树梨花开的诗情画意，舞出了瑞雪兆丰年的吉祥和希冀……回想在市政府大楼办公的十年，公文任务尤其繁重，加班加点是家常便饭，办公室的灯光经常陪伴我到深夜。记得有年冬天，写稿到凌晨三点，孤身走在大雪纷飞的凤河路上，四周白茫茫一片，真有几分风雪夜归人的豪情。

无城，是我梦想起飞的地方。最值得我回忆的是在无为师范学校度过的四年学习时光。1983年秋季，当我第一次踏上无城的土地，第一次看到宽敞的十字街、高大的无为饭店、雄伟的师范黉门、漂亮的新华书店、古色古香的米公祠、灵动秀气的绣溪公园、热闹非凡的中菜市，还有琳琅满目的鞍子巷时，眼前豁然一亮，并为之震撼。这些场景，对于一个未见过世面的农村孩子来说，真如刘姥姥走进大观园，一切都是那么新奇，催人奋进。我隐约懂得，那一步跨越，对于生活在无城里的人来说只是稀松平常的一小步，而对于足不出户的农家孩子来说，却是改变命运的一大步。

从此以后，我与无城结下了不解之缘。无城的每一条街巷、每一个村庄、每一条河流，都曾印上我的足迹，留有我的气息；我也曾在东门犁头尖、下草城、北圃山庄、御景苑等地方居住过，那里的一草一木，让我倍感亲切。夜晚是清静的，心灵真正能够得到舒展和休憩。人们都是幸福的，梦境都是美好的，各种虫鸣在合奏美妙的乐曲。这样的夜晚，树木在自由地伸展根须，人们可以放飞心情。这让我想到：无城就像孙犁笔下的荷花淀、莫言笔下的高密一样，是我心灵永久的栖息地。

如今，我是无城的游子。纵然我远离了她的怀抱，可一刻也不曾忘记是她涵养了我的底蕴，练就了我的翅膀，让我有了腾飞的力量。

无城锦绣

无城随想

王德新

有没有叫"无"的城？有。有没有叫"无城"的镇？有。

这就是"无城镇"。一座从"无"里长出的镇子，当然非同一般，那可藏着千年词根呢，得了《道德经》里大智慧的涵养。

"我无为，而民自化；我好静，而民自正；我无事，而民自富；我无欲，而民自朴。"

其实，"无为而治"并不是真的不作为，而是"无为而无不为"。在老子那里，以"道"治国与"无为之治"是相通的。老子主张"无为而治"，提倡按照"道"的原则，自然而然，因势利导，看似什么都没做，其实什么都做了。就如放羊，你一边溜达着一边把羊引到鲜草丰美的山坡，这就足够了，强过把草割回来喂羊累一身臭汗。看似"游手好闲"，其实该做的都做了。这不是"不做事"，而是蕴藏着"怎样做事"的大智慧。

如果说，有一座镇子会像一匹战马一样脱颖而出，铁蹄破阵，一日千里，那一定是无城镇。这是《道德经》的学问，也是唯物主义哲学。这座镇子柔情似水，稳如磐石。无城镇始建于隋开皇元年（581），迄今已有1400余年历史。这原本是一株芽，这个"芽"成长着，最终长成一座震古烁今的重镇。它地处皖中，南濒长江，北依巢湖，处于长三角经济圈辐射范围之内，紧邻芜马铜经济开发带，是皖江北岸一颗璀璨的明珠。无城镇是无为市委、市政府所在地，是全市政治、经济、文化中心。

无城镇为民服务中心

如今的无城镇，首先是一座"快镇"，发展之快让人目不暇接，现已是全国闻名的羽毛羽绒产业聚集地，拥有"中国羽毛羽绒之乡""中国羽毛球产业基地"等荣誉称号。

然而，无城镇的另一面却是慢，这是镇子绿色发展的节奏，是"慢趣"。"快镇""慢趣"，这俩词，恰似一对按扣，轻轻一碰，无城镇的锦绣就会严丝合缝。

像是约定俗成一般，每个城镇都有挂靠景点的休闲公园，无城镇也不例外。其实，无城镇的公园早已学会"见缝插针"，街头、巷尾、楼间，每一块空地都已建成无须命名的"口袋公园"。园内，散步的、下棋的、跳舞的、打球的，不管做什么，都是纯正的休闲。一截裙袂，一片红唇，一丝笑意，到处闪动着美的片段。

公园一角的空地上，有个小戏班子。虽是草台班子，可家伙什儿越来越齐全，甚至连定音器都已配上，葫芦丝也加入了进来。听吧，一面小鼓干巴巴地敲几下，焦脆焦脆的，小鼓要的就是这个脆劲儿。接着是开场锣鼓，急骤如雨，节奏明快，一个层次赶着一个层次，步步紧逼，环环相扣。胡琴的导板续上了，是徘徊递进的，偶尔还引而不发地蓄一下势，等一等听众的情

无城锦绣

61

绪，挺悠扬，蛮婉转的，像在狭窄的巷子里牵一头牛，慢慢调整，缓缓移步。一下不行两下，两下不行三下，不慌不忙。最后，那牛终于从隘巷里出来了，哞地一声叫，豁然开朗，大步流星地走起来，恰似琴声急转直下，荡气回肠。这时候，笛子似乎可有可无，但是也终有用场，在段落连接处，众器皆歇，惟有它独立寒秋，做着藕断丝连的衔接。电子琴的加入改变了乐队的音质，使得总体浑圆饱满。

戏散了也不怕，围观的人们可以再去别处观赏一番。瞧吧，那闻名遐迩的米公祠、黄金塔、锦绣溪、墨池……仅听名号就让人顶礼膜拜了。尤其那米公祠，是宋代书法家米芾任无为知军时所建，那黄金塔还是一座宋代古塔。

总之，无城镇很迷人，很舒适，很从容。信步之间，骨子里渗透了浓烈的文化和哲学。游无城镇，像穿越一趟历史，找寻到了自己的根。灵巧的思维不觉加重了注脚，浑身感到轻松，但绝不轻狂。我知道，无城镇之行，已被那清澈的溪水从里到外洗了个透彻。

无城幸福变奏曲

林文钦

带着一颗安静的心，体验着无城镇的声音变幻，是别有韵味的事。

每一个经典的城镇，都应有所处时代的声音表达，就像那些在历史中风化了的城市记忆，只要那些老市民闭上眼睛想象一下那时的民房、街道，就会感慨改革开放四十多年的巨大变化。

在来往无城间，我的耳朵见证了城镇现代化进程的不凡演绎。大小建筑工地，轰隆的挖掘机，高耸的脚手架，指挥台上响起的开工哨音，太阳在头顶上威严地移动，天空中寂静飞过的鸟群……拆迁和重建，像在无城上空频繁吹响的起床号和冲锋号，这种号角在这里演变成了若干新的楼群、马路、公共设施。在这一过程中，无城的市政建设也由单一的号角演变成了美妙的交响乐。

日复一日，耳朵里的无城在永不停歇地奏响时代乐章，汽车和机械的轰鸣、流行音乐以及各种声音，繁杂里别有一种铿锵的力度，很像动车车轮向前奔跑的音律，能激发人的想象。我有时想：时代在前进的时候，这里面也是有声音的，这种声音伴着光彩、热度、力度，在生活的海洋里全方位地开花。对一个心智健康的人而言，城镇的喧哗不正交汇成一支现代摇滚乐吗？

一个人独处时，我不由得打量起无城——古老而时尚的城市核心区。我细听它发出的声音，竟发现其中蕴藏的独特味道。那些消失的声音已经永远消失，保存下来的声音，如庐剧、民歌小调、商贩的吆喝声，随着生活方式的剧烈变迁，渐渐成为老一代人的回忆。

"磨菜刀""补雨伞""箍桶哟"……这些大街小巷人们曾经最熟悉的吆喝声，隐匿于万千人心中，带着最本土、最亲切的记忆。随着城市化进程的加速，传统的叫卖声销声匿迹了，取而代之的是"有坏手机、坏电脑修吗？""有坏冰箱、坏空调修吗？"同时伴着"收旧电脑、旧手机、旧热水器哟……"新时代的经济浪潮风起云涌，城区小街上又飘荡起一种新的吆喝声："收购旧桌椅、老家具、红木家具……"最有趣的是，吆喝声中夹杂着南腔北调，这声音听起来就像小品或相声，不啻是一种享受。

春日的清晨，我悠闲步入绣溪公园，感觉到这里的声音悄然更换了音色。晨风中，公园广场飘来了舞蹈旋律，退休大妈们在动感、激情的《好日子》歌声中翩翩起舞。富有音乐细胞的姑娘们，拉响了手里的风琴，优雅的琴声掠过清澈的环城河水面。晨光抚摸着城市，树上早叫的鸟鸣声和卖早点的吆喝声，又像是城市交响曲中突然插入的轻快小调，让我精神一缓，心情随之放松。当日午后，我聆听了实验中学诗歌朗诵会，开场的一首《面朝五月，春暖花开》就让人心旷神怡。想来，现代无城是复杂而和谐的，不同音色的声音组合在一起，传统文明与现代文明的交融，让我觉得这种声音是那么遥远而凝重，却又如此灵动而亲切。

无城在扩展，建筑高度在增加，这是当今时代必然发生的景象。城市广场等公共场所发出的声音并不一定总是动人的乐章，安德利购物城的敲敲打打声、芝山小区传来的电锯"吱吱"声、通江大道的车来车往声、中心商业街的叫卖声……每一种声音，都增加了城市旋律的多样性。这些纷繁的景象，掩盖不了城市的休闲品质。在无城这座幸福城镇，四处流淌着如同葫芦丝一般丝滑悠扬的声音。当你走过一个个茶吧、休闲厅、便利店，能观察到每个市民匆忙而又祥和的表情。每个表情都是一个新奇音符，汇成了这座城镇的淡雅之音。

当我坐着车子在城区观光，一个个养眼的风景在视野中掠过：水景公园、鼓楼、会议中心、体育中心、儿童乐园、国际影城、植物园、水生态园、东森超市、新华书店、农文化广场、自助图书馆……车水马龙的街区，一幢幢崛起的高楼大厦；白昼的生机盎然，黑夜的五彩斑斓……我忽然觉得一直埋藏在心底的热爱和深深的幸福感油然而生！

　　古意而新潮的无城，日新月异的发展汇成一首大型交响乐，传扬着更新更美更动听的新时代颂歌。

东隆家纺股份有限公司

一位敬业的工匠

马　健

　　春节假期，已是乍暖还寒的初春时节。我应无为市战友相邀，去了地处皖中地区的千年古镇——无城，感受了"江淮明珠，山水胜地"的风情。在这里，我感受到纯朴的浓浓自然情。那漫山遍野的绿草、茂密幽深的树林以及风光如画的湿地，仿佛还映衬着开心的笑脸，把我的心绪带出无城，飘得很远很远……

　　第二天傍晚，我想更真切地感受自然之美，于是一个人悄悄出了宾馆在城区转悠。无城镇与江南县城并无两样，街道两旁绿树成荫，门面房里的生意人不经意地说说笑笑，显示了这座城市的生机，只是人气似乎没有沿海旺盛。无城镇有一条被当地人称为"母亲河"的小河，弯弯曲曲地穿过城区，周边人都是喝这条河里的水长大的。

　　我走到城北社区先锋自然村，村子里的道路没有任何雕饰，我行走在其间，备感宁静空幽。当我走到村委会的时候，办公大楼里门窗全部关闭了，只有楼下一角亮着灯。我很好奇，这里明明已经下班了，怎么还有人在里面办公呢？慢慢地走过去，那古色古香的细格子门窗关闭着，却没有合严，从门缝里可以看到一个瘦弱的老人在低头捣鼓着什么。虽然看不到他的面部表情，但是他身旁的羽毛、绳索、剪刀等工具特别引人注意，几个做好的羽毛球横七竖八地躺在旁边，看来他是为羽毛球忙碌吧。我突然想到，无城镇是

66

全国闻名的羽毛羽绒产业聚集地，无为拥有"中国羽毛羽绒之乡""中国羽毛球产业基地"等荣誉称号。我陶醉在宁静和感动之中。

轻轻地敲门，老人放下手中的活儿，迈着蹒跚的步子把门打开。当得知我是一名外地人在此处散步时，他很热情，兴致勃勃地介绍起他正在做的事情。老人姓石，是这个羽毛球小作坊的老板。20世纪70年代起，吃苦耐劳的无城人走街串巷，在全国各地收购鹅毛、鸭毛，把简单的原材料加工做成了完整的产业链。改革开放40多年来，石老租了村委会的办公楼，招了村里几个乡亲，走上了自主创业之路。他的这段创业史也印证着从计划经济到市场经济的跨越，家庭作坊向现代企业的演变。现在工人已经下班，他还在继续做事，为了一份对事业的执着，他无怨无悔！

石老一边介绍他的过往，一边把我带进"车间"参观。他说这里可以说是整个羽毛球生产车间里最核心的地方了，半成品羽毛球会被送到这里，在两个地方打上起固定作用的胶水。一个羽毛球好不好打、耐不耐用全都取决于这道工序。石老给我拿了一只羽毛球样品，告诉我：在完成了洗毛、晾晒、烘干、滴胶等38道工序之后，一个羽毛球成品才算诞生。从鹅毛被运送进厂区，再到最终作为一个成品羽毛球销售出去，这中间要经历两个多月的时间。我用手轻触，羽毛球慢慢转动，感觉造型巧夺天工，工艺精巧至极。

石老一边和我唠着嗑，一边准备去倒茶，但是每走一步都小心翼翼。石老告诉我，这是他这么多年养成的习惯，做人做事和制作这些羽毛球一样，都需要小心翼翼。他曾经在做羽毛球的过程中由于操作不慎报废过一批羽毛球，令他数日睡不着觉并遗憾至今，于是养成了如今的习惯。从模型制作、打造毛坯、锻件下料、机械加工到总装各个工序，每一步都是他的心血。无城工匠本着一颗对羽毛球的敬畏之心，为自己的每一道工序负责，这一切只因那份对羽毛球制作精益求精的工匠精神。

告别老人，准备离去，却又看到他在白炽灯下继续忙碌，把做成的羽毛球放进一个转筒里进行风洞测试，滋滋之声搅动着静谧的生活。我突然看到墙上一张羽毛球海报，是走向国际市场的一只高档羽毛球，"飞"在参加国际比赛的运动员面前，圆满地完成自己的使命……或许，羽毛球与制造者之

无城锦绣

67

间正在展开一场心灵的对话。它虽然很小巧，但是它那充满工匠精神的内涵，是对这位尽职尽责老人的深深敬意。

只只羽球片片情

勇夺全县第一名

赵同峰

2017年，农业部公布第七批全国"一村一品"示范村镇名单，无城镇董桥村榜上有名。

董桥村，由一个提篮小卖、肩挑背扛、走街串巷收购羽毛羽绒支撑的家庭作坊村，逐步发展成为"中国羽毛第一村"，现已拥有30多家羽毛片、羽毛球加工企业，职工5000余人，总固定资产2亿多元，年加工羽毛总量达11580吨，占据了全国80%的羽毛市场份额，年交易额5亿多元。

说到这翻天覆地的变化，知情的几位老同志侃侃而谈。改革开放之前，董桥村没有一条沙石路或水泥路。一到雨天，土路就变成了泥潭，脚踩下去拔不上来。下雨的时候，外面的人进不来，里面的人出不去，孩子没人背就上不了学，赶上放学，眼看着家门却回不去。特别是千辛万苦从外面收购来的羽毛羽绒进不了村，经过简单粗加工后的成品又运不出去，变不了钱。要想富，先修路。1989年，在村委会的努力和群众的支持下，村里的土路来了个大变样。他们投资11万元，修通了全村各个厂区、作坊等到主干道的砂石公路。这是全县家家户户通砂石公路的第一村，吸引了全县干部前来参观调研。

随着改革开放的深入，很多村民走出董桥，在全国各地设立羽毛羽绒收购点，进行深加工，再卖出半成品。为了解外地信息及家乡情况，他们投资

无城锦绣

4万元，在全县率先开通程控电话。每部电话初装费3000元，董桥一次性开通了30部，电话费用虽然昂贵，但对羽毛羽绒产业的发展起到了重要作用。董桥成为全县第一个通电话的村，受到外村村民的羡慕。

村干部与村民齐心协力，办起了董桥四门立窑厂。窑厂烧出的红砖，质量高，受到村民的普遍欢迎，不仅销售给村民盖楼房，改善了住房条件，还用来建造村部办公大楼，使办公条件上了层次。几十年过去了，办公大楼仍坚固、美观、大方，成为全县第一个村级高标准、高质量的办公大楼。

当很多镇村还在为吃水犯愁的时候，董桥村干部高瞻远瞩，积极与无为县水务投资有限公司联系，参与供水一体化建设。当全县小型自来水公司纷纷成立时，董桥村全村早就吃上了长江水，为村民饮水健康提供了保障，成为全县第一个饮用长江水的村。

董桥村十分重视教育，从1962年起，就先后开设了河冲小学、陈巷教学点、小金教学点、高庄教学点、金滩教学点、一心小学等。1986年，正式建立董桥小学。2015年，董桥小学改建为公立董桥幼儿园，教学设施、设备更加完备，成为全县第一个村级公立幼儿园，大大方便了儿童入园。

1993年，金正雨在董桥办起了第一家羽毛加工企业——安徽宏盛羽毛制品公司（皖港合资），开始生产羽毛制品。随后陆续有金桥、胜友等企业成立。各级党委、政府高度重视，关心董桥羽毛企业的发展，并为企业健康发展提供了必要的政策支持和经济保障，使董桥又成为全县第一个与外资合资办企业的村。

近几年来，为了提高为村民办事效率，村委会改变思路，为村民着想，建立了一站式服务大厅，极大地方便了村民。为村民服务模式的改变，密切了干群关系。董桥成为全县第一个提供服务大厅的示范村，村干部事事为群众着想，干群之间增加了信任，更加亲近。

几位老同志讲到董桥村夺得的第一，眉飞色舞，如数家珍。我们为董桥村党总支骄傲，为历届村干部取得的成绩自豪，为董桥村村民开拓进取的精神而振奋。我们坚信：董桥的明天，一定会更加美好！

企业招聘现场

无城锦绣

古城佳境隔窗望

王惠舟

古韵芝城

或许隔窗望，梦中佳境在……有歌唱道。

或许隔窗望，天天佳境在……我乐而和之。

我居住的这座楼房，紧靠北一环。南面阳台下是老城，北面窗外是无城最早的新区，辽阔而清新，既有都市景色，又有田园风光。有事没事，我就喜欢隔着北边的窗子向外看。老友造访，也爱安坐窗下，品着茶，一边聊着，一边看着窗外的风景。临了，客人指指窗外说："这里真不错。"

窗外，远处有苍穹下云遮雾绕的山，山不高，却逶迤。年少的我，曾步行数十里到山脚下的东关赶火车去黄麓师范上学。这山好像是我远方的朋友，半个多世纪过去了，如今看着它，总感到很亲切。自2015年7月1日起，山下广阔的原野上，出现了疾驰的高速列车。它们无论南来或北往，必定都在我们无为站"打卡"。千年古城跨进了高铁新时代，令人振奋、自豪。

稍远的地方，无论是左右，还是中间，二三十岁的楼房们，错落有致，鳞次栉比。这些在曾经的荒坡、沼泽地、土窑厂，以及破旧矮小的瓦房、草房地基上建起的新楼房，与大城市相比，一点也不逊色。它们都有好听的名字，有时尚的"都市花园"，清雅的"北圃山庄"，好寓意的"金河小区""金鹏小区"，诗意的"水榭花都""四季花城"，还有浪漫的"浅水湾""水岸花园"等。千万百姓享受改革开放的红利，住进了宽敞明亮的楼房，真正是安居乐业，百业兴旺。古城的东、西、南部新区也是如此。看到这些我感慨万分："难忘老城九街十八巷乡愁伴古韵，乐观新区四面百千楼梦美展宏图。"此外，地标性的金世纪大厦，很有现代化气派；传统典雅的风雨廊桥——安澜桥，更显无城厚重的历史文化底蕴。

离我最近的地方呢？是水，是开阔而柔美的状元桥下的水，可称之为状元湖。之前，这片水面只有"一张破碎的脸"。南边是一段废弃如污泥沟的护城河，北边是一口荒草丛生、凄凉冷寂的水塘。后来为建造状元桥长堤，加宽环城北路，在这里取土疏浚，状元湖才一展芳容，加上新建的穿越桥孔、曲折多姿的临水栈道，成为人们喜爱的新景区，也成为深得民心的生态工程。这漂亮的九孔状元桥，可谓老城新秀。每年中高考前，一些学子和他们的父母，都会迈着虔诚的脚步，怀着崇敬的心情，从状元桥上走一走，盼焦蹈、邢宽二状元庇佑，赐予好运。这是对历史的仰慕，也是无城人重教文脉的传承。

天蓝蓝，水清清。状元湖面积很大，有二三百亩，呈不太规则的多边形。风和日丽的清晨，太阳刚刚露脸，明丽的光芒辉映东方。湖边所有坐北朝南高楼的无数面东山墙，显得特别洁白晶亮，面平如镜的湖中，立即呼应出它们的倒影。地上和水中，多层次、多姿态的山墙群组合，素雅、热烈、壮观、生机无限，你不能不为之赞叹，人工美与自然美相融相衬得多么巧妙。

春暖花开，正如古人所云，湖上是"风光莺语乱，烟波春拍岸"。湖岸边，新建的临水栈道，是人们赏景、小憩、健身的理想之地。成排挺立的水杉穿上新绿，丛丛柳枝是万条垂下绿丝绦，成片的油菜花金光耀眼、活泼张扬。水面上微波阵阵，不时可见近岸的鱼儿高兴地追逐嬉戏。此岸或彼岸，几声蛙鸣"呱呱"，几人捶衣"啪啪"，其声悦耳。湖上蓝天下，有上下翻飞的燕子，它们叽叽喳喳，互致春天的问候。爱水的白鹭在湖上盘旋，更爱在水边浅滩悠闲慢步或久久驻足，看得出它们是要瞅准机会，叼起水中的游鱼尽情享用。天热起来了，成群的蜻蜓在湖面上展现各种轻快的舞姿。天色入夜了，你若闲逛状元桥上，借着路灯，兴许能发现大小不等的几只水鸟在水边纳凉、露宿。冬天，湖面是冷风的天下。但是当瑞雪纷纷扬扬，大地一片银装素裹的时候，站在窗前，就会看到，状元湖泛着轻波的蓝色湖面，清雅又含蓄，似乎在思考着怎样迎接新的春天。这状元湖上的勃勃生机和多姿多彩，可以说是我们这座千年古城生态环境建设与管理的一首赞美诗。

环城河上状元桥

湖上激动人心的景色，要数除夕夜之时。中央电视台春节联欢晚会的新年钟声敲响，中华大地的喜庆气氛瞬间沸腾，千家万户灯火通明，人们欢跳着、高唱着、呼应着。我凭窗眺望，尽情地欣赏着湖上美景，激动不已。又一个春天来到了，千年古城跨进了新时代，无城人民将更加精神焕发，撸起袖子创造更加美好的未来。

窗外的景色，湖上的风光，是党和国家送给我们这座城的大礼、厚礼，也是无城千万人投身建设、奋力打拼的见证。它折射出无城社会兴旺，人民生活充实、多彩。因此，我不能不说说窗外的人。文学大师茅盾先生在他的名篇《风景谈》一文中说："人依然是'风景'的构成者，没有了人，还有什么可以称道的？""人类的高贵精神的辐射，填补了自然界的疲乏，增添了景色……人创造了第二自然！"我的窗外，沿着状元湖四周，有环城北路、状元桥长堤、金塔路和北门外大街，都是近二十来年建成的贯通四面八方的主干道。从早到晚，红绿灯不停地闪烁着，马路上车水马龙，特别是状元桥上，总能看到车辆奔驰，人们匆忙赶路。不必知道他们是张三还是李四，也不必了解他们要去何方，可以肯定的是，在全社会奔向富裕，崇尚文明，追求美好的大氛围中，他们每一个人都会有一个目标的牵引，一股力量的推动，一种责任的激励。这无数人的奔波、创造、积累和奉献，成为社会前进道路上的主旋律。在万家灯火释放出柔和温馨光芒的时候，人行道上又是人影连连。很多人已经养成了欣赏风景的习惯，沿湖缓步而行。他们放下紧张和劳累，享受着闲适和舒畅，提升着生活质量，新的希冀又悄然萦绕在他们的心头。我深深地思考着，若没有改革开放的大潮，新时代日复一日、持之以恒的谋划与奋斗，这窗外会让人看到什么呢？

"天下相亲与相爱……九州的祥瑞，意动神飞"，这歌唱得多好。是的，心中有人、有爱、有奋斗，眼中必然就有美景。我深爱着的千年古城未来一定更美好！

动人的旋律永远不会休止："天天隔窗望，佳境入胸怀……"

无城锦绣

一声黄鹂啼绣溪

陈于晓

仿佛绣溪一漾，整个无城镇，就波光粼粼了。当我头顶的鸟语开始密集的时候，绣溪公园就到了。鸟语总是那么密集，当你细细聆听，会时不时地生出一种幻觉，似乎枝头的叶子都是鸟语变成的。置身在绿水和青山中，这鸟语，自然也是一滴一滴的翠绿。

绿水是绣溪，青山就是芝山吧，此刻隐在绣溪的碧波中，或者隐在草木的葱郁中。等一下我再把芝山唤出来吧，现在，我只管一头砸出绣溪的潺潺。是的，是"砸"，我希望借此激起绣溪的一些水花，然后荡漾开来。然而，说"潺潺"，只是我的一种幻觉，绣溪水是安静的，只泛着涟漪。有时，连涟漪似乎也需要某一阵乍起的风来吹起。倒映在水面的天空和周边的景物，清晰、柔软、明净。这一种澄澈的安静，挺好的，像极了无城镇那些静好的岁月。这样想着，再看绣溪时，愈发觉得它辽阔起来，不知不觉中，心旷神怡。

风一旦吹过垂柳，就叫柳风了。被柳风吹拂着，有一种清新与温柔，萦绕着身与心。春日的柳芽，应是燕子的剪刀尾剪裁的，但现在，我没有看见燕子。一枝枝的芽，都早已挂成柳丝。柳枝拂水，相信水波和我一样，都添了一种痒酥酥的感觉。但更多的时候，这柳丝在制造着绣溪的烟雨。稍微隔远一点，或者你站在某一座小桥上，就会发现，那柳丝真的如烟，被水雾一映衬，就像是一行行诗句，被印刷在蓝天的画布上。至于那迎春楼、沂春亭、挹秀亭等，可以作为印章，盖在诗页的空白处，当然也可以任由它们在绣溪公园中游弋，或者坚守自己的岗位。

绣溪公园俨然是一湾经典的水乡。小桥，流水，还有时不时出现的亭亭的人儿。至于人家，应在公园之外。但公园之外的人家，却把整个绣溪都抱在了怀中。我想象着这绣溪会分出无数条清澈的小溪，你只要站在院子里，或者倚着窗口呼唤一声，这溪流就会点一下头，摆一下尾，进你家去。不过，此时，我只是在绣溪畔走动着，绣溪没有走远，我也一直没有走出绣溪的视野。

绣溪公园

在无城镇，绣溪是大家闺秀，还是小家碧玉，就看你怎么理解了。"大"与"小"是相对的，置身在绣溪公园，你容易觉得绣溪"大"，到高处去看，也许绣溪就"小"了。在"小"处看花草时，我似乎品出了绣溪的"野"。这花开得任性，这草长得自在，这绣溪公园仿佛是城中的"乡野"。如此，久居闹市中的城里人，只要抬一抬脚，就可以享受到乡野的清风朗月了。结束了一天的工作之后，来公园吹吹晚风，看看星或者赏赏月，都是不错的选择。

柳梢头的月大抵是最有情的，有情的人，就约在黄昏后。柳梢、月和有

77

情人一起构成的，是一种关于爱情的意境。月在水中，也在空中，但有些故事无关绣溪。无月的晚上，就看星星和灯火，它们都是温暖的事物，唯一的区别就是一个在天上，一个在人间。在我看来，一座城市，在白天是属于创业的，而在夜晚，应是属于宜居的。生活在无城，守着一盏小小的灯火，做一个温暖的梦，是一桩特别美好的事情。

晴时观山，总忍不住想伸出手去，采撷下几片晴翠，摆在清丽温柔的阳光中晾晒。或者，也可以把芝山搬出，放生在绣溪中，让它成为一座绿岛，并且绣上五彩的霞光，像一个斑斓的梦境。雨时则看水，虚构一只画舫，让自己坐在画舫中听雨，听平平仄仄的人生。或者，还可以从某一卷古诗词中，取出青箬笠、绿蓑衣，假装成一位渔人，垂钓绣溪，其实钓的不是鱼，而是一种心情。在这蒙蒙雨雾中，那些隐隐约约的亭子，不会变作鸟儿飞走吧？应该不会的，即便飞走，它们倦了，依旧会回到原地的。

在时间深处，绣溪泛动着的，或许全是乡愁。忽听得一声黄鹂啼，不知在哪一处深涧中啼，有深涧吗？啼出的竟是我心上的绣溪。仿佛这才发觉，原来我的心上，一直有一条绣溪在流淌着。

在米公祠前

温勇智

　　米公祠端坐在米公军邸的旧址之上，像一块砚石，隔着千年时光。《江南通志》载，北宋著名书画家米芾，在无为城中建有聚山阁、仰高堂，又有宝晋斋，古迹犹存。因米芾为官清廉，勤政爱民，在其去世后，世人感其德政，将宝晋斋改为米公祠。

　　我必须承认，当我走近米公祠，也就走近了一段手书、一阵绿色的清风。隐隐地，我还仿佛听见"无为而治"的声音从历史深处穿越而来，地道的襄阳方言砸在无城的大地上，一字砸出一个大坑。

　　我喜欢米公的书法，笔走龙蛇，稳不俗、险不怪、老不枯、润不肥。《研山铭》《蜀素帖》《虹县诗卷》《多景楼诗册》《将之苕溪戏作呈诸友诗卷》等，布局和境界，情调与立意，都散发出一种沁人心脾的力量。我也喜欢米公的绘画，信笔作来，烟云掩映，题材十分广泛，人物、山水、松石、梅、兰、竹、菊无所不画。我还喜欢米公的收藏，文房佳器、奇石墨宝，仿佛打开了一个人精神的锦囊。"米颠拜石"的典故还在无城葳蕤，为无城成就了一段佳话。

　　我更喜欢米公的赤心，廉洁公正，不附权贵，敢替百姓申不平，心系江山。知无为军，无为而治，教育兴学……曾经的淤塞，曾经的污浊，在你的疏浚和治理之下，都找到了自身的价值。那些顺流而下的时光里会有一些精

无城锦绣

79

神被延续，在家国情怀里生根、发芽、茁壮成长。朝代可以一再变换，历史也可以一再书写。有的人，只能钉在历史的耻辱柱上；有的人，却永远被人民记住和怀念。

我跪拜下来，泪如泉涌。

走进米公祠，有理由盘桓，有理由把灵魂寄放。千余年的时光走廊，那一端站着大宋的风土，这一端矗立着无城现代的繁华。米公祠，蕴藏着一个人无限的才情。曾经的"宋四家"之一，披一层薄光站在那儿。先生，你留下的芬芳，是时光无法抹去的。无城的每一条街道、每一个村落会记着你，无城的每一座山、每一滴水会记着你，无城的每一个百姓（包括逝去的和健在的）会记着你。无城，是你的无城；你，是无城的米芾。你是无城的书法家、画家、书画理论家、收藏家，你的书法才华和治国经纶让无城旖旎。如果可以，我也渴望能在米公祠栖息我的灵魂。

曾经沧桑的水，已过了汛期。无城的巷陌深处，满是你的书法经典和为政之道。多少时光已逝，但米公祠还在，文化还在，灵魂还在，静静地等待我的靠近。

我，也不得不把灵魂再次靠近米公祠，靠近那宝晋斋，靠近那聚山阁，靠近那墨池，靠近那投砚亭，靠近那碑刻……它们集合起你全部的光芒，汇成无城的美和底蕴。米公祠，成就了一段历史和文化。

不再思量了。此时的米公祠，和你在时一模一样，光芒照耀着无城。我们对局，斟酒，高吟，狂欢，春风和畅。走进米公祠，就是走进了历史，就是走进了文化。心情在柔美里放松，思绪在辽远里飘逸，灵感在厚重里勃发。

走进米公祠，举目环顾，心灵在放飞，一直蔓延在心头的几许期望，如鸟声一样挂在了米公祠的枝头。在无城，在米公祠，我听见灵魂潺潺流淌的声音。

想把心灵的居所，建在无城，建在米公祠，与青山为邻，与流水为伴，与书画为友，雕琢着精神的家园。此刻，我听到一阵阵尖叫，以久别重逢的热情相迎。

米公祠，一个接近灵魂的地方，也是一个接近精神文明的地方。

米公祠内投砚亭

古城交通新景

王惠舟

说到交通，无城人会发自内心地满意和喜悦：现在真是太方便了！

这得先说高铁。

多年前就知道，国家要兴建北京至福州的高铁，而且要经过无为。这多叫无为人高兴！后来又说，高铁要擦无城而过。也就是说，无城就要有高铁了。无为人，尤其是无城人，就更高兴了。好消息又来了，要紧靠无城东郊建高铁站。无为人，尤其是无城人，很快就能直接享受高铁带来的便捷，当然特别高兴。2015年7月1日，宏伟的蓝图变为美好的现实，无城跨入了高铁新时代！

我不由得回想起无城过去的交通。新中国成立前，无城交通一塌糊涂。新中国成立后，无城才有了"交通"可言。以无为县城为中心，有了两条公路：北通巢县的无巢线；东至二坝，西南连舒城军埠的军二线。但是行驶在公路上的是蒙着帆布的卡车，又颠又脏，班次很少，车票很难买。到了严冬季节，无为巢县边境草鞋岭上陡峭曲折的公路，一旦被冰雪覆盖，往往会阻碍交通，必须铺上厚厚的茅草，汽车才能如蜗牛般爬行，却又险象环生，乘车的人提心吊胆。若是洪水季节，军二线会被淹，不能通车。

水路有小火轮每日一班往返芜湖，隔日一班往返襄安、西河。只是轮船太慢。汛期水大，怕船行浪涌，砸坏堤埂，破圩成灾，轮船要停开。冬季水枯，船底贴河底，想开也开不动。后来公路状况逐年有所改观，缓慢的轮船淘汰了，只是出门仍然难避"慢""烦"，比如坐汽车从无城到合肥，一百二十多公里的路程也得半天。再如出远门到北京，到福州，或者到其他地方，要想快捷一些，那八成得先坐汽车到合肥、芜湖或者南京，才能有幸挤上火车，在铁路上跑。但是那种跑，并不痛快，因为太费周折了。外地人到无城，是一路烦得头痛。

对于现在的无城人来说，只要你乐意，跨进无为高铁站，买上票，坐上火车，只花三四个小时，就能跑完六七百公里路程到达福州。若是去北京，吃了早饭登车，一千多公里的距离很快退居身后，下午就可以到达。当然，在这高铁一路串起的各个城市，你还可以随意转到其他线路，前往你感兴趣的地方，不费时，不劳神，真正称得上轻松愉快走四方。

无为现在已经拥有过境的铜商、岳武、芜铜、巢黄、北沿江（天天）、4231国道等六条高速公路。它们有的落脚无城之郊，有的就在离城不远处。无为有12个高速出口，可以说是主要为无城而设。此外，还有347国道、218省道从无为大地驰过，也成了无城人外出可选通途。因此，我可以自信满满地说，无城是我们这个城市的交通中心。

今日的无为，已经形成了一条高铁、一条普铁、六条高速、两条国道，纵横交错，四面呼应，八方相连，便捷高效的交通大格局。作为市政府所在地的无城，理所当然在这个大格局中独占主导地位，独享优势。

进入21世纪，市政公交建设从无到有，不断加强。2003年，无城市区和近郊开始有3路公交车，分别以福路、十里墩、仓头、福渡、八里畈为起讫点，穿城而过，大大方便了城内与近郊人们的出行。随着高铁无为站的开通和城市新区的不断扩大，城市公交已增加到现在的10路，日上路公交车69辆。2017年，市政公交迎来大发展，实现了城乡公交一体化，开通了无城通往20个乡镇（连带很多村）的长途公交，计21路，行车里程近800公里，日上路大客车126辆。由于早已实现了村村通，现全市农村居民，基本上可以在家门口就近坐上公交车直达无城。公交车费当然也充分体现了惠民精神：市区乘车每人次1元，城乡乘车每人次5元，全市满70岁的老人都可免费乘车。

无城锦绣

值得一提的是，随着社会经济的发展，在全市现代化交通的大格局下，自驾出行已是"小菜一碟"。就无城而言，现在小轿车注册量已近五万辆，这是无城交通大军中不可忽视的力量。

　　从历史到现实，从落后到先进，无城交通实现了巨大的跨越。高铁、普铁、高速、国道、省道、长短公交线路，它们巨龙般的身姿如同画在大地上的五线谱，千千万万飞驰的各种车辆如同灵动、跳跃的音符，正演奏着千年古城——无城优美昂扬的交通新乐章。

古韵芝城

无城公园里的那些亭台

童毅之　邢朝农

为突显芜湖市域文化底蕴，展现江南城市韵味，2023 年 3 月 15 日至 3 月 31 日，芜湖市园林处组织开展了"亭台轩榭请您来命名——城市公园观景亭征名活动"。无为共推出 13 座观景亭，请社会各界参与命名征集，后邀请地方志、历史、旅游等方面专家和代表召开评审会，以体现无城本地的历史底蕴、文化传统、地理风貌、民俗风情、区域特点和社会特征为出发点，对来稿亭名进行评议。每个观景亭选出 3 个名称，向社会公示并征集意见，最终由市民投票确定亭名。

亭，又称凉亭，是供行人休息的地方。《释名》云："亭者，停也。人所停集也。"亭是中国传统建筑之一，多建于路旁，供行人休息、乘凉或观景之用。园中之亭，乃自然山水或村镇路边之亭的"再现"。亭一般为敞开式结构，没有围墙，形式可分为六角、八角、圆形等多种，因为造型轻巧、选材多样、布设灵活而被广泛应用于园林建筑之中。

按照芜湖市园林处征集亭名排序，无城 13 座观景亭概况如下。

沂春亭，位于环城公园植物园卫生间旁。无为宋代古亭名。

挹秀亭，位于环城公园木材市场（"融城绿景"大门对面）附近。无为宋代古亭名。

幽篁亭，位于环城公园紫园大门左侧往里约 50 米处。幽篁，竹子。该

无城锦绣

85

亭位于竹林之中，"独坐幽篁里，弹琴复长啸"，既富有诗意，又富有文化品位。

觉亭，位于绣溪公园拱桥北附近。绣溪公园内有革命烈士吕惠生建造的洗心亭。绣溪公园外的觉亭与其遥相呼应，寓意群众深受其感染而觉醒。

绎志亭，位于绣溪公园内运动场附近。无为宋代古亭名。

天香亭，位于环城公园东一环湿地濡街斜对面。无为宋代古亭名。

庆丰亭，位于环城公园东一环湿地锁埂路（宴公花园路口对面）附近。该亭位于无城仓埠门附近，因古代仓埠门城楼名"庆丰楼"，故名。

远碧亭，位于环城公园东一环湿地凤凰山路钢架桥附近。1895 年，四川总督刘秉璋解甲归田，至 1905 年辞世，一直生活在无城东门阁上。"远碧楼"是他的藏书楼，藏书达五万卷。闲暇时，他整理藏书，自编《远碧楼书目》12 卷。远碧楼是清末民初安徽最大的个人藏书楼。

拨云亭，位于环城公园东一环湿地环城北路卫生间往西约 200 米处。1935 年 12 月，无为人徐庭瑶回无为省亲，在今天的无为市人民医院老住院部附近，出资修建了沂春堂和拨云楼图书馆，取读书可使人拨云见日、释疑解惑之意。

馨语亭，位于桥头公园内长江路主入口附近。亭名意指"温馨耳语，约会时光"，符合景观亭位置及其周边环境特征，寓意美好，内涵丰富。

三思亭，位于站前路游园附近。嘉庆《无为州志》载，无为城内有桥九座。其中三思桥在三思坊下，坊在今天的十字街处。此亭还有做人做事要遵从古训三思而后行之寓意。

步云亭，位于站前公园西北侧高丘附近。寓意到达高处，符合该亭位置，亭名吉祥，通俗易懂。

观澜亭，位于站前公园内水中栈道附近。亭名大气磅礴，便于对外宣传。

除上述新命名的 13 座亭子外，无城地区公园尚有 6 个已命名的亭（阁）。

繁花亭，位于环城公园植物园南大门附近。亭外繁花似锦，悦人耳目。

绥湖亭，位于环城公园植物园绣溪桥南附近。该亭对面环城河水，水面开阔，极目远眺，令人心旷神怡。

植物园内绥湖亭

文峰阁，位于绣溪公园拱桥南附近。无为古亭名。

莲花亭，位于水景公园渡江路与幸福路交叉口附近。公园夏日水面莲花覆盖，荷香阵阵，沁人心田，故名。

移风亭，位于水景公园管理用房附近。取新时代移风易俗之意，有现代气息。

洗心亭，位于绣溪公园假山处。1935年，吕惠生任无为县政府建设科长时，县政府动议要在无城东门外的公地上建一仓库，而这块公地长期被当地豪绅宋、杨两人非法霸占，并且建有私人住宅。宋、杨两人得知此事后，托人给吕家送去200块银圆，妄图以重金买通吕惠生，以取消县政府决定。吕惠生不为所动，当即找到宋、杨两人，当面指责说："行贿受贿，这本是寡廉鲜耻之辈所为。我虽为一介寒士，也绝不会受此黑礼！"宋、杨两人怕担贿赂之名，对送钱之事矢口否认，不肯收回大洋。为表明心迹，惩戒后人，吕惠生用这笔钱在城南的锦绣溪畔盖起一座草亭，取名为"洗心亭"，并题写一首七绝：

孽孽货利已根生，哪得人人肯洗心？

只有铲除私有制，人人才可不迷金。

无城锦绣

87

曾经繁华的犁头尖

王惠舟

犁头尖，土生土长的无城人都知道它是个地名，在东门大街东口北边、老城墙脚下，紧连濡须河，跨前一步就是东门大桥。

无城自宋朝建了城墙，在东门城墙脚下濡须河这段河道，人气渐渐旺起来。延续至明清直到民国，这段河道更显珍贵。为什么？因为它从这里顺流往北，出了裕溪口，就汇入长江，可通芜湖、南京、上海、安庆、武汉；往上游，它又连着本县西南牛埠、蜀山等地。于是我们这个农业大县、鱼米之乡，粮棉油料的外销，百姓所需布匹、五金等各种日用百货的购进，就都在这紧靠县城的河埠集散。更有甚者，它左边是仓埠门小轮码头，此处船只通江达海；右边东门大桥外又有汽车直通芜湖。所以这个黄金地段，河面上巨舸小舢云集，河岸上远近客商如潮。

我们的先人很有智慧。面对这商贸繁荣的兴旺之地，一户接一户的商家店面，在宽阔的河滩坡上一字排开，面河而立，形成了一条粮棉等农副产品和竹木煤炭零趸运藏的商号半边街。由于河滩没有河堤防护，商家普遍用牢固的青砖加生石灰砌墙体，建起了两层楼房，而且都开有后门，以应对可能发生的汛情。人们发现，这些连成一长排的商户背面与城墙之间，还有一块宝贵的空隙地带。尽管面积有限，但还是出现了紧贴城墙的窄窄的街道。两边同样挤满商店，多是客栈、茶坊和烟酒铺，专做南北客商的生意。日积月累，这里的人口密度大大超过城内很多街巷。这块热土长年顾客不断，财源也就滚滚而来，其繁华程度可与无城中心大十字街相媲美。可以说，这个地方，与我们千年古城的存在和发展息息相关。20世纪50年代前后，这里是县城最繁华的地方，成为大东门出城口独有的热闹场所。

理发店

濡须河段与东门城墙之间的这块小小的商贸福地，得有个名字啊！有智者远近一看，这地方竟是一个三角形，恰如农民犁田用的犁头，一个巨大的犁头。其底边就是从小东门出城口伸向河沿约80米长的小东门外街。三角形两腰分别是两米多宽、百米长的下河街和河滩商铺背后只能通行一人的无名小巷。这个巨大三角形犁头的尖尖，就直抵东门大街的出城口。于是，一个算不上城市正规街道名，却既形象又通俗的地名出现了——犁头尖！

犁头尖，一个彰显着农耕文化特色的地名，走进了人们的生活。随着人口大量流动、城市管理产生街名、门牌号、邮政信函和包裹传递等，犁头尖这个名字被频繁使用，而且迅速传遍县内外，甚至省内外。

犁头尖，对我们这个城镇有着巨大的贡献，是普通的地名，也是闪耀着历史光芒的地方名片。

无城锦绣

我的无城我的家

季宏林

无城，是我工作、生活的地方，更是我的精神家园。

千年古邑无城，有着悠久的历史。它曾与临安、扬州、寿春并称宋朝"四大名城"。而今，古城的原貌已不复存在，但历史的痕迹依稀可辨。

无城是一座历史文化名城。北宋书法家米芾曾任无为知军，治所位于城中心，大有闹中取静之意境，后改为米公祠。祠内有墨池、投砚亭、米颠拜石、名家书法碑刻……是古韵无城的一张文化名片。西大街曾建有"二状元祠"，以纪念宋、明两代的状元焦蹈和邢宽。状元祠湮没在历史的尘埃里，而有关两位状元的美谈却广为流传，他们是后世学子们的楷模。

古城的标志性建筑，当属名扬四海的"西寺塔"，俗称西门锥子。相传为宋朝高僧怀玉所造，塔高四十四米，气势雄伟，被称作无为第一塔，与城外的黄金塔遥相呼应。后来西门锥子被毁，黄金塔却意外地保存下来。这座历经千年风雨的古塔高耸入云，在阳光下闪耀着金色的光芒。

无城有着"九街十八巷"的格局，其中不乏一些耐人寻味的地名。芝城、登沄街、麻石街、鞍子巷、张果老巷……它们是历史留给无城人最鲜活、最亲切的印记。如今，走在大街小巷，你会觅见岁月的痕迹。一段古朴厚实的城墙，一条昏暗幽深的巷子，一座墙壁斑驳的旧宅，总能勾起一段往事的回忆。

无城是一座充满红色记忆的城市。在腥风血雨的战争年代，一大批仁人志士投身革命事业，参加抗日救亡运动，不怕牺牲，前赴后继，为新中国的成立作出不可磨灭的贡献。这里留下了胡竺冰、吕惠生、张恺帆等革命先辈的足迹，传颂着他们可歌可泣的英勇事迹，他们的革命精神、革命斗志永远留在人民的心中。

　　无城是一座宜居的城市。最具特色、富有灵性的，便是长十余公里的环城河。它像一条晶莹剔透的项链，衬托出老城的端庄秀丽。环城河碧波荡漾，风光无限。两岸遍植花草树木，栈道、长廊、凉亭等，点缀其间，相映成趣。河面建有多座桥梁，最有人气的要数状元桥。每年中高考前，这里成为莘莘学子的打卡地，他们从桥上放飞自己的青春梦想，憧憬着美好的未来。

　　近年来，地方政府实施环城河治理工程，河水变得更加清澈，环境变得更加优美。环城河上，新增了安澜桥、景福桥，形成了"一河环城绕，九桥带其流"的壮观景象。安澜桥上的长廊古色古香，极具徽派建筑的韵味。夜幕降临，护城河上灯光璀璨，沿岸散步的行人络绎不绝。

　　随着社会经济的快速发展，一个以老城区为中心的城市建设宏伟蓝图徐徐展开。一座座高楼拔地而起，一条条宽阔的道路伸向远方。大街上车水马龙，行人摩肩接踵，一派热闹繁华的景象。早晚时分，公园里、广场上，大妈们快乐地跳起广场舞，陶醉在优美的旋律和幸福的生活中。

　　无城是一座宜业的城市。这里是无为市政治、经济、文化、交通中心，紧邻"芜马铜"经济开发带，是合芜宁"金三角"的腹地。从这里走出去的工商界精英王传福，创办了享誉世界的比亚迪集团。数十年后，功成名就的他回家乡投资兴业。

　　无城是一座美食之城。这里素有"鱼米之乡"的美誉，盛产的鱼虾味道鲜美，是宴请四方宾客的主打菜；两叶蛋炒饭、襄安馄饨、小陈板栗……各类特色小吃不胜枚举，满大街飘散着诱人的香味。闻名全国的无为板鸭、李老奶奶花生米，更是让人百吃不厌、赞不绝口，也是馈赠亲朋好友的佳品。

　　城市建设离不开农村，农村的发展也离不开城市。农村不仅是城市的后花园，也是供应城市的"米袋子""菜篮子""果盘子"等。这些年，无城镇紧抓发展机遇，实施乡村振兴战略，推进农业农村现代化，建设了一批各具特色的美丽乡村，走出了一条农文旅融合发展的创新之路。农村集体经济的发展壮大，让农村群众过上了环境优美、生活富裕的美好生活。

水韵芝城

无城，我的无城我的家。我期待，热切地期待，它在奋进新时代的征程上书写更加绚丽的篇章。

荣光雕刻无城镇

马建忠

深秋时节，无城天高云淡，微风诗意地浮动在空中。沿着狭长的小巷通往米公祠，树叶缠绵在枝干间，沙沙作响，从容不迫地讲述着前尘往事，细细聆听，竟是古意盈盈的诗句：

> 青松劲挺姿，凌霄耻屈盘。
>
> 种种出枝叶，牵连上松端。
>
> ……

在无城镇，有一位书法大家留墨于此，他就是米芾。米芾出生于1051年，与苏轼、黄庭坚、蔡襄并称为宋代四大书家，有《蜀素贴》流传于世。米芾一生寄情山水，云："信笔作之，多烟云掩映，树石不取细意，似便已。"他喜欢江南水乡般氤氲变幻的烟云雾景，追求自然，极富笔墨情趣。曾任无为知军的米芾，为官清廉，勤政爱民，公余之暇，读书挥毫，留下许多千古佳话。相传，一天夜里，池中的青蛙聒耳不绝，闹得米芾心烦意躁，读书情绪不佳，遂取石砚一方，濡墨写下"止"字，投入池中，蛙鸣顿绝。自投砚驱蛙后，池水尽墨，因名"墨池"。

穿过熙熙攘攘的闹市区，米公祠犹如置身世外的一方净土，无声无息滋养着无城，是无为文化的源泉之一。生于北宋的米芾，"为文奇险，不蹈袭前人轨辙"，创作别具一格。他在无城南门建造一座城楼，由于它与江南九

93

华诸峰屹然相向，所以名之为"九华楼"。此楼建成后，他于重阳日在九华楼上举行"重九诗会"。当时群贤毕至，题诗甚多。米芾兴起写下《重九会群楼》：

山清气爽九秋天，黄菊红萸满泛船。

千里结言宁有后，群贤毕至猥居前。

杜郎闲客今焉是，谢守风流古所传。

独把秋英缘底事，老来情味向诗偏。

来到米公祠寻其法帖摹刻之作，《宝晋斋法帖》原刻石早已不知去向，不禁令人唏嘘。无城人为了纪念他，在宝晋斋旧址上建立的米公祠在战火纷飞的年代未能幸免。据载，明万历二年（1574）和清乾隆元年（1736）两次重修的米公祠在清咸丰元年（1851）又毁于兵火，仅存墨池、投砚亭、拜石和部分碑文。如今，无城人已将米芾碑刻视为稀世珍宝并修复了米公祠，以更好地保护这处世人瞩目的历史文化遗产。

在无城镇西河之畔太平乡汰水南有一座古塔，宋咸平元年（998）僧登公开建，明洪武年间僧惟了增修。此塔因临近汰水，有黄金闸，名曰"黄金塔"。这座塔耀人眼目，辉煌灿烂，具有宋代仿木楼阁式砖塔的典型特征，是研究中国佛教建筑史的重要实物例证。

人杰地灵的无城人，将羽毛羽绒进行精加工。分拣机内的羽绒上下飞舞，一片片羽毛被精准切片成型，一个个成品羽毛球被分类装入桶内……时代潮流滚滚向前，从走街串巷，到集约化生产，无城与时俱进，成为羽毛羽绒加工领域一颗璀璨的明珠。风卷云舒，水到渠成，无城人依靠羽绒"绒"通天下。

漫步在文化底蕴深厚的无城，走近风景秀丽的锦绣溪。溪水清澈，缓缓地流淌，散发温润气息，一点点，一滴滴，流露着迷人的魅力。微风拂过水面，荡起层层涟漪，倒映着蔚蓝的天空。偶有鸟儿掠过，徜徉在幽静的水边嬉戏，时而展翅翱翔，时而轻松游弋，甚是惬意。绣溪公园不愧是城中的"山水画廊"，入眼的美景，环绕着幽静，淡淡的水韵味，沁人心脾。平静的水面，舒缓的微风，平和的心境，让人心旷神怡。难怪如织的人流，流连忘返，或晨练，或散步，或观景，置身于一幅绝美的画卷中。

老子曰："天下莫柔弱于水，而攻坚强者莫之能胜，以其无以易之。"锦绣溪的水像极了无城人，每个人都怀揣着梦想，充盈着希望，洋溢着幸福。

通济桥

铁马犁春逐浪高

朱先贵

一座城市的历史文化积淀，渗透着这座城市曾经走过的每一个时代，每一份传承。城市文脉是一座城市生命力的体现，承载着城市的精神品质和价值取向，是城市独有的标识。

自改革开放以来，无城镇经济迅速发展壮大，按照打造"芜湖市第五大支柱产业"目标，羽毛羽绒产业群快速发展，已成为全国闻名的产业集聚地。

无城风光秀丽、人文荟萃，文化底蕴深厚。时任无为知军的北宋著名书画家米芾，与苏轼、黄庭坚、蔡襄并称"宋四家"。米芾（1051—1107），字元章，为官清廉，勤政爱民，无为人感其德政，建有米芾纪念馆。纪念馆位于无城镇米公祠12号，占地面积约4600平方米，建筑面积约2660平方米，是一座社会科学类名人专题纪念馆。无为市米芾纪念馆先后被评为"安徽省重点文物保护单位""国家AA级旅游景区""安徽省爱国主义教育基地"等。独特的地理位置、众多的文化名人等，共同造就了无城镇独特的文化生态。

为了全面贯彻落实党的二十大精神，推动无城镇各项事业全方位高质量发展，挖掘无城镇历史文化内涵，激发文化发展新活力，让无城镇魅力在新时代绽放璀璨光芒，无城镇文化站2023年3月—5月举办了"米芾杯·无城镇历史文化全国征文大奖赛"。在大赛征文网和中国青年传媒中心等网站发出通知后，得到了全国各地作家和文学爱好者的积极响应，他们踊跃投稿。至 5 月 31 日截稿，共收到来自安徽、上海、天津、浙江、河北、河南、江苏、山东、山西、广东、甘肃、江西、新疆、黑龙江等全国各地的稿件 387篇，筛选入围 76 篇。经过组委会专家初评、复评、终评，最终评选出一、二、三等奖各 6 篇，优秀奖 30 篇。

在这次征文活动中，来稿或讴歌新时代，赞美新生活；或追述红色记忆，传承革命精神；或畅谈无城镇的历史与民俗文化。这些作品以独特的视角，用文艺的形式展现了无城镇古往今来生动有趣的故事，用细腻的笔墨描述了无城镇近年来发生的翻天覆地变化。作品形式多样，内容丰富，可圈可点，值得细细品读。

虽然这次征文大奖赛已离我们远去，但结束并不是终止，而是一个新的开始。东风吹绿锦溪柳，铁马犁春逐浪高。勤劳智慧的无城镇人民借助党的二十大强劲东风，已经吹响新征程的冲锋号角。

《米芾书法集》书影

三 无城名胜

明清时代无为的民生工程

耿松林

　　清嘉庆八年（1803）《无为州志·食货志》，对仓储备荒有翔实的记载，这些当时的民生工程至今仍然值得我们铭记。

　　当时州县有常平仓、预备仓，乡村有社仓，镇店立义仓。常平仓又名利民仓，无为的常平仓在无城镇小东门内街北。明代建有仁、义、礼、智、信编号的五廒，清嘉庆四年（1799），州守顾浩奉命重新修造，计二十七间，共储备粮食两万八千石。预备仓新建于雍正九年（1731），以隆、恩、垂、久、远、茂、德、广、丰、盈、藏财、富国编为十二廒，储谷六千石。两仓相加，当时无为州城官仓储粮达三万四千石之多。

　　早在清顺治十一年（1654），朝廷曾诏告天下，府、州、县必须储粮备荒，分常平仓、社仓、义仓等类型，并专门派人每年两次稽查旧积，料理新储，造册上报，根据实绩议定功罪。到康熙年间，制度更加严密，规定常平仓谷物春夏出粜，秋冬籴还，平价生息，务期便民，要求地方官员于每年秋收时节，劝谕官绅市民捐输米谷，照例议叙。在各乡村建立社仓，镇店建立义仓。"上岁加谨收贮，中岁粜借易新，下岁量口发赈"，弥补常平仓的不足。对于社仓，同样采取捐输积贮的办法，各地推举敦厚良善人士参加管理。春借秋还，每石取息一斗，年底将详细数目上报州县。对于成绩突出者，予以"顶带荣身"褒奖；对于乘机搜刮民财者，要"题参治罪"。在取息问题上，根据年成好坏区别对待。"秋成八分以上，本息全收，七分以上，免息收本，六分以上，本年收本一半，次年收本一半，五分以上，次年秋成征收，均不取息，十月全完。"同时，对州县官采买仓谷，有明确的不许派买勒买、强派民差的规定。

雍正元年（1723），对于社仓的管理和奖惩措施愈加完备，规定捐米十石以上者给以花红，三十石以上者奖以匾额，五十石以上者递加奖励，捐至三四百石者给八品顶戴。社仓设正、副社长，出纳有法者，按年给奖，十年无过错者给八品顶戴。在社仓借粮，收息是每石二斗，但歉收之年有减免，"小歉减息一半，大歉全免，只收谷本"。社长和州守各执一份账本，"登记数目，毋得互异"。如地方官有抑勒挪借，强行粜卖、侵蚀等事，允许社长"呈告上司，据实题参"。

《无为州志·艺文志》收录了大量相关记录，如《赈救饥民疏》（朱万春）、《创建利民仓记》（陈琏）、《增建预备仓记》（吴廷翰）、《黄洛河水次便民仓记》（刘汝佳）等，表明明清时代无为地方就已经高度重视储粮备荒工作，采取了操作性很强的具体措施。由于制度完备、奖惩得宜，特别是上下级官员之间有互相监督机制，很好地发挥了"常平主积以备歉，社仓主贷以利农"，"备旱涝，振贫穷"的作用，这些民生工程受到老百姓的热烈欢迎。

金谷灿灿动车来

范从彻与无为

耿松林

　　"范从彻，浙江鄞县（今宁波市鄞州区）人。乾隆元年（1736）由监生任无为州。政尚严明，奸豪敛迹……后调任寿州。"《无为州志》"名宦"篇虽然惜墨如金，但对范从彻是肯定的、褒扬的。奸豪遇到他躲得远远的，一时间无为政治清明。心底无私天地宽，正能祛邪，这一定是后人赞美、怀念他的根本原因。

　　不知道范从彻在无为任职时间具体有多长，也不知道他政尚严明的具体事迹，但从他的《议禀开河筑坝折》和《重修墨池记》两文中，可看出这是一个务实为民，有着大情怀的人。

　　《议禀开河筑坝折》写于乾隆二年（1737），指出种洲支水和挖洲防溜法治理崩岸效果不佳。当时对无为鲍家桥、七鱼口一带江岸崩坍，人们能够做的，"惟弃地让水、迁河、筑坝"。尽管因为调任寿州，他没有来得及实际主持治水工程，但他提出的开河与筑坝合一，综合治理的思路，被后任们所沿用。据《无为大堤志》记载，从提出工程设想，到乾隆五十九年（1794）鲍家桥至姚沟一线退建江堤竣工，前后历时57年。其各阶段的工程，均由总督、巡抚两位封疆大吏经手工程项目的上奏或工程监督、验收。整个工程，上有朝廷的谕旨，下经六任知州主持工程的审报和施工。工程规模之大，涉及官吏人数之多、品级之高，在明、清两代无为州的水利工程中当数

无城名胜

103

第一。

　　《重修墨池记》云："古以墨池名者二：晋王右军，宋米南宫是已。右军池，半出附会。惟南宫以知军时著名，其地不易。……仲春抵任，即问池所在。去署西偏，不数武至，则见桥危水涸，荆榛塞途，摩挲碑碣，喟然长叹。于是危者植之，涸者浚之，芟除鞠秽，补葺修葺，……西结草亭，颜以红雨。登亭以望，古塔画城，稻畦菜圃，阴晴寒暑之际，变态百出，皆一览得之。"范从彻刚到任就重修墨池，固然有满足个人公余游赏的原因，但不可否认，这位"采菊山人"（范从彻的自号）和他的前辈——明代的无为州牧赵范（也有一篇《重修墨池记》）一样，重修墨池为的是缅怀"政尚简易"、与民休息的米芾。当年米公政事之暇，留意翰墨，而为临池之乐，引起后人"登斯亭，对斯池，追公之乐，以继其美盛"的效仿与追思。贤者之德长留天地之间，永远值得后人记取与颂扬，而后来者赵范、范从彻等接力重修墨池，不仅弘扬了前贤的美德，彰显了同声相应、同气相求，更重要的是奠定了无为厚重的文化底蕴，传承了以墨池为平台所展现出来的人文精神。无为墨池这一耀眼的文化名片，也借此得以发扬光大。范从彻等人见贤思齐，也成为前贤中的代表性人物，为无为作出了历史性贡献，是有大功绩的。

稻孙楼

谢同裕

吴紫山《稻孙楼》云：

　　名贤往迹半荒丘，胜占芝城尚此楼。

　　米老一时题片额，稻孙两字播千秋。

　　几番禾稷消灰尽，多少桑田赴海流。

　　独借登临摅晚眺，夕阳红遍乱山头。

又李季青《稻孙楼》云：

　　拜石人何在？孤城气逼秋。

　　郊原禾黍尽，愁上稻孙楼。

　　清代名人吴紫山、李季青的这两首诗，借无城历史古迹——稻孙楼表达了对米芾的景仰之情。

　　米芾，字元章，湖北襄阳人，北宋书画家，宋崇宁元年至大观元年（1104—1106）无为知军，又召为承议郎，行书学博士。

　　有书评曰："米芾为文奇险，诗词亦佳。画山水人物自成一家，特妙于翰墨，其书法特为后人欣赏。"

　　稻孙楼是无城古城西门大安门上的一座城楼。无为军城建于宋淳化四年（993），初创营壁垒，后大风坏城阙。米芾上任后，重修东、西、南三门城楼，并加固三门。西楼建成后，米芾总以为取名多俗，一直不题匾额，后以

无城名胜

"稻孙"命名。稻孙,稻刈后再生,即稻茬上长出禾苗。

史料记载:"稻孙楼在无为州大安门上。米元章,秋日登楼宴集,见禾苗复青,问请老农,曰'稻孙也'。稻已获得雨复抽余穗,故青青如此。"

米芾任无为知军时,是以"圣人处无为之事,行不言教",重农桑,薄赋敛,政简刑宽,教化大行,与民无扰,无为而理,无为而治,民皆颂之。赞其德政传说颇多,有一趣闻流传至今:

米太守在任时,常登稻孙楼观看庄稼长势。这一年,禾苗已抽穗,绿浪盈畴,长势喜人。不料,一日蝗虫从西北方向遮天蔽日飞来,落满山冈,农民急得磕头烧香。米芾见之,立召衙役、行差,个个手拿扫帚、熏条,帮助乡亲灭蝗。人人四面围打,点火熏烧,蝗虫纷纷折翅落地,少数残余向大江方向飞去,落水而灭。

忽一日,江南邻县有公文至,责其将蝗虫驱赶至彼县。米公见之,即随手批文叫来人带回。米公批阅:"蝗虫本是天灾,不由人事挤排,若是敝邑遣去,却烦贵县发来。"这一回文,弄得邻县县官哭笑不得。

米芾在任几年,无为庄稼连年丰收,民众无不歌颂米公。民间有诗赞米公惠政:"惠政播黎民,黎民皆食德。""谁道米家一颠老,乐民之乐见诗恩。""千秋轶事传佳话,百代芳名说好官。"

旧时,稻孙楼一直是后人凭吊、瞻仰、怀念米公的栖留游览之地。楼内悬后人绘米公像,风神潇洒,衣冠肃穆。拜谒者络绎不绝,并纷纷题咏、赋诗、撰联等。站在楼上望去,一派秋日丰收的农家田园景色,美不胜收。

今日稻孙楼,虽已人去楼空,但其遗址还在。西门水面上的高高土阜,仿佛稻孙楼雄姿依然屹立。宽阔的护城河波光粼粼,绿水如黛,近处白墙黑瓦建筑于绿树之间,远处金家山上古柏苍翠,岚光山影,倒映水中,连成一幅泼墨山水画及江南水乡风情图。如遇阴雨,河上波光微澜,翠线万叠,烟雨蒙蒙,更疑为"米家云山图",难怪前人曾有一联题"稻孙楼":

遥看叠嶂层岳,皆米襄阳诗书画稿;

借此明窗净几,读陶彭泽归去来辞。

米公祠内《聚山阁》石刻

无城名胜

二状元祠

李俊平　童毅之

在中国科举史上，自隋炀帝大业三年（607）设进士科算起，应有数十万名进士及举人，独占鳌头的"状元"则凤毛麟角，屈指可数。

无为县历史悠久，物华天宝，钟灵毓秀，人文荟萃，群星璀璨。历史上参加科举获取功名者共1450名，其中状元2名（焦蹈、邢宽），进士123名，武进士6名，举人110名，武举46名，贡生1163名。其中不少人仕途飞黄腾达，官拜知府、尚书、宰相，达官显贵数以千计。焦蹈早殁，未授官，邢宽侍讲学士，官位不显赫，但他们"十年寒窗苦"的学习韧劲，被世人称颂，广为流传。

北宋状元焦蹈

焦蹈（？—1085），字悦道，今无为市泉塘镇人。少游学无城芝山书院（宋建，旧址在紫金山），聪颖好学，熟读四书五经，精通经史百家，曾四次首列乡荐。可进京会试，却连续三次名落孙山。宋神宗元丰八年（1085），第四次进京赶考。

这一年礼部考场设在开宝寺，但考试还未进行，一天晚上寺中却突然起火。一场意料之外的大火，烧死了点检试卷官承议郎翟曼，奉议郎陈之方，宣德郎、太学博士马希孟及吏卒等14人。朝廷震惊，立即下旨，对劫后余生的知贡举（礼部侍郎）李定、同知贡举（给事中）蔡卞、（起居舍人）朱服各降一级，对开封府尹蔡京、判官胡及等人作罚金处之。由于神宗病情恶化，不能殿试，朝廷命礼部另辟试所，由翰林学士、龙图阁直学士许将，给事中陆佃（陆游祖父）及秘书少监孙觉等人主考。考题为《谅阴不亲策》，焦蹈成竹在胸，一气呵成，终于在460名进士中力拔头筹。1085年4月，年仅38岁的宋神宗去世，十岁的皇太子赵煦登基。《宋史》载，五月丙辰，赐礼部奏名进士460人及第，出身有差，蹈名仍第一。当时，众多举子对南宫大火心有余悸，临场发挥难免受影响，多数皆未能切题，此时见三次都未考上甲科的焦蹈竟得第一，自然不服气，因此散布一些流言蜚语，并编写了歌谣："不因南宫火，安得状元焦？"这"焦"与"火"纯属巧合，而歌谣却一语双关，仿佛这"状元"是大火烧出来的。焦蹈听了，心里不是滋味，加上他平时用功过度，体质很弱，这场考试又使他初悔、中惊、后喜，可谓一波三折，身体难以承受，竟一病不起。待饮罢琼林宴御酒只六天，未等朝廷授官，焦蹈就在汴京（今开封）去世。灵枢抵达无城，州人哀之，即在其读书故址立祠以祀（旧祠在州治前，谯楼西），立状元坊，并将旧古楼西巷更名为"状元祠巷"，墓葬城西花疃。嘉庆《无为州志》载："宋时，'焦公祠'前后数楹并面南，阶前广除约四五亩许，郁然树木陂沼，景色旷幽。"后因郡丞鹿阳孙公始建江防府，因祠横道，另辟所。

明朝状元邢宽

　　邢宽，字用大，自幼颖敏好学，深受塾师及家人宠爱。明永乐二十二年（1424）赴京应试，文章一挥而就。廷试之后，主考官几经遴选后，按成绩优劣上呈明成祖朱棣御览。成祖翻开试卷，第一眼看到为首的举子叫"孙日恭"。因古代文稿一律竖写，"孙日恭"三字极易被看成"孙暴"两字，成祖一看，勃然大怒。他想："日恭"乃"暴"也！我朝施行仁政，为政当能使用暴力？于是，提笔便将"孙日恭"划去。再往下翻，看到第七名的名字乃"邢宽"，大喜："邢宽者，量刑之宽也！唯宽厚待我臣民，天下太平，民心归顺，江山才能万年……"成祖再一细看，得知邢宽是江北人士。自明朝奠基以来，钦点的14名状元俱为江南士子，不曾有江北之人，于是朱棣更加高兴，立马召见邢宽，询及祭祀、兵戎等策，邢宽皆应对中肯，考究详明，于是亲自用朱笔点了邢宽为"三甲之首"。以丹书其名于榜首，过去从未有过，实自邢宽开始，确是成祖皇帝对他的特殊恩宠。

邢宽中状元后，即授修撰一职，纂修《宣庙实录》，任侍讲，但不久即因病告假归故里，买了一座北山庄，作为疗养之所。他看到家乡人民生活疾苦，地方豪绅又欺压民众，先后十几次上书言事，都得到较好解决。他闲暇在县内考察，寄情山水，所作长篇游记《蕊珠洞记》被收入《无为州志》，对所住北山庄赋诗一首：

> 买得烟霞结四邻，轩窗山色一番新。
>
> 暂辞玉署疏僚友，偶向青岩狎野人。
>
> 杖履平明堪引眺，琴樽清画足怡神。
>
> 北堂喜遂康宁愿，叨有君羹进膳频。

明英宗正统十一年（1446），邢宽重新出山，翌年主持顺天乡试。景泰三年（1452），以侍讲职兼任南京掌院员。后升任侍讲学士，代理南京国子监祭酒事，不久卒于任上，死后亦葬花疃。明万历年间，无为盛修家谱，后人为缅怀先贤，在无城西大街老儒学附近，今临湖路口左侧，筑有一座坐北朝南、气势恢宏的祠宇——二状元祠，并有浮雕石像，以纪念焦蹈、邢宽两位状元。该祠肇始于辛巳（1581）冬孟，落成于明万历壬午（1582）春孟。《无为州志》载："'二状元祠'为堂者三，中祀三公木主于龛中（北宋御史贾易、焦蹈、邢宽），门改北向临小衢，登以三级，颜其上曰：'二状元祠'，厥左右夹室者各一，缭以周垣，饰以丹垩。祠后余地，广倍昔址，咸存之，以需将来建造。"

20世纪末，无城扩建，为实现南北交通大循环，一桥穿水而过，名曰"状元桥"，既是对两科状元的纪念，也是对青年学子的激励，为千年无城增光添彩，岂不美哉！

状元桥

黄金塔

李俊平

在无城东北约十里的凤凰山上，曾经的凤河乡东侧，西河之畔，紧邻渡口村，矗立着一座千年古塔——黄金塔。我国古塔，多以寺庙命名，或以造型、年代、质地、地名、位置命名，而唯独无城黄金塔之名奇特。《无为州志》载："在汰水之南的南汰寺，有古塔一座，建于北宋咸平元年（998）。"因临近黄金闸，故名"黄金塔"。

黄金塔的建造，在民间流传着种种富有传奇色彩的趣闻。趣闻之一，说黄金塔与西寺塔（坐落在无为中学内）是同时建造的，由师傅鲁班和其徒弟分造。两人选定良辰吉日同时动工，塔身砌好后，只等吉时，同时封塔顶（即塔刹）。于是他们约定，在同一天的金鸡啼唱三遍时封塔顶。无城民间有习俗：先封顶，抢占吉祥。于是徒弟毁约，在这天上半夜便将金鸡偷走。师傅一觉醒来，天已大亮，翘首东望，徒弟已将塔顶安好。一怒之下，鲁班操起瓦刀劈将过去，塔顶应声飞落，砸出一口圩，即现在距塔一里远的"塔顶圩"。后来人们一直没有找到塔顶，于是1998年修缮时加了一个铁塔顶。

趣闻之二，说无城本是"船形地"，两座塔就是两道桅杆，凤凰山为船的前梁，城内的景福寺坐落在船的后梁上，有这两道桅杆，才能镇住这举世无双的"大船"，使"大船"在狂风巨浪中平稳地行驶。原来，两座塔是平安的象征。如今，无城之地依旧稳如磐石。西寺塔，因各种原因，已无踪影。黄金塔，历尽沧桑，依然雄姿英发。

黄金塔造型别具一格，历经千年，巍然屹立，游客无不称奇。没有基座，塔身直出地面。第一层塔身较高，有门洞两个，其中一门可直通塔内。有砖檐，细砖斗拱两层。第二层可能有木檐，今已毁去，上部施平座。第三层至第九层全部为简单的砖檐，颇为别致。

第二层开始有塔肚，略显弧形。塔的优美形状，一览无余。第六层以上不再施平座，塔身各面光平，没有任何装饰。塔内结构为"壁内折上式"，各层塔窗不规律，确保了塔身的稳固性。

第二层以上均为方形小抹角柱，柱头只有一根阑额穿行，额上为斗拱，每间补间三朵，柱头一朵。

黄金塔

此塔为砖木混合结构，华拱与令拱均为木梯。各层之挑檐部位亦用木砖伸出，以加强力量。平面呈六边形，面阔3.4米，塔高37米，共9层。一二层、二三层之间为双层腰檐。腰檐层层仿木斗拱均为鸳鸯交手，底层半侧设

113

佛龛室。二层内壁东、南、北侧各置一佛龛座，顶部有木质藻井。塔底部为饰有莲花砖雕的须弥基座，结构牢固，塔体庞大，逐层内收，盘旋而上。

黄金塔建于北宋咸平元年，为安徽省现存年代最早的古塔建筑。北宋早期，无为县境内佛教兴盛，僧侣众多，于是在汰水边辟地建寺，称"南汰寺"，后又在寺中建塔，即黄金塔。由于时代变迁、战争毁坏，南汰寺历经兴衰，最后只剩下一座古塔。据文献记载，明清以来，曾先后于明洪武、隆庆、万历和清康熙、乾隆年间进行修缮，古塔才得以安然无恙，熠熠生辉。

清末以来，黄金塔由于年久失修，塔体下层砖石剥落，塔顶损毁开裂，草木丛生。20世纪60年代，曾有不晓世务之人用大卡车运来200多公斤炸药，意欲炸毁黄金塔。四周百姓闻讯，自发组织护塔，以炸塔危及群众安全，据理力争，使黄金塔得以保存。

1979年，无为县政府正式形成文件，请求安徽省政府拨款3万元修缮黄金塔，理由是"因该塔年久失修，风雨侵袭，致使塔脚空虚、塔身倾斜，塔砖脱落，危及塔下生产队社员和300多名小学师生的生命安全"。省领导派员视察后，同意修复黄金塔。1981年，省政府公布黄金塔为省级重点文物保护单位。其后省文化厅多次率省文物局、省考古研究所、省建筑公司、省工程队负责人莅临无城，编制维修方案，获省政府批准。1988年，经国务院批准，拨款25万元用于修复工作。无为县成立黄金塔维修领导组，县公安局、文化局联合发布通告，规定"五不准"：不准登塔观光；不准在塔下休息、乘凉，以免土渣碎砖落下；不准在保护区内挖土、堆积杂物；不准擅自拿走维修材料；不准学生和附近儿童在塔周围玩耍。

1989年，无为县政府出台文件，规定黄金塔保护范围和控制地带。保护范围面积2730平方米：以塔基须弥座中心点向南、北各延伸21米，即南北长42米；向西延伸38米，向东延伸27米，即东西长65米。控制地带面积7364.5平方米：在南、北21米末端各延伸11.5米，即南北长65米；在东、西线上，向西在38米末端再延伸20.3米，即58.3米，向东在27米末端再延伸28米，即55米，东西计长113.3米。其保护范围内征用土地上的房屋、乱搭建、杂树等处理，包括控制地带内塔东现有塘埂北面稻田在内的费用，县人民政府一次性补偿村民人民币8000元，并指出保护范围内土地由县文物所管理使用，控制地带内要服从无城地区统一规划，不准兴建房屋，不得破坏文物保护单位的环境风貌。

1990年，省文化局组织专家对黄金塔进行全面验收，并增拨维修资金5000元，弥补资金缺口。2011年，为了加强黄金塔的保护和利用，县财政拨专款40万元，用于黄金塔道路修筑，塔体周边杂树清除，院落树木、草坪栽植等环境美化工程。历经数月，黄金塔周边环境得到全面改观。现今的黄金塔已焕然一新，成为一处重要的文物古迹和旅游景观。

无城名胜

情系西寺塔

潘恒俊

　　姐姐是无为中学数学教师，长期住在教工住宅区的三间平房里。房前是个小院，内有一个花坛，种有花花草草。一次赏花时，我发现砌花坛的砖与现在的砖不同，姐姐告诉我：这是宝塔砖，拆西门锥子时，这种砖到处都是，她捡了些来砌了花坛。我听了唏嘘不已，久久地凝视着那些黑色的砖块。

　　2012年，这片住宅区的平房要拆掉盖高楼了，我便对姐姐说："拆花坛时，挑一块完好的宝塔砖送给我留作纪念。"不久，儿子便将一块长方形的宝塔砖，从无城带到了合肥。

　　这是一块很不起眼的灰砖，黑不溜秋的，也不光滑，长38厘米，宽21厘米，高7厘米，重8.5公斤。它无疑是砌宝塔用的多种型号砖的一种。望着这块大砖，我心中不禁涌起关于宝塔的那些记忆。

　　无城原有两座砖塔，其中一座就是景福寺佛塔，又称西寺塔，无为人称其西门锥子，已近千年。西寺塔高44米，七层，层层飞檐，底层六边形，二层以上为圆筒形，每层三面设窗，上下交错；塔内中轴旋梯，上下通接。塔建在西寺内，此地属芝山之侧，地势较高，四周都是低矮的平房，故古塔显得特别高耸伟岸。塔身刻满沧桑，古朴、庄重，塔顶置宝瓶，映日生辉，是无城标志性建筑。

西寺塔就在城内西门大街北侧，无城西乡人进城，远远就能看到它的雄姿。进城且有游兴的人，总是跑到塔前，或绕塔观赏，或登临纵目，因而它承载着无为人的记忆。

1953年，我考取无为中学，经常约同学登塔。那时我们年少气盛，能一口气爬到顶层。顶层视野无比开阔，万千景象尽收眼底。我们或高歌，或长吟，激情澎湃，意气风发。

1956年，在景福寺的废墟上，建成了无为中学新校区。我们于当年的四五月搬进了新校舍，直到高中毕业的三年多时间里，日日夜夜与古塔为伴。1958年，全民大炼钢铁。学校在小高炉炼铁失败后，学习外地经验用坩埚炼铁。人们在宝塔边上建了一座大坩埚窑，用宝塔作出气的大烟囱。下面六层的门窗全部用砖封死，只留顶层窗户出气。点火那天，滚滚青烟冲出顶层塔窗，高高地向周边飘散。在蓝天映衬下，煞是壮观，校园内一片欢腾。

近读《无为记忆》得知，当初因为古塔稍稍倾斜，人们动了拆毁的念头。1966年5月，为师生安全考虑，上级要求无为中学尽快拿出一个或拆或保的良策。经专家测试，古塔自古倾斜，但它的重心并无大的偏离，故无大碍，正常情况下，仍可延续数百年。

后来听说，拆塔的重要原因之一，是要用塔砖建自来水厂的蓄水池和水塔。大卡车把塔砖运到水厂工地，最终使古塔的身影彻底在无城人眼前消失。

随着我国经济的腾飞，故乡无城变得越来越漂亮了。每次回乡，我总要挤出时间回母校转一转，而看不到当年那雄伟的塔影时，总有一种怅然若失的感觉。

1995年，无为中学举办70周年校庆后，在原塔遗址上，按比例缩小，建了一座微型塔。很多白发苍苍、事业上卓有建树的老校友，站在塔前拍照留念，可见他们对古塔感情之深。

西寺塔，始建于北宋，虽不及黄鹤楼、滕王阁那样有名，但它在无城人心中是神圣的，承载着无为游子无尽的乡愁。美丽的无城因宝塔而增加了历史厚重感。一代又一代的无为人士，会带着更深的故乡情结，走向全国走向世界。西寺塔的雄姿倩影，会成为他们心中永远挥不去的乡愁！

无城名胜

在西寺塔原址新建的微型宝塔

拜谒米公

陶光晓

　　草长莺飞的季节，我来到了位于无为县城西北隅的安徽省重点文物保护单位——米公祠，寻访北宋著名书画家米芾当年在无为留下的足迹。

　　米芾（1051—1107），字元章，世居太原，后迁襄阳，人称"米襄阳"。北宋崇宁三年（1104），米芾出任无为知军，一任三年。他为官清廉，勤政爱民，时人感其德政，在他离任去世后，将宝晋斋扩建为米公祠以示纪念。

　　沿着鹅卵石小道，首先来到了"投砚亭"。亭为六角伞形，飞檐翘角。靠北的一方上书"投砚亭"三字，为当代大书法家启功先生所题。亭里有一方形石桌，四个石凳，亭四周可凭栏而坐。亭边碧水环绕，两岸芳草萋萋，绿树成荫，团荷浮水，景色清幽。相传，米芾每于政暇辄临池上，或读书，或挥毫。一日，蛙声不绝。他便书"止"字，裹砚投之，青蛙从此不再发出叫声。第二天清晨，米芾见一池碧水变为墨色，即手书"墨池"二字作为池名。后人在池畔建亭，名"投砚亭"。米芾原题"墨池"碑已毁失，今天保存完好的"墨池"碑，为明代嘉靖年间朱麟所书。

　　离开投砚亭，一长排青砖小瓦的平房呈现在眼前，这就是有名的"宝晋斋"。徜徉其中，宛如进了书法的海洋。米芾性喜书画，收藏晋宋以来书画甚富。他得到王羲之的《王略帖》、王献之的《中秋帖》、谢安的《八月五日帖》以及顾恺之的名画《净名天女图》等真迹后，筑室藏之，题名"宝晋

無城名胜

119

斋"，并将收藏的晋人法帖勒石上碑，称《宝晋斋帖》。可惜惨遭历代兵火，许多石刻未能保存下来。现在所能看到的，主要是晋唐以下历代名家书刻，计一百四十余方。其中米芾的"白菜"画、"阳关画题跋"、"宋真宗御制文宣王赞"篆书，均为罕见珍品。此外，王羲之的"十三帖"和他草、行书的"书信"、"跋"以及苏轼、黄庭坚、蔡襄、赵孟頫、唐寅、祝允明、董其昌、沈周、文天祥、宋濂等五十余位书家的书碑也藏于斋中。行、草、篆、楷各种书体无不具备，各种风格异彩纷呈，令游人叹为观止。正如清人卢夺锦诗句所说："居官才子雪冰心，宝晋斋藏抵万金。"

在"宝晋斋"北面的草坪上，有一块石头格外引人注目，很像一人昂然挺立，口、鼻、双臂俱全。据《无为州志》载，米芾一生爱石，来无为上任时，听说马厩中有一奇石，高丈余，便命人移至官署。他见而喜之，穿袍持笏，设席下拜，并呼之曰"石丈"。清人沙白有《拜石亭》一诗："昂然一片石，独立清池边。伛偻屈膝向石拜，为问米公颠不颠？君不见宣和之末天下乱，艮岳嶙峋插霄汉。当时多少衣冠流，袍笏趋蹡拜童贯？"此诗充分赞扬了米芾傲岸和狂放的性格。由于战争频繁，石丈湮没而不知下落。清嘉庆三年（1798），州守顾浩根据州人传说，在"墨池"南杏林下掘得一石，颇具人形，证为石丈，置拜石轩内，从此石丈重新与世人见面。咸丰后，拜石轩毁于兵火，石丈遂沦弃于荒烟蔓草之中。直至新中国成立后，人民政府疏浚了墨池，重修了投砚亭，历尽沧桑的石丈再见天日。

新中国成立以来，米公祠内增建了县图书馆、劝学楼。其中，县图书馆为国家"二级图书馆"，藏书15万册，在省内县级图书馆中名列第一，为无为人民提供了丰厚的精神食粮。日前，听说该县人民政府正在积极筹款，准备按照清乾嘉年间米公祠的格局，对其进行扩建，恢复书画舫、香月亭、红雨亭、聚山阁等景点，不失为振兴文化事业、造福子孙后代的一件大好事。

"瓣香人共敬，应数此邦中。老更文章著，颠原政事通。英光存庙缋，图像绘神工。仰止清风拂，高攀槛外桐。"告别米公祠，米公那飘逸超然的书法艺术和清廉的政风久久回荡在我的心田。

注：此文发表于《安徽旅游报》，1999年7月2日，略有改动。

杏花泉和杏花泉小学

王惠舟

　　杏花泉，千年古镇无城的一个温馨又美丽的地名，闻名遐迩又充满诗意。其址在安徽省重点文物保护单位米公祠内聚山阁之北、墨池之南的坡地上。据说远在宋朝之前，此处还是一片旷野，就有一股常年汩汩渲溢的清泉，其状欢跃清澈，其味甘甜爽口。恰好附近有一株百年杏树，逢春时节，杏花灿烂，泉水淙淙，景色极美，先民即爱称此泉为杏花泉。可令人扼腕的是，不知何时泉水消失，杏树老去，只留下"杏花泉"美名。

　　历来文人多雅趣。一千多年前宋朝崇宁年间，大书画家米芾任无为知军时，兴建了两处景观：宝晋斋和墨池。从此，一斋墨宝耀千古，一池墨水醉天下。投砚亭，点缀其间。到了两百多年前的清嘉庆时期，无为州知州顾浩，亦十分钟情于为山川增色。他从民间得知历史上曾经的古杏树和古泉之后，决心恢复其古貌，于是在墨池西南角坡地上种植一丛杏树，又于树丛中掘得一股清泉。杏花朵朵多俏艳，清泉汩汩润心田。面对这般瑰丽悦人的景色，顾浩欣喜不止，赋诗一首：

　　　　老圃开生面，清泉出墨池。

　　　　不因疏浚力，安能涌流时？

　　　　细眼多于藕，浮花瑞若芝。

　　　　根源仙杏共，应以杏名之。

故称其为"杏花泉",并勒石于侧。从宝晋斋到杏花泉,米芾、顾浩两位县（州）官创造了独具特色的文化成果。为纪念米芾,无城人把宝晋斋、墨池、投砚亭、杏花泉组成一体,尊之为米公祠,成为今天的省级重点文物保护单位,令无城大为增色。

杏花泉

五四运动,推动了新文化运动的兴起。1924年,共产党人卢光楼等有志之士,在无城创办青年读书会,后在有着"党外布尔什维克"称号的青年革命家胡竺冰资助下,创办了为平民子弟服务的"义务小学"。学校向学生免费提供书本,校长、教师不拿工资,义务工作。1927年3月,北伐军一部到达无城,受到热烈欢迎和拥护。北伐军宣传队进入"义务小学",又察看了附近的宝晋斋和杏花泉,建议"义务小学"改名为"杏花泉小学"。从此,校与景珠璧相连,校冠景名,互恰互融。杏花泉小学这极富美景诗意,又很有地域特色的校名诞生了。有意思的是,杏花泉小学与当年孔夫子为弟子讲学的地方"杏坛",正好"同姓同门",也算是一种古今之缘。

至今,杏花泉小学已经走过百年岁月。凭着厚重的历史和卓著的贡献,杏花泉小学与时俱进地挺立着,成为我们这个百万人口大县初等教育战线的一面旗帜,也成为这面旗帜下遍布大江南北、国内国外杏花泉学子心中的骄傲。

也许，人们并不了解，杏花泉小学为我们古老无城的进步和发展作出了巨大贡献。也许，人们并不知道，人民的好总理周恩来与杏花泉小学有着不同寻常的情缘。也许，人们并不在意，共和国院士、将军、艺术家和成千上万的各类人才，是带着这所小学给予的最初启蒙与希冀，一路前行，创造了奋斗与丰美的人生，创造了家与国的欢欣祥和。

这些，都是杏花泉熠熠生辉的历史，也是杏花泉小学献给我们这个城市的华彩篇章。

据估算，杏花泉小学培养的小学毕业生有3万多人。因学校规模是全县最大的，杏花泉小学承担着城内普及初等义务教育任务的三分之一甚至一半。在杏花泉小学，这些孩子获得了最初的素养教育。从这里走出去的学生，成年后遍布县城的各行各业，为建设美丽无城奉献青春、奉献智慧。

同时，值得大书特书的是，杏花泉小学的学生中，涌现出很多杰出人才，成为耀眼的明星。这里略举几例。

周恩来总理赞扬的小发明家。1958年，第一次全国少年科技作品展览会在北京举行。杏花泉小学六年级学生许章运，在吕光第和卢遇周两位老师辅导下，创制的"人工降雨器"入选参展。敬爱的周总理亲临现场参观，在"人工降雨器"旁仔细听取了许章运的汇报，又看了实际操作，高兴地夸赞"是很好的创意"。周总理握着许章运的手说："与你握手很光荣，因为你的手是劳动的手啊！"接着周总理与许章运等参展小选手合影留念。许章运，一个十几岁的孩子，他的科技创造受到了全国人民爱戴的周总理赞扬，这是杏花泉小学极为宝贵的荣耀。

书赠母校，"桃李杏花香满园"的院士。2010年金秋，阔别母校60多年的1947届毕业生卢强，回到杏花泉小学校园，感念母校培养，惊喜于母校崭新美丽的容颜，欣然留言盛赞。这位中国科学院院士，是中国顶尖的电气工程专家，国家某重点基础项目首席科学家，多个国家重点项目和攻关计划负责人，曾任电力系统国家重点实验室主任。同时，他曾在芜湖市设有研究基地，为家乡建设奉献才智。这位令人尊敬的院士，当年小学毕业，只是他成长中的一小步，而他奋力前行，迈出了一大步。从小步到大步，他的人生

无城名胜

之路，是多么光彩，也给母校带来了荣耀。

其他如党和国家高级干部陈作霖，中国人民解放军少将孙明树和陈学斌，经济学家、博士生导师、中国对外经贸大学原校长施建军，医学生物专家、教授、博士生导师邢峥，胸外科医学专家强光亮，为八千年古龠正名和恢复生命的音乐史学家刘正国，全国政协委员、教授、博士生导师蒋惠园，等等，都是从杏花泉小学走出去的。20世纪70年代恢复高考，全县考入大学少年班的优秀学生中，在杏花泉小学读过的人数最多。这些都理所当然是杏花泉小学的光荣与骄傲。

杏花泉小学，不愧是一所历史名校。半个多世纪前的1960年，学校被评为全国文教系统社会主义建设先进单位，校长刘亚洲光荣地赴京参会领奖。这是校史上骄人的一页。2013年，杏花泉小学又荣获安徽省少儿（幼儿）教育工作先进单位称号，成为新的里程碑。

杏花泉，以乳汁般的泉水滋养着杏花泉小学，一年又一年。杏花泉小学，以长期的奋斗和卓越的贡献，回馈着杏花泉水的哺育，一代又一代。

光阴荏苒，无城人爱古泉爱入心田。为保护杏花泉水，人们在泉眼处修建一井。岁月更新，井内泉水时时清明可鉴，井外杏花年年娇艳喜人。它们和宝晋斋、墨池一起，与杏花泉小学校园清亮的钟声和琅琅的书声，相映成有声有色的美丽画卷。

藏书楼藏着的故事

王惠舟

　　创建于 1922 年的无为县图书馆，是安徽省最早的县级图书馆，至今已有百年历史。其馆舍，就是曾经坐落于无城中心区的米公祠。

　　图书馆建馆之初，得到了社会人士的关爱和资助，藏书尚为可观。邢容钦《无为旧闻琐话》记载："清刘秉璋家有钦赐木刻《图书集成》，为某军阀劫去部分，余书……移交县图书馆。邑孝廉卢秋浦藏书，约三万册。逝后，均售于图书馆。余外舅之藏书，亦归县图书馆，据目击者云，运走图书，有二十八箱之多。近人李叔威君亦曾捐赠图书若干。"新中国成立前夕馆藏图书 8 万多册。新中国成立后至 20 世纪 60 年代，馆藏图书已达 17 万册。

　　县图书馆的藏书中，有线装古籍近 4 万册，其中善本 52 部 625 册。诸如明宣德年间以金粉书写的《妙法莲花经》、明胡宗甸著《省身集要》、清印《古今图书集成》、《四部丛刊》、《四部备要》、《江南通志》、乾隆《无为州志》、嘉庆《无为州志》等都十分珍贵。另藏有历代名家法帖、古今字画、碑刻拓片，近现代各类画报、杂志、报纸。馆藏图书之丰富与珍贵，在全省县级图书馆位居前列。

　　书库是藏书重地。县图书馆的书库在很长时间内，与办公室、阅览室等一样，都是类似民居的砖瓦平房。新中国成立后曾全面整修，书库面积约 150 平方米。到 20 世纪 60 年代，房屋多有损坏。书库雨天渗漏，墙角潮湿生霉，书籍多有受潮霉损。为保护图书，每当夏秋晴朗天气，馆员都会搬晒图书，任务繁重，且不是根治之法。1962年，时任馆长巫纪崙决定向省政府打报告，请求拨给专款建设新馆舍。令人欣喜的是，在副省长张恺帆的关心下，图书馆获得8万元兴建馆舍专项经费。这在当时，实在难得。

自1964年起，历时两年，1966年新馆舍建成，建筑面积1080平方米。其结构形如飞机：中间是上下两层，可视为机身；两侧是一层，即为双翼。正面大门第二层门头，居中是张恺帆手书端庄遒劲的"无为县图书馆"六个大字。其内由大门台阶起，至门厅、地面、过道和墙裙均为磨化石铺就。门厅地面居中大圆圈内，用黄铜条精心嵌制了仿米芾大白菜画造型，既有历史厚重感，又有俊逸悦目的人文情调。这幢钢筋砖混结构馆舍，坚实、规整、新颖，是当时无城很有时代感的地标性建筑。不久，"飞机"双翼的一层上面又加了第二层，同时在前院两边增建了房屋，还增加了设备，整治了环境。旧貌换新颜的无为县图书馆新馆舍，又领全省县级图书馆之先。新馆二楼全部用作书库，比原书库面积扩大了近5倍，通风干燥条件也大为改善。至此，所有图书都安居其中，得到很好的保护。这座被称为藏书楼的主体馆舍，标志着无为县图书馆进入了一个新的发展阶段。

米公祠内陨石

126

20世纪80年代，无为县文物管理所成立，与图书馆分占米公祠南北两头。但因场地太小，房舍严重不足，图书馆与管理所的工作、业务又互有干扰，各自事业发展受到严重制约，因此，县政府决定另建新图书馆。今天，这些藏书早就离开了20世纪60年代所建藏书楼，迁入21世纪建成的规模更大的现代化县图书馆，继续为广大读者服务，为现代化建设服务。当年飞机造型的图书馆包括藏书楼，则由县文物管理所赋予新的使命。

宝晋斋碑刻

王惠舟

无城人引以为荣的宝晋斋碑刻，收藏于无为市文物所宝晋斋展厅内。

米芾于北宋崇宁三年（1104）至崇宁五年（1106）任无为知军。当任期间，他把珍藏的晋代书法大家王羲之的《王略帖》、谢安的《八月五日帖》、王献之的《中秋帖》等珍贵墨宝勒石陈列于宅邸内，供人欣赏、临摹和学习。他将其宅命名为"宝晋斋"，并制成匾额，悬挂门首，同时还书写了"宝藏""墨池"两帖，勒石立于大门两侧。一时间，慕名至宝晋斋观瞻碑刻藏品的人络绎不绝。

米芾作为一代书画大师，首开变藏品为展品之先河，对文化发展和书画艺术传扬，不仅功在当时，而且惠及后世，实为一件大好事。

光阴荏苒，在漫长的历史岁月中，由于种种原因，米公祠碑刻不免遭到兵灾损坏，也偶得修葺。两宋期间，无为军后守葛佑之和无为通判曹之格，先后根据米芾拓本对损坏部分进行重刻并增加了晋人书法和米氏父子墨迹多种。至明清，曾两次重修宝晋斋。其中州守张琨玉亲书楷书"宝晋斋"勒石，并传至今。光绪年间，知县丁峻新建米公祠二楹，又搜集米公遗刻"墨池"、"白菜"画存入斋内。

1922年，无为县以米公祠为馆舍，建了全省第一个县级图书馆。从此，米公祠、县图书馆合二为一，宝晋斋及其碑刻成为其中的重要组成部分。

新中国成立后，宝晋斋碑刻仅存36通，房舍也破旧不堪。1950年，早年投身革命的知名人士王试之担任馆长，大力整修馆舍。同时，他面向社会，广为征集民间各类碑刻。幸得居住无城的庐江籍人士、清四川总督刘秉璋私宅遗存历代名家书法碑刻105通。县文化部门和王试之馆长经过认真规划，将碑刻嵌砌入馆舍回廊，定位与人体同高，碑面与墙面平齐，碑面全部加黑，阴刻字身宛如新凿。整装完毕，碑刻面貌一新，尤显端正、严谨、清秀、高雅。参观者均十分赞赏。

整修后的米公祠（图书馆），三进平房馆舍，自南向北依次是宝晋斋阅览室、碑刻回廊、办公室、借书处、书库。各幢馆舍前后都有院落，设有花圃。二、三进平房中间有风雨走廊相连，院西有拜石。第三进平房后面是一个小竹园。整体环境很有江南园林风貌，是全城最漂亮幽雅的场所。新中国成立后，首任县长潘效安特撰《嵌修无为碑刻序》，说此举是"供人民观摩以保存古代文化"，"非敢谓兴复名胜不过聊作引导之先驱耳"。米公祠连同国宝级的宝晋斋碑刻获得新生。

宝晋斋

宝晋斋现拥有近150通书法碑刻。这些作品分别出自唐宋元明清五个朝代数十位书法大家之手。他们当中有钟绍京、米芾、苏轼、黄庭坚、赵佶、文天祥、赵孟頫、沈周、董其昌、祝允明、刘墉、梁同书等。他们的作品，涵盖真、草、隶、篆各种书体，涉及文、赋、联、诗歌各种体裁，可谓精彩纷呈。

进入改革开放时期，县委、县政府把加强文化建设摆上议事日程。20世纪90年代后期，在参照史料基础上，进行规划设计，重建了米公祠，总面积达17000平方米，县图书馆也迁至新址。如今，米公祠、聚山阁、杏花泉井、墨池、投砚亭、宝晋斋、藏书楼等构成一个典雅、幽静、文化底蕴深厚的人文景点。其中的宝晋斋碑刻庄重地展示着千年古城悠远的文脉，激励着后人汲取优秀文化营养，书写着无城文化建设更加清新、厚重、绚丽的新篇章。

千年城墙昔与今

王惠舟

　　无城东一环华林桥对面碧桂园小区，有一段老城墙遗迹。这段南北向、已无雉堞的半截城墙，西边是城墙内侧，身躯清晰可见，东边是城墙外侧，被浓密的树木杂草遮掩着。200多米长的墙体，似乎顶着一块巨大的绿盖头，不禁让人联想远去的老城墙的身姿和它日渐远去的故事。

　　城墙历史悠久。清嘉庆《无为州志》载，"宋初改镇为军，创营壁垒，两淮用兵，乃筑垣墉"。垣墉就是城墙。《府志》也说，"州城径自宋立军垒壁始"。这么算，城墙有不低于1200岁的"高龄"。及至明初，知州夏君祥督葺成城，始建六座城门和城楼。大东门名"楚泽"，楼曰"明远"；小东门名"东津"，楼曰"倚云"；南门名"薰风"，楼曰"九华"；西门名"大安"，楼曰"稻孙"；北门名"镇淮"，楼曰"迎恩"；东北门名"仓埠"，楼曰"庆丰"。之后缺乏维修，局部有所倾圮。100多年后的明嘉靖辛亥（1551）、壬子（1552）间，为防倭寇入侵，巡按御史吴百朋接受乡人意见，历时四年，对城墙进行了大规模的整体修建和加固。"城址入土尺二寸，外垒石三层，砖甃至顶。计高二丈二尺有奇，周一千四百九十一丈三尺有奇，楼座六，窝铺十二，相距各若干步，遂为城之定式。"由此可知，六座城门和城楼曾相沿未变，古城墙框架一直传至20世纪50年代初。现存的这段古城墙，应该就是明城墙的遗迹。最大的缺憾是"表里不一"，其外由砖石砌

无城名胜

131

成，而内里完全是黄土堆衬，显得单薄不坚固，固屡有塌损。清顺治年间，城墙西南段曾崩损一百四十余丈，故又有多次修护。到了清嘉庆二年（1797），州守顾浩"倡捐缮修，仡然巩固"。

眼前这段城墙，拨开树丛杂草，察看其外侧，也就是墙体正面，可发现多处明显相接痕迹。各处的建材不一，有的下石上砖，有的全是小片砖，也有单一石块到顶，且工艺比较粗糙。这可能是因为当年先人修建城墙，资金不足，材料难筹，施工也缺少严格的技术要求。不过能做得如此，也算是尽力了。

千年古城墙

据说抗战开始后，1939年，无为县政府为了在日寇轰炸时便于城内居民疏散，将城墙拆矮半截，六座城门楼也悉数拆除。颇有意味的是，1940年秋，日军占领无城后，为了据守保命，竟然强迫民众出力对城墙进行了修整。随着中国人民持久顽强的英勇斗争，这些日寇最后无条件投降。可笑的是，他们指望的城墙根本没派上用场。

前述点滴，史志可稽。以下文字，是人们对老城墙未入史册的记忆。

抗战胜利后，解放战争时期，统治无为的国民党反动政府，因害怕解放军进攻无城，就拉伕派工，强迫老百姓大规模修建城墙。修好的城墙头雉堞排列整齐，城墙内侧，黄土垒至碟垛下一米处，形成面宽约两米的马道，以用于战时布兵。六道城门拱券上顶，装有粗壮杉木拼成的双扇城门，昼开夜关。内两侧立有四方尖顶木岗棚，24小时有县常备队站岗。那架势，还真有点守必固、攻难克的味道。可是1949年1月21日，据守城内的一小撮反动派，听说中国共产党领导的地方武装要攻打无城，吓得连夜弃城逃跑了，人民军队不废一枪一弹解放了无城。那身姿挺拔壮实、充满古韵的城墙，则鲜活地留了下来。

新中国成立后，城墙失去了传统意义上的防卫作用。当年无为初级师范初创时，建筑材料严重缺乏。1952年春，开学后两个多月时间里，每到课外活动，全体同学（4个初师班、8个轮训班，计600多人）从学校所在地体育场东边，沿着绣溪公园里的道路，到小南门即现在南一环东溪附近的一段城墙所在地，搬城墙砖。每班都安排七八个"大力士"，用各种工具敲、砸、撬、扳，其他人把城墙砖一块一块拆下来，搬、抬、挑、扛，往学校运。

那一带城墙砖全是明代古砖，每块约有40厘米长，20厘米宽，8厘米厚，又大又沉。力气特别大的男同学一次可以挑两整块，力气一般的，一次只能扛一块。我等矮小男生和女同学，每次只能搬半块，不到两里路程，还得歇个五六次。拆城墙、运城墙砖虽然辛苦，但是学校用它们建成了3000平方米三层楼的男生宿舍和教师房间。当时，这楼是县城里少见的大建筑。

1954年发生特大水灾，古城墙还立了一个大功。那年夏天，进入雨季后，"天潮"大，雨水没日没夜地下得人睁不开眼；"地潮"也大，山区、岗地积存的水，无休无止地涌出塘口、河堤，漫到了城墙脚下。长江水位超过历史最高水位，县城面临洪水的严重威胁。县人民政府果断决定：动员全城人民赶快行动起来，加固城墙，确保城内两三万居民及其财产不被洪水吞噬。全民出动，热火朝天。在政府统一安排下，拆了城墙附近的一些民房、立柱、桁条等用来打桩，挖掉大片菜园地取土，加固加高城墙。经过两个星期的苦战，城墙上低矮的地方升高了，单薄的地方加厚了，豁口的地方补齐了，保障了人民生命及财产安全。

8月1日，长江无为段上沿的土桥安定街江堤溃口。汹涌的洪水铺天盖地而来，很快大地一片汪洋。无城成了一座孤岛，就像大海中的一叶孤舟。

无城名胜

好在有城墙的保护，加上县政府早就调进了大批粮食、煤炭、油盐和各种日用品，百姓们情绪稳定，生活安定。不过县领导仍高度警觉，安排人力，日夜严守，真是城墙加人墙，确有金汤之固，确保万无一失。万幸的是，雨停了。一个星期后，洪水渐渐退去。无城人民终于安全度过了大汛，这真是天大的幸事。现在回想，若不是有城墙的保护，洪水一旦涌进城来，无城居民十之六七将在劫难逃。那是多么可怕的惨景！保卫无城人民安全度过百年不遇的特大洪灾，是人民政府领导下无城人民战胜特大水灾的辉煌一页，也是古城墙为人们作出的最后的贡献。

大水退去后，大家开始了恢复家园的建设，拆搬城墙砖的越来越多了。单位搬，居民搬，进城返乡的农民有空筐空桶的，也顺便带上半块一块。还有人在拆得面目全非的城墙下盖房子、栽树、种菜等。后来，因为实施旧城改造，古城墙的地基上，出现了环城公路，也算是对历史的一个交代吧。

现在，除了当年粮食局靠着城墙盖仓库，难得保留下来的这段古城墙之外，作为整体古建筑，无城的千年古城墙，已经尘封在历史的记忆之中。

如今畅达、规整、漂亮的绕城一环路，理所当然会给沉埋于路面之下的古城墙根基，送上感谢和慰藉。相信它肯定知道，我们古老而年轻的城市，总是在向着美好迈出潇洒的方步。因为历史可以有遗憾，但脚步不会停留。

无城双塔逸闻

李俊平

　　北宋时期，无为行政建制改为"州"。传说无为是船形地，所以又叫"无为舟"。地方绅士觉得无为既然是船，没有桅杆怎能航行，岂不成了旱地之舟？要使这条大船能扬帆前进，必须要造两座塔，代替桅杆。于是他们上报州府，建议以仓头为船头，七里井附近的凤凰山为前船梁，凤凰山与麒麟山中间建座洪安寺，在寺庙后面造一座塔，再以无城芝山为后船梁，在芝山旁的景福寺（又称西寺）后面再造一座塔。这样"无为舟"就能扬起两桅风帆，下漕河，进长江，入大海，无为才能兴旺发达。于是绅士们纷纷集资筹款，选吉日，两塔同时动工建造。

　　传说负责建造两塔工程的是师徒二人，他们都是鲁班的嫡系传人。师傅负责建无城芝山西寺塔，又名西门锥子；徒弟负责造凤凰山南汰寺塔，又名黄金塔。经过两人各自努力，不久都将塔身砌好，准备安装塔顶。徒弟心想：我若先把塔顶安上，师傅肯定不高兴，我若后上顶，又怕别人讥笑，影响自己的声誉。于是特意跑到无城景福寺请示师傅什么时间上顶。师傅说：明日金鸡一叫，咱俩同时上顶。徒弟听了很高兴，觉得这样最好，既不抹师傅的面子，又不影响自己的声誉。徒弟哼着小调回到南汰寺，但转身一想觉得不妥：金鸡在景福寺师傅处，南汰寺离城七里，附近又没有人家，怎么能听到金鸡叫？于是等到天黑，徒弟又回到无城景福寺，暗暗把金鸡偷走了。

等金鸡一叫，徒弟就动手安塔顶。可是师傅睡了一觉又一觉，一直听不到自己的金鸡叫。直到天亮起床一看，凤凰山上的黄金塔顶已安好，而西门锥子塔顶还躺在地上。师傅落后于徒弟，实在没有面子，于是急忙动手把西门锥子塔顶安好。再查一查金鸡为什么不叫，才发现金鸡没有了。他断定是徒弟搞的鬼——把他的金鸡偷走了。师傅气得七窍生烟，拿起施工的铁铲，向黄金塔抛去。说也奇怪，这铁铲不偏不倚，直奔黄金塔顶，一铲子将黄金塔顶铲掉了。塔顶飞落到附近的小圩田里，于是人们把这个小圩叫塔顶圩。再说徒弟，花了很大的力气才把塔顶安好，却被师傅一铲子铲掉了，也很生气。他拿起施工的锤子，向西门锥子掷去，铁锤撞到西门锥子塔身上，只把西门锥子撞歪了一点点。

从此无城二塔，一个没有顶，一个歪斜，像两根大船的桅杆，矗立在无城大地上。当然，这只是传说，实际上黄金塔与西门锥子建造时间相差41年。

黉门厚韵

汪大木

　　作为旧时的官办学校和新中国成立后的公办师范学校，黉门在无为的教育史上有着独特的地位。黉门前身为古文庙，清咸丰后迁建于无城西大街，成为新的州学（儒学）重地，也就是古学堂、县学，对无为的文脉传承发挥了重要作用。

　　1921年初，反贿选斗争发生于此。黉门内原有建筑多毁于抗战期间，后世记忆深刻的唯有古朴典雅的黉门门楼和一对石狮，见证着沧桑往事。

　　根植文明沃土，浸染儒家气息。1930年，无为县在黉门创办义务教育师资养成所。抗战胜利后，成为无为中学所在地（后迁出）。1946年，创办无为简易师范学校。新中国成立后并入无为中学，进入黉门。

无为黉门

无城名胜

137

　　绣溪边，墨池旁，双狮守黉门，满园桃李香……新中国成立后，黉门焕发出蓬勃生机。1951年夏，人民政府为适应大力发展乡村小学教育的需要，在县体育场北荒坡，创办了无为乡村初级师范学校，县长周骏兼任校长；几易其名，1956年，无为乡村初级师范学校改制为无为一初中，即后来的无为一中。后来，在黉门创办安徽省无为师范学校。此后，学校进入了发展的快车道。1981年无为师范学校被教育主管部门确定为重点师范学校，面向巢湖四县一区招生；1987年定为正县级建制；1989年杨正芳老师被评为全国优秀教师；1993年范向明主编，郑养法、苏启后、俞佳培等任副主编的《简明中国文化史》出版发行；2000年秋无为师范学校附属实验初中开始招生，迈出了中等师范学校转型的第一步；2003年底无为师范学校转轨为无为县教师进修学校，副县级建制；2006年暑期升格为国家示范性县级教师培训机构；2013年秋实验初中迁出，无城幼儿园迁入；2018年秋教师进修学校迁至城南新址。古今黉门，一直弦歌不辍，以文化人。

　　巍巍黉门，名耀四方，肩负半个世纪的教育重任，涌现出省劳模杨正芳，特级体育教师吴忠廉，书画名家杨尚模、郑养法、丁学章等黉门精英，向江淮大地输送一万多名基础教育人才，为无为市以及安徽省作出了巨大贡献。

城隍古韵　鼓楼雄风

汪大木

　　城隍本意指城墙和护城的壕沟，后演变为主宰城池的地方守护神。封建时期，城隍庙分布广泛，一般供奉道教之神城隍爷，也供奉有功于地方民众的功臣、英雄。无城城隍庙最早记载于宋代，明初知州王仕锡重建，清代多次维修、增建，有正、后、左、右四殿，塑泥像数百尊。前有广场，为无城最大庙宇，也是最热闹繁华的地段。无为著名的贡灯——"剔墨纱灯"制作坊就在城隍庙街。

　　1933年时任军长的徐庭瑶返回家乡，带人砸毁庙中佛像，庙宇废弃。1934年戴端甫任县长时，将城隍庙整修，开辟为民众教育馆。抗日战争时，此地为日伪县政府驻地。1949年7月，中国共产党领导的原四县合并为无为县，新中国成立后城隍庙成为县人民政府驻地。1956年，因旧城改造，城隍庙拆除，在原址新建县政府办公用房，形成机关大院。2002年春，县政府迁出。

　　城隍庙左，南宋末年还建有讲书楼。南宋著名诗人谢枋得（叠山先生）抗元失败后流亡至无城。州人以师礼热情相待，建讲书楼供其居住，成就一段佳话。

　　而今，城隍庙及其周边建成人民广场，占地9800平方米，成为市民休闲、商业经营的黄金地段。

　　城隍庙东侧，鹅市、草市、小东门街交集处，旧时有濡江楼，据传曹操在此筑台与东吴对峙。宋代重修，置鼓其上，报更司晨，故民间素称鼓楼。楼下四柱擎举，砖砌四楼门，通行无阻。上架木楼，得月临风，极为雄伟。传说楼内曾置有一张直径为 1.5 米左右的牛皮大鼓，用于击鼓报时。清末州人仇子鹤赞曰：

无地军州开两宋，有形山水锁三吴。

鼓楼可居高远望，因此击鼓报警之。

军事功能，比击鼓报时更为重要。鼓楼旧时与米公祠、城隍庙、州衙等都是无城地标性建筑。1938 年鼓楼被日寇飞机炸毁，仅存基座。日寇侵华罪行，可谓罄竹难书。无城草市街、鹅市街的商户民居，因轰炸被焚烧殆尽，被炸毁的建筑还有罗汉寺、鼓楼等。其时青年学生张维崧《日寇飞机空袭》诗曰：

怒火直随弹火起，轰声哪及吼声多？

报仇种子还嫌少，再替中华种几颗！

1950 年鼓楼原址台基上曾设气象台，1958 年扩建马路时被夷为平地。鼓楼也是鼓楼小学、鼓楼医院名称的由来。

鼓楼保留的古银杏树

十里三黄金

张甫根

千年来，国家的兴衰荣辱、无城人民的悲欢离合、朝代的更迭变换、文化的兴废传承，不知演变了多少次。但在这令人仰慕的热土上，群英荟萃、历史辉煌，演绎了许多可歌可泣的传说和真实的故事，创造了许多令人惊叹的文化和艺术，让无城声名鹊起，千古流芳。

无城"十里三黄金"的传说，更是让人浮想联翩。

黄金塔和黄金庙

黄金塔位于凤河村东侧的西河之畔，始建于北宋咸平元年（998）。传说是鲁班的嫡系传人建造的。另有在无城汰水（今西河）之南凤凰山上建造的南汰寺，又名黄金庙。

寺庙院内的黄金塔，与西寺塔（又名西门锥子）像两根大船桅杆，矗立在无城大地上。

黄金坝

黄金坝自然村，与仓头镇毗邻，在老街河对面，每天都有渡船接送南来北往的游人。

黄金坝与黄金庙、黄金塔并称为无城"三黄金"。

二

无城名胜

141

　　原来的濡须河走向是：经杨村的杨安坝，到临江坝，再经小江坝入江。后来村民发现濡须河每年到汛期，沿岸河堤有破堤和漫堤等灾害发生，使一年的辛劳付之东流。于是大家决定彻底治理濡须河。在濡须河到小江坝的主要水道上，杨家村的河口修筑了一道拦水坝，从此濡须河改道。河水改变流向后，水灾确实减少了许多。河道两岸良田因此免遭水灾影响，农业收成大大提高，乡亲们过上了幸福安乐的生活。他们把这一切归功于这道大坝，因此便把这坝题名叫"黄金坝"。

　　后来，当地政府重新疏浚了新河道，即从裕溪河直至庐江县境内，这就是现在的西河航道。新的航道通行，给无为至庐江两岸的人民带来便利。

　　十里三黄金，又将谱写新的美丽篇章。

情系西林桥

张甫根

仓头社区西林桥村东边，季闸河自东向西静静地流淌着，默默地观望并深深地记下了大河两岸的历史春秋和风云变幻。自古以来，这条河流承载着两岸百姓们南来北往的货物运输，也是百姓们走亲访友的交通要道。如去福路和檀树赶集，更是轻舟飞渡。季闸河是联通西河的主要水系，上通巢湖，下联长江，是这一带百姓的经济线和生活线。

水道交通方便，旱路却不畅行。季闸河在汛期，时常河水泛滥，两岸百姓交往通行，主要靠一条小小的摆渡船，很不方便，且会出现翻船的危险。于是当地百姓和有识之士便议论着要在河上建一座桥以方便百姓往来，减少险情。大家积极捐款、捐物，但由于资金和建桥技术的限制，当时只建造了一座一孔的桥。桥墩用石块堆砌，桥面由木板铺设。桥虽然简单，但方便了季闸河两岸的百姓。建成初期，车水马龙、人来人往，好一派兴旺的景象。昔日的摆渡船停在岸边，静静地观望和祝福这些快乐幸福的人们。古老的渡船和船工也在这祝福中慢慢地变老，渐渐退出了曾经繁忙的摆渡舞台，让现代人在大桥上续写新的篇章。

当地老人们常说，西林桥也是一座革命桥，在抗日战争和解放战争期间，更是作出了巨大的贡献。

抗战期间，因为当时共产党领导的无为县政府设在现在石涧牌楼村，这

无
城
名
胜

座桥便是当时新四军游击队临江大队与县政府联系的重要通道。临江大队、仓头武工队和黄雒游击队在上级的领导部署下成为一个团结的战斗组织，形成了一条黄雒至无为的打击日军和反动派的主要战线。敌人每次外出，都心惊胆战。

为了探查敌情，民兵化装成普通百姓，在桥头设立观察哨，一发现敌情，立即用各种方法通知临江大队和附近的百姓，做好一切反击准备，打击敌人。

中共无为县地下党组织在西林桥建立了地下联络站，站长孙常太是一位老党员，地下工作经验丰富，许多重要情报都是通过这个地下联络站，传送给无为县委、新七师以及各个重要联络站。

1970年，这座古老的西林桥，完成了她的历史使命。当地政府根据社会和经济发展的需要，以及季闸河道呈现堵塞现状，决定疏理季闸河，重新扩建西林桥。在政府重视和群众积极支持下，历时一年多，原西林桥加宽加长。原一个桥孔通水不畅，也不利于航道通行，现在扩建为两个桥孔，木板桥面改为水泥桥面。在那个年代，这可是一项大工程啊！新桥建好后，南来北往的百姓和商旅，无不拍手称赞。这座桥的建成给季闸河两岸的百姓带来了更加幸福美满的生活，他们的喜悦之情溢于言表。

随着社会发展，农村面貌焕然一新。扩建的西林桥，已不再适应快速发展的时代。2019年，政府决定再次扩建西林桥：加宽路面，由原来的单行车道，扩建为双行车道；由两孔桥，扩建为三孔桥；钢筋水泥路面，增设钢管焊接的护栏。扩建后，新桥更加牢固、安全。

西林桥，情系两岸百姓的幸福生活。从古到今的三次演变，见证了这偏远乡村的风云变幻，见证了季闸河两岸人民群众的生活变迁。这颗小小的明珠，正绽放着灿烂的光彩。

西林桥

四

无城文化

无城影剧院今昔

王惠舟

　　在无城，剧场和影院，曾经是很受欢迎的文化娱乐场所。它们陪伴古城人度过许多愉快的时光。现在，就我与之几十年的相处相知，说说关于它们的故事。

民众教育馆　大戏院　小戏院

　　无城解放前，群众性文娱活动场所只有一处：民众教育馆。此馆坐落在大十字街东北角，坐北朝南，即现在的人民广场西半边和精诚电器店铺一带。它是1934年戴端甫任无为县县长时所建。抗战胜利后，我常去民众教育馆看热闹。馆内比较开阔，北面是戏台，台下有好几排长长的木条靠椅，南边是大块空地。戏台的木地板和木靠椅多有残破损坏，整个场地暗淡凄冷。

　　就是这样一个地方，也很被看重。说书艺人，经常占据一角，大显嘴功，很有人气。夏秋季节，更是年轻人斗蟋蟀的赛场。长年不断的则是，闲散人们闲聊的好去处。

　　无城解放后，人民政府很重视文化活动场所的建设。先是把民众教育馆修整一新，里面增加到400多个座位，而且常常有京剧演出，成了名副其实的剧场——大戏院（当时无为人习惯称京剧为"大戏"）。开始演出的是外

149

地"戏班子"，一拨接一拨地来轮流演出。1951年，那批戏班子，被组建为无为县新声京剧团，天天有演出。以后因庐剧、电影登上舞台，京剧观众日益减少，京剧团1969年撤销，"大戏院"改建为无为饭店。再后来，就成了人民广场和一些商店的现址。

1952年，有私人在北大街齐家祠堂开办"小戏园"，演"小倒戏（庐剧）"。随后，县政府把大十字街西口路北的天后宫，改建成长江剧院，有700多个座位。因为专供演庐剧，所以又叫小戏院。县里成立了庐剧团，曾经的杏花泉小学校长李近庸是首任团长。李团长很有才华，行政管理、编剧和导演能力极强，人品又好。庐剧团发展很快，不仅有了像样的演员班子，编剧、导演、音乐、舞美等也都是专人专责，渐渐走上正轨。很快，庐剧市场火热。

无为庐剧

大江剧场

1959年，皇华坊西北角新建了大江剧场，占地2535平方米。进了剧场南大门，立见迎面四层楼高的剧场顶沿，凌空排列的鲁迅体"大江剧场"四个大红字，灵动耀眼。走过开阔的广场，跨上多级台阶，再走过门厅，就进入高大气派的剧场。剧场内部，十分开阔、敞亮、高雅宜人。正面是开阔的舞台和台沿下的乐池，下面是1097个牙黄色单人靠背座椅的观众厅，其他如灯光、音响、布幕等设施都很齐全。

无为，是江淮地区和沿江一带有名的庐剧之乡。几年的历练，无为庐剧团拥有了一支实力很强的演员队伍。如花旦王万凤、蒋光玲，小生周世能、周正，老旦兼丑旦吴昌珍、阎修凤，老生兼丑角童天蒲等，都是广受喜爱的演员。剧团还经常出县巡演，所以在皖、苏两省有很好的社会声誉。改革开放以后，大江剧场还先后接待了北京、天津、上海、沈阳、武汉、广州等地文艺团体的演出，大大丰富了无城群众的文化生活。20世纪90年代，大江剧场被拆除，建成了居民小区。

文光电影院　大江电影院　铁山电影院

无城的电影放映是解放后才有的，放映场地也是从无到有，不断改善和变化的。1953年，有私人在新华书店原址潘家公馆楼上开办了文光电影院。当时，我正在求学，吕济生校长结合世界历史课教学，特批我们到文光电影院看苏联电影《攻克柏林》。这是我平生第一次看电影，太高兴了。1961年条件改善，改放宽银幕电影，开创了全省县级影院之先。

电影院还有一位特殊人物，姓卢的哑巴。瘦高个子，年轻精干。每天上午，他风雨无阻，总带一桶糨糊，一个放有白纸、排笔和颜料的草编拎袋，蹬着自行车，到全城东南西北街边宣传栏，刷糨糊，粘上对开报纸大的白报纸，然后写出几种色彩的电影广告内容（日期、电影名称、题材类别、上映场次时间），再配上装饰线条，简明漂亮，很吸引人。人们往往对他竖起大拇指，或是送上一个微笑。我曾听一位路过老人说："这人可不一般，他父亲是革命烈士。"他叫卢尚武，是无为县第一位共产党员卢光楼烈士的儿子。卢尚武和家人，一直受到党和政府的照顾。数年前卢尚武病故，享年80多岁。在信息不畅的年代，卢尚武用广告为广大观众服务，是对古城电影事业很大的贡献。

那时驻城各学校，开学都收电影费，学生一学期可以看到多场全校包场的电影，这比学生独自买票便宜多了。1960年，我在杏花泉小学工作，被电影院聘为电影宣传员，凭宣传员证，可随时免费看电影。有五六年，我都享受着这个特殊待遇。看的电影很多，贡献实在很少。也难怪，大人小孩谁不爱看电影？哪要我去宣传！

1990年，为拓宽新马路，开拓新市场，拆除了大江电影院，在大猪集东边建成铁山影剧院。新影剧院各项设施更趋完善，成为县里各种大型会议、电影放映和外来文艺团体演出的最佳场所。

工人俱乐部　工人文化宫

1952年，县里兴建了工人俱乐部，地点在杏花泉小学北面，文物所（米公祠）东面，属县直单位，包括三个部分。一是室内大舞台，用于开会、各种文艺演出和电影放映。周六则做舞厅。二是室外篮球场，起初只能白天使用，但很快竖起电杆，建成灯光球场，大受欢迎。每逢节假日，上午、下午和晚间都有球赛。三是办公室和综合活动室，综合活动室可开展阅览、音乐、美术、乒乓球和棋类等活动。1982年，工人俱乐部进行了扩建，改名工人文化宫：有可供300人活动的室内旱冰场；灯光球场新建了可容纳2000人的阶梯看台；室内舞台下方增加到800个座位。进入21世纪，工人文化宫被拆除，场地即为米芾广场北面的新工地。

老城新区新影城

毕竟电影还是为人们尤其是年轻人所爱，铁山影剧院拆除后，老城和新区出现了私营电影院。老城在米芾广场东三楼建有上影国际影城，新区北有安德利广场的华夏国际影城，南有盐百购物广场的中影巨幕影城。这些电影城都步入了新的经营模式：一是一院多厅，以上影国际影城为例，有8个观众厅，大厅200多个座位，小厅只有64个座位，厅内是台阶沙发座椅，有良好的通风换气和消除噪声设施，观影环境更佳；二是运用网络公告放映信息，观众选择节目和购票更方便；三是数字化放映，一机管多厅，可按观众多少，把控各厅放映情况。

70多年过去，无城的公办影剧院早已消失，国营剧团的演出也成为了历史。电影院则不断变换着模样，与时俱进。应该说，影剧与人们的需求同在。

无城鱼灯大放异彩

许一跃

无城鱼灯古今闻名，而无城鱼灯则是无为的代表。在无城镇八里村任氏祠堂前，曾经举办过一场国家级非遗项目鱼灯活动，场面热闹非凡，赢得了阵阵喝彩。

无城鱼灯，也被称作吉祥灯、太平灯、幸福灯，一亮亮了千年。走在前头的是包拯，他到陈州放粮回朝，普召全国各地向朝廷进贡花灯，从宋朝穿越到当代。为了生活，无城人利用长江得天独厚的自然条件，种田捕鱼来维持生活。为庆贺渔业丰收，捕鱼平安，无城人敬仰包拯，舞动鱼灯，越点越亮。

鱼灯的制作，是一门需要多种技艺的活计。用竹子破成篾条来扎，先扎鱼身，后扎鱼头，再扎鱼鳃、鱼尾等。八只鱼灯，主要通过颜色和鱼鳍区分。骨架扎好后就开始蒙布、涂胶、绘画等，每一步都要格外细致、小心。鱼灯制作工序繁多，都是传统的手工制作，费心费力。一组鱼灯扎完，需要两个多月时间。

竹篾要选好的竹子，以保证柔韧性。制篾师傅也要专业，篾条如不均匀，势必在打箍（竹圈）时影响圆度，导致做出的鱼灯不够美观。绑扎过去用麻线，现在一般用铁丝代替。以鳌鱼灯为例，龙头鱼身，需要绑扎的有头、眼、上颚、下颚、鳍、须、舌、角、腮、尾等众多部位。其中下颚、

153

尾、腮、鳍、舌可活动，不同部位料的尺寸不同。背鳍部分要留有透气散热孔，腹部一旁留有小门，用作点蜡烛（电灯）之用。其结构复杂，做工精细。

绑扎好后用白色棉纸全部裱糊。长时间表演，内部蜡烛温度高，用其他纸很容易出现干裂。无城人虽然曾经多次用电灯代替，但总觉效果不佳，也不方便，所以多用传统的蜡烛。

最后是装饰，根据部位不同，采用不同颜色的纸进行装裱。贴鳞是最费时的。根据传统，鳞一般采用红色。先将有一定厚度的红纸剪成鳞状，再用手帕用力旋转去搓，形成规则的褶皱。再按一定的规律一张一张地粘贴，每张鳞之间还要有一定的空隙。这样，在实际表演中不仅能透出亮光，还可以用来照明。

无为八里鱼灯

无城鱼灯一亮起来，就显出自己的特色。

鱼灯由八盏灯构成，灯架由鱼头、鱼肚、鱼尾组成。灯面颜色鲜艳，绘有装饰图案。灯内置蜡烛或彩灯，夜晚特别通透明亮，十分美观。不同村落的鱼灯，种类、鱼灯身所绘图案及象征意义等又有所不同，大部分都以所在村命名，如八里鱼灯等。鱼灯表演形式独特，融艺术性、观赏性和参与性于一体。

点鱼灯的时间，定在每年的正月十五元宵节到正月三十。第一天叫"开灯"，点鱼灯的最后一天叫"收灯"。从第一天开灯开始就祭祖、开光、摆供桌、施道场，一直到鱼灯活动结束。每条鱼灯由两至三名青壮年男子轮番舞动表演，有"游场""戏水""金龙抱柱"等舞蹈，还有摆尾、翻身、沉浮、聚群、嬉戏等各种形态，同时伴之以锣、鼓、钹等传统乐器，舞乐和谐。

鱼灯的"鱼"有"年年有余""富足有余"的寓意，故"鱼"在无城人的心目中成了幸福美满的象征。舞出吉祥，舞出好兆头。鱼灯既是文化交流的纽带，也是凝聚人心的载体。千年来，鱼灯犹如传统文化中的一颗璀璨明珠，始终绽放着艺术的风采。

如今，鱼灯在镇政府、技艺传承人和爱好者的共同努力下，在更大的舞台上大放异彩。每逢春节，无城舞鱼灯的人就会自发地回到故乡。许多年轻人也参与制鱼灯和舞鱼灯队伍。这项传统必然会永远传承下去。

流光溢彩的诗城

耿松林

千年古城邑，岁岁写华章。从城口镇、无为镇，到无为军、无为州、无为县、无为市，无城一路走来，由乡野而繁华，由朴素而靓丽，直至成为长江经济带具有核心竞争力的现代化中等新兴滨江城市。

查阅歌咏无城的古诗词，它们从不同侧面反映了无城的不凡风貌。它们是历史长河中，绚丽动人的浪花。这里不揣简陋，对此作些浮光掠影的介绍，还请读者校正。

《无为历代诗词》书影

对无城作宏观性质的描画，较出色的有林逋《题无为军》、杨杰《登南楼》三首、米芾《重九会郡楼》、米友仁《临江仙》、杨元亨《沁园春·无为灯夕上陆史君》、吴廷翰《九华楼》、李孚青《稻孙楼》、吴观周《铁山即景》、徐昌基《登濡城》、余思复《濡城写望》、吴诒沅《无为州城登眺》等。《林和靖集》卷3有《题无为军》：

　　掩映军城隔水乡，人烟景物共苍苍。

　　酒家楼阁摇风旆，茶客舟船簇雨樯。

　　残笛远砧闻野墅，老苔寒桧著僧房。

　　狎鸥更有江湖兴，珍重江头白一行。

在没有无为大堤挡水的宋代，无城南的今泥汊、十里墩等地，汛期一片汪洋泽国，无城的城墙直接临水。诗句既有对无为军城的远远眺望，又有对酒家风旆、茶船疾雨的特写，更有"老苔""寒桧""僧房"寂静的素描。至于水上鸥鹭的飞翔，人烟景物的云天苍苍，吸引有"梅妻鹤子"之称的林逋的目光，自然不在话下了。

杨杰的《登南楼》（《全宋诗》卷674）气势雄伟，反映了作者对家乡的无限热爱。

　　　　其一

　　此楼此景他州无，山川形势吞三吴。

　　唯凭诗老写奇胜，纵有画笔难工夫。

　　　　其二

　　此楼此景他州无，天高水阔连平芜。

　　绿杨深处杏花发，日暖数声山鹧鸪。

　　　　其三

　　此楼此景他州无，栏干倚遍还踌躇。

　　主人有酒且共醉，骊歌不用催行车。

清嘉庆《无为州志》卷33，有桐城人吴诒沅的《无为州城登眺》：

　　秋气来三坞，江声下七矶。

　　天门划吴楚，地势控淮淝。

无城文化

157

一雁向空没，孤云何处归。

苍茫登眺意，落日照征衣。

读来令人胸襟开阔，思索古今。福建人余思复的《濡城写望》，画面感也很突出：

远水绿杨翻觉绿，夕阳红树转添红。

无为城上几回望，不信吾身在画中。

芝山绣水，历来是古典诗词描写的富集区。这里选取若干首，与大家共赏。王之道《题无为绣溪亭》：

画桥雕槛接招堤，新有幽人傍绣溪。

千顷净明天上下，两查光映水东西。

飞楼涌殿参差见，古木修篁咫尺迷。

此景此情君信否？绿杨阴里啭黄鹂。

杨杰《绣溪寒食》：

十里喧阗锦绣川，秋千人健趁飞鸢。

花明柳暗丹青国，日薄云浓水墨天。

其画面、其色彩、其情感，让人过目难忘。吕般班（女）《绣溪春游》：

绣溪春涨柳丝丝，堤满游人花满枝。

人咏花间鸟语树，乾坤无处不成诗。

岸柳轻扬，游人如织，鸟语花香，岂不是无城版的"若待上林花似锦，出门俱是看花人"？

新文化运动中的健将，我国白话文倡导者无为湖陇人李辛白的《呈六岳师》，最是体现了人间真情。

轻烟漠漠雨疏疏，如此湖山画不如。

添取酒船环草阁，人间那必有西湖。

米公祠、墨池同样是诗词歌赋的富集区。宋朝人万宝图，其生平已不可考，但其《游米公祠》历久弥新：

碑板零星卧草茵，墨池遗迹久沉沦。

米公去后风流绝，愁杀祠前石丈人。

民国时期的杨晨，在《赤城别集》卷5，引宋朝人林干《米拜石》一诗：

危疑欲坠石，苍然曰米拜。

吁嗟千古情，石在米亦在。

米芾的身影虽然早已离去，但廉政爱民的容姿，却永远活在人们的心中。明朝朱合明藏书万卷，著有《看剑集》《米海岳集》，其咏《墨池》四绝句，这里选其中之一：

性静自无忧，虚明水鉴开。

闲朝时洗砚，应有白云来。

清朝无为州守顾浩题米公祠联：

池水长清，此地题诗皆后学；

石兄无恙，教人何处觅先生。

其歌咏九华楼、稻孙楼、铁山、孔山和百万湖等名胜的诗词，也有不少。九华楼是无城最早建造的一座城楼。明朝吴廷翰有《九华楼》：

岳阳楼在南门上，此郡楼成迹偶同。

万里波光连峡内，九华山色挂江东。

米公书札传皆妙，范老文章拟更难。

愧我衰迟登览倦，南薰岁岁愿年丰。

嘉庆《无为州志》卷32，有为官清正廉洁的清朝人宋佑的《九华楼晚眺》：

纵目南楼快取携，遥天九子望中迷。

秋声淅沥风生树，水色苍凉月到溪。

碧落空中双塔迥，残阳尽处一星低。

登临顿觉情思远，良宰风流旧品题。

"良宰风流"一语，是作者引米芾为知音、为同道也。同为嘉庆《无为州志》卷32，有雍正年间工诗文、精书法的卢之玫《登稻孙楼》：

清秋和煦宛春温，闲上城楼望湿原。

隔岸蓼花红结子，中田禾穗绿生孙。

额悬三字风流远，碣宝千年翰墨尊。

谁道米家一颠老，乐民之乐见深思。

清朝顺治年间进士朱前诏《过百万湖》一诗，描绘了无城的桃花源：

四

无城文化

野卉争芳眼欲迷，春风拂拂鹧鸪啼。

桃花十里平沙路，杨柳孤村乱石溪。

烟水远同天上下，渔舟轻逐浪高低。

武陵渡口堪忘世，闲狎江鸥共隐栖。

"诗者，志之所之也。在心为志，发言为诗。"古往今来，对无城的歌咏篇章数不胜数，其中很大一部分流传至今，还在人们的心中回荡。最重要的原因，就是这些诗篇表达了人们心中皆有的那份情感，将主体和客体进行了恰到好处的链接。

爱到深处就是诗。马鞍山市因为大诗人李白等人的盘桓，而被称为千年诗城。那些隐藏在时间深处的一首首言志心声，代表着作者对无城浓得化不开的爱意，仍然在岁月的长河中流淌。我要说，无城不也是流光溢彩的诗城吗？

楹联文化润芝城

汪大木

对非小技，联传千载；联实大观，对赏万家。楹联艺术，在诸多文体中独树一帜。短小的两行文字，余味隽永，彰显恒久的艺术魅力。20世纪八九十年代，杨尚模、左双山、许谋成、吴耀民等先生在诗词、楹联领域笔耕不辍，颇有建树，与全国各地名人交流频繁。

《无为市古今楹联大全》
书影

> 挟九区爽气，扬两浙风华，拍万古月轮，问他昔日宸翰，尚显得几多文采？
>
> 建百尺高亭，纳三春胜景，喜六和钟韵，为我名山事业，又播来一片佳音。

该联镶嵌于杭州西湖六和塔文化公园《御碑亭》，由无为师范名师杨尚模先生撰并书，诚为殊荣。

无城，长期以来作为无为军、州、县、市的政治、经济、文化中心，文风畅达，积淀深厚，有着众多的名胜古迹、寺庙、宗祠、名人故居等，也留下了宝贵的楹联文化遗产，为大美无城增添更多光彩。

> 小楼刻烛听春雨，
>
> 白昼垂帘看落花。

这是米公祠最负盛名的一副对联，刻画了古代文人雅士悠闲自得的生活情景。作者是明代南京礼部尚书、书画大家董其昌。该联至今仍镶嵌于聚山阁。

> 柳绿荫稠，光涵宝镜千年景；
>
> 花红粉艳，色湛冰壶一片秋。

该联是明代无为州人、宣德五年（1430）进士、通政使汤鼎为家乡风光旖旎的绣溪而作。

> 俊望仰仪刑，想明哲挺生，盖世功名夸二代；
>
> 两贤开道路，愿英才辈出，继公先后占三元。

该联是清末淮军将领潘鼎新，为建于明万历壬午年（1582）的二状元祠而作，褒扬焦蹈、邢宽两位状元，也期待无为有第三位状元郎出现。祠惜不再，底蕴犹存。

> 满面春风仙佛度，
>
> 一轮明月圣贤心。

位于今无为中学的景福寺，现已难觅踪影，前些年无为中学仿建了微缩版景福寺塔，俗称西门锥子。该联系清末州人李勤夫所作。

> 芝兰雅室，会心不远；
>
> 山水清音，得趣在斯。

芝山书院，旧时是无为著名书院之一。始建于宋，明末隶州儒学，位于芝山。今绣溪公园内，不存。该联现重新书写，镶嵌于无为实验中学南大门。

> 锦绣溪明，直同泗水；
>
> 紫芝山秀，俨若尼丘。

夫子庙，亦称文庙、孔庙，旧址位于今无为实验中学内，始建于北宋皇祐二年（1050），历代多次修缮、增建，惜毁于清咸丰年间。

清代是楹联创作的全盛时期，无城历史上留下较多传世作品的知名联家，主要集中在清末民初，如方澍、王鹤天等，为人文无城留下许多脍炙人口的佳作。

浮翠山房花厅（今绣溪公园西南侧，不存），方澍作：

浮云苍狗，譬时局以翻澜，泡幻影乾坤，我自忘机羡鱼鸟；

翠黛妆螺，衔远山分半角，绣溪好风月，天开美景赛蓬瀛。

方澍（1856—1930），号六岳，举人，清末民初安徽颇具影响的诗人，现存诗文有《濡须诗选》《岭南吟稿》《紫蓬山志》《巢湖志》等。

题徐庭瑶，王鹤天作：

为人不亚周公瑾，

出将当如徐武宁。

王鹤天（1879—1943），曾受业于方六岳，打下深厚的古文功底。后东渡日本，就读于早稻田大学。归国后反对帝制，抨击军阀，针砭时弊，提倡白话文，宣传新文化。日本侵华后，他一度卖字为生，后在城北开设国学馆，传道授业解惑。王鹤天喜欢以其名"鹤天"作嵌名联，如"云中白鹤，头上青天""鹤舞不离云上下，天声只在耳东西"。

王鹤天性格诙谐幽默，曾在卧室门上书写一联，让人忍俊不禁：

满堂小把戏，

一对老妖精。

晚年患白内障的王鹤天，在日寇铁蹄蹂躏下的无城北门住所，为自己撰写了一副挽联：

少误聪明，壮耽游荡，中遭改革，晚逢劫变；庸讵知世事皆非，人生如梦；

上穷碧落，下饮黄泉，左拍洪崖，右驰瀚海；愿从此一身幻化，千古逍遥。

无古对何谈今对，为今联可鉴古联。扎根于中华文明的丰沃土壤，共振于历史发展的脉搏，无城楹联人为楹联文化的传承、发展，作出不懈的努力，为中华优秀传统文化的发扬光大奉献力量。

无城旧学沿革

童毅之　邢朝庆

古韵芝城

　　无城旧学，宋以前不可考。因宋时设立无为军，故无为学宫旧名"军学"，又称儒学，常与孔庙合一，为招纳生员、习经求道的场所。学宫始建于北宋皇祐二年（1050），地址在军治西、锦绣溪北的夫子庙（今绣溪公园北的无为实验中学）内，初建时规模宏大。南宋建炎、绍兴年间，学宫毁于兵火，但随毁随建。南宋淳熙五年（1178），淮南节度使薛居实大修宫学。元代，学宫又毁于兵火。明洪武五年（1372），知州王奉训于原址重建学宫，整个明代后又四次重修。清顺治、康熙、乾隆、嘉庆等朝，历任知州又不断修葺，使学宫富丽堂皇，盛极一时。太平天国时，学宫毁于兵火，后在无城西大街重建夫子庙（原无为师范，现无城幼儿园处），邑人称之为"黉门"。清光绪三十四年（1908），内设初等小学，次年改设县模范小学，始用现代方式教学。

　　无城旧学除州学外，主要为书院。书院之名，始于唐代，原意为藏书、校书之地。唐末、五代之际，逐步变为学者讲课、学生读书场所。书院内置山长（相当于校长），学生数十人、百人不等，由官府发给伙食费，称膏火。教学内容以《四书》《五经》为主，学做八股文，每月进行课试（科举的预备）。此外，还考试诗赋、古文、策论等，称小课。

　　无城的书院，计有四所。

绣溪书院：在北门外贾家湾，一名贾家花园，即文肃公贾易墓所。贾易是宋理学名臣，书院为其九世孙贾孝恭呈请所建。

兴文书院：在原州学前，始创于元至正八年（1348），祀汉文公（名堂，字仲翁），其费用皆出州之学帑。

芝山书院：建于宋，在紫芝山。明万历年间，诏鬻海内书院地，此山亦与。知州查志文赎隶州学。清乾隆十八年（1753），知州汪厚、署知州张浩率州绅孙天闲等捐购后新街路东朱姓宅三十余楹作为讲堂课舍，兼作试院。书院废后，改为高等学堂、高等小学校。所有藏书于民国十一年（1922），焚于火。

新绣溪书院：在西门大街。清同治二年（1863），知州刘燧基买贾氏宅改建。光绪末年废书院，改为高等小学堂。

州学（军学）和书院为官学，入学者人数不多。民间施教，仍以私塾为主要形式。私塾按设馆形式分，有以下三种。

公延馆：一村或几村自愿组合，推举有声望的人作学东选定馆址，延请塾师。塾师的薪金公摊，并写下关书（合同）交被聘一方凭执。这种私塾在无城城乡较普遍，多为稍富的农家子弟而设。

门馆：塾师在家或租房设馆，自行招生授业，学生从七八人到十几人不等。

专延馆：豪门富户延聘塾师在家设馆，教自家及其族内与近亲子弟，又称"东馆"或"坐馆"，由东家（主人）向塾师致送厚礼并提供食宿。这种私塾，在无城为数不多。

私塾按学生文化程度分，有蒙馆、经馆两种。塾师待遇，蒙馆学生每人每年交学费两石稻左右，经馆学生每人每年交学费四石米左右。

清末，书院改为小学。光绪二十九年（1903）癸卯学制规定：高等小学堂修业四年，招收11至15足岁儿童入学；其课堂设置，初等小学每周开设修身（2节）、读经讲经（12节）、中国文字（4节）、算术（6节）、历史（1节）、地理（1节）、格致（1节）、图画、手工（无固定节次）、体操（3节），共授课30余节。

无城于清光绪二十九年，改考棚为初等小学。光绪三十四年（1908），

共有初等小学 8 所，分别设在城内米公祠、南门小十字街、孔庙、北门大街、西门大街、小东门、大东门外、犁头尖。

无为州旧学学资来源除政府拨款外，主要靠学产维持。清政府每年拨给学宫粮食折银 124 两，薪火费折银 15 两，共计 139 两。此外，靠九处学田 367.8 亩，加义田 100.2 亩，共计 468 亩，收取田租，以维持日常开销。学生学习书籍，以官颁经史子集为主。考试，分月考、季考。

旧时学宫（地点在无城）录取人数有严格规定，无为州学每年学额廪膳生员 30 名，增广生员 30 名。逢岁科两试，则增取附生员 16 名、府学生员 10 名、府学廪生 40 名、广额生员若干名、武生员 12 名，算是恩科录取。此外，学宫还不定期录取武生员、岁贡生、恩贡生、拔贡生、乐舞生等，都有严格规范。

无为古代科举考试，宋以前不可考。史载：宋时无为军学子学习刻苦、成绩优秀，在全国都有一定声名。当时无为军属淮南西路，古籍记载无为军"乡荐之盛，甲于两淮"，时人盛传"场中取定三千士，不及濡须十八人"，评价极高。自宋至清，无为共中状元 2 名，进士 123 名，武进士 6 名，举人 110 名（不包括中进士的举人），武举 46 名，贡生 1163 名。

无为历代科甲人数[①]

单位：人

朝代	状元	进士	武进士	举人	武举	贡生
宋	1	82	—	—	—	—
元	—	4		3	—	—
明	1	29	—	56	9	459
清	—	8	6	51	37	704
合计	2	123	6	110	46	1163

清时，无为县教育行政机构（驻无城），前曰教谕署，后曰劝学所，教谕、训导亦称学官、教官，学官以下配礼房、斋夫、门斗等公务人员，并设有儒学（并称黉门）、正学书院和义学等办公机构。

1912 年后，在县政府内设第三科，配科长 1 人，主管教育，嗣后县级教

[①] 古籍记载没有细分无城和各乡镇科举人数，但焦蹈、邢宽以及大多数科举人士在无城读书，是不争的事实。

育机构沿用清末旧制，称劝学所，除设所长之外，还设有文牍、查字员、会计。无城地区设劝学员，在劝学所具体领导下，负责无城地区内的教育事宜。劝学员于无城地区内调查筹款、兴学事宜，拟定办法，劝令各村董事切实举办，并劝说学龄儿童入学堂，每岁二期，县府以学生多寡来考查劝学员的成绩优劣。

1917年后，无为县设立教育会，设会长、副会长、书记、会计各1人，以研究教育事项，发展地方教育为目的，不干预教育行政及教育会以外的事。1935年，省教育厅公布《安徽省各县区教育行政组织暂行办法》，各县学区以行政区划分，一行政区为一学区。无为县共划分9个学区，无城镇为第一学区。1925年，创办无为初级中学，租用后新街沙氏宗祠作校舍，招收初一新生一个班，20余人。另设一个预科班，招收学生若干人。以后陆续招生，但人数不多。1928年，学校迁往东门刘家公馆。1930年，又迁往西门刘家花园（又称"留园"）。1932年，又迁至绣溪公园北新建校舍。

安徽省无为中学

解放战争时期，无城地区有中学一所、简易师范一所，两校教师共约70人，学生约500人；有小学12所，学生1700余人，教师80余人。此时由于物价疯涨，人民叫苦不迭，教师连微薄的薪金也不能按时领到，经常拖欠，因而无城中小学教师曾向国民党政府发起声势浩大的"索薪斗争"。

新中国成立后的无城教育

童毅之　邢朝庆

学前教育

中华人民共和国成立以前，无城的学前教育几乎空白。中华人民共和国成立后，学前教育逐步得到发展。1952年，无城创办了幼儿园，分大、中、小班，人数一百多人，以后虽有发展，但入园学生增长不快。1958年，无城除公办幼儿园外，也办有民办幼儿园、学前班。到1960年下半年，因自然灾害影响，无城地区农村幼儿园（学前班）基本停办。20世纪60年代，幼教事业实际上处于停滞状态。幼教事业表面上发展较快，但大多是"大检查时大办，大检查后解散"，没有得到巩固。无城幼儿园也停办了，分到街道办事处。

十一届三中全会后，无城幼教机构基本恢复，妇联负责幼儿保健工作，教育部门进行业务辅导。国家拨专款10多万元给无城幼儿园新建10间教室和办公室（楼房），并拨专款添置了必要的设备，如跷跷板、木马等。同时，为了提高幼师业务水平，县教育局组织幼儿教师到外地参观学习，选送保教人员到芜湖师范幼师班培训。

1979年以后，无城各完全中学、大型厂矿（纺织厂、电机厂、化肥厂等），根据本单位的实际情况也开办了幼儿园或托儿所。纺织厂为幼儿园新建平房教室 20 多间，配备专职保教人员 30 多名，还为幼儿园配备了摇床、跷跷板、座椅等。

1993 年，国家鼓励和支持民办幼儿教育，无城地区幼儿教育逐步形成以民办幼儿园为主体的格局。幼儿园开设语言、计算、幼儿英语、音乐、美术等课，另设电子琴、舞蹈等特长班，教师均毕业于幼儿师范学校。

小学教育

1949 年无城解放后，政府接管无城公办小学，同时，鼓励创办民办小学。1953 年，根据中央提出的"整顿巩固、重点发展、提高质量、稳步前进"办学方针，县文教科首先集中力量有计划、有领导地办好无城镇小学，严格控制数量，注重质量。对教职员工，要求按核定人数配备；初级小学非经县政府批准，不得擅设高级班；高、初级小学，均不得增收插班生。

杏花泉中心小学

1964 年，为贯彻两种教育制度、两种劳动制度，无城地区大力发展耕读小学，同时批评了片面追求升学率的观点。

20 世纪 60 年代，无城教育事业发展受到影响，所有耕读小学几乎暂停，公办小学正常教学秩序也受到破坏。

粉碎"四人帮"后,无城小学教育获得新生。特别是十一届三中全会以后,小学教育事业发展方向更加明确,在贯彻《全日制小学工作条例》,建立正常教学秩序的同时,把普及小学教育作为无城农村地区教育工作的重点,拟定了以包三率(入学率、巩固率、普及率)为中心的岗位责任制。

1983年,无城镇完成了普及小学教育任务。从此以后,无城地区的小学教育不断发展、巩固、充实、提高。

中等教育

无为解放前,全县虽是鱼米之乡,有近80万人口,但人民文化水平落后,仅有一所6个班的无为初级中学、4个班的简易师范,另有私立中学补习班一所,而且全部设在无城镇内。

1949年1月,县人民政府接管无为中学和无为简易师范。私立力群补习班,由于学额不足、经费短缺,于1950年停办。原无为简易师范于1949年2月并入无为中学,扩大班级,增加招生名额。

1951年2月,经县人民政府批准,创建安徽省无为乡村初级师范学校。9月更名"安徽省无为初级师范",当年招生201人,设4个班,配教职工28人。

1952年,无为中学校址在簧门,国家拨款新建3幢平房9间教室和1幢办公楼。到1955年,学校在校生1329人,教职工106人。

1956年,无为中学和无为一初中在校学生达1772人。同年,无为中学从簧门迁入西寺(即现址)。新建一幢18个教室的工字形教学大楼,平房教室9个及教研楼、办公室、师生宿舍等计120间房屋。簧门的原校园让给无为师范,观震潮的新建校舍让给无为一中。

1958年,经芜湖地区批准,创办无为县初级农业中学,其校址先设在无城,后迁至仓头。每年招收新生110人,设2个班。是年,在无城西门刘家花园新办无为第二初级中学,招收学生400名,设8个班。同时,将无城民办力群补习班并入无为县第一初级中学。

1958年1月,经安徽省教育厅批准,创办安徽省无为师范学校。当年,中师招2个班,新生89人。同时,接收无为一初中转入和新招的初师生,计

403 人。

1968 年，中小学教师被勒令回归原籍，骨干教师流失较多。1969 年，驻城中学下迁，教师下放到农村，分散办中学。当时无为一初中保留在城关，下放少数教师到泥汊办分校（和原泥汊初中合办）。无为中学在城内停办，除在尚礼公社丁万村办分校外，大部分教师下放到汤沟、石涧、檀树、凤河等初中任教。无为二中撤销建制，迁到雍南公社早映大队办校（后为汤沟中学），其在无城西门的原校舍百亩面积、120 多间房屋被无为车队所用。无为师范迁到凤凰桥无为农技校办学。

1970 年，由于学"朝农"，在停办的无为农技校基础上筹办无为县五七大学，当年招"社来社去"学员 100 人。无为师范全体教师由农校回城办学，当年招收地方政府推荐的学生 100 人。12 月，无为中学恢复在城内办学，春季开始招生。

1974 年，经批准重建安徽省无为第二初级中学。其经费来源除国家拨款外，还有县车队因用原二中校舍退赔的木材 50 立方米、钱款 13 万元。二中在无城北门外新建，由县苗圃场无偿贡献土地近 50 亩。1976 年开始招生，以后逐步扩大规模。这一年，无为一初中升格为完全中学——安徽省无为第一中学。

1978 年，县教育局确定无为中学、无为一中为重点中学。1981 年 6 月，省教育厅批准无为中学为第一批改制中学，恢复"三·三分段制"。1982 年 7 月，省教育厅批准无为一中为第二批改制中学。1983 年，县教育局进行中等教育结构改革，将 1980 年创办的无城补习学校改为无城职业中学。1984 年，将仓头中学改为无为仓头高级职业中学。

1992 年撤区并乡，成立无城镇教育办公室，配主任 1 人、教育干事 1 人、教研员 1 人、会计 1 人，受镇和教育局双重领导。

2001 年，无城镇教育办公室改为无城中心校。2005 年，因行政区划调整，原仓头镇整体划归无城镇，无城镇政府辖城区和城郊两个中心学校。

无城中心学校服务 14 个社区及近郊 11 个村（社区），有小学 10 所、公办幼儿园 11 所、民办幼儿园 23 所、高考补习学校 2 所、校外培训机构 23 所、小学集团代办学校 1 所、幼儿园 3 所。城郊中心学校服务 6 个村和 2 个社区，

无城文化

下辖1所初级中学、2所完全小学、2所教学点、1所公办幼儿园。

上述两个中心学校合二为一，即无城中心校，且学校越办越好，在社会上享有良好的声誉。

古韵芝城

无城城区学校选介

无为中学，创办于1925年，初名"无为县初级中学"。1951年升为地区重点中学，1955年升为省管中学，2001年被批准为安徽省示范高中。坐落在无城西大街，占地159亩，建筑面积2.5万多平方米。坚持"务实与创新并重，自主与和谐共存"的办学原则，坚持"不让一个学生掉队，不让一个学生受委屈"的管理理念。先后荣获"安徽省花园式学校""安徽省文明单位""全国三八红旗集体""全省教育系统先进集体""安徽省绿色学校"等称号，成为清华大学、北京大学、中国科学技术大学、南京大学、武汉大学、南京理工大学、南方科技大学、中国人民解放军空军工程大学、北京航空航天大学、北京邮电大学、暨南大学、南开大学、天津大学等数十所全国重点高校的优质生源基地。

无为一中，始建于1951年2月，校址在无城西门大街，初为无为初级师范学校，1955年秋，改为无为初级中学。1958年，更名为无为第一初级中学。1966年后，几易校名。1974年增设高中部，定名为安徽省无为第一中学。学校于2013年迁至城南。新校区占地229.5亩，建筑面积10万多平方米。以"学校特色发展，教师专业发展，学生个性发展"为办学宗旨，以"创造适合学生发展的绿色教育"为办学理念。先后获得"全国模范职工之家""国家奥林匹克教育示范学校""全国群众体育先进单位""创建全国文

四

无城文化

173

明校园先进学校""安徽省文明单位""安徽省绿色学校""安徽省未成年人思想道德建设示范学校""安徽省花园式学校""安徽省节约型公共机构示范学校""安徽省卫生先进单位"等荣誉称号。

无为二中，前身为安徽省无为第二初级中学，始建于1958年，1966年解散下放，1974年择址（无城北门外）重建，占地面积115亩。坚持"为学生一生奠基"的办学理念。先后获得"全国体育运动先进集体""全国青少年校园足球特色学校""芜湖市手球传统项目学校""芜湖市普法先进单位""芜湖市未成年人思想道德建设示范学校""芜湖市平安校园""芜湖市文明校园""江苏友好大学人才培养战略合作伙伴"等荣誉称号。2013年6月，升格为省示范高中。

无为三中，始建于1999年，2001年建成招生，占地面积4万平方米。致力于"立德树人、全面发展、展现个性、出类拔萃"的育人目标。先后获得"全国青少年毒品预防教育'6·27'工程示范学校""安徽省毒品预防教育示范学校""安徽省语言文字规范化示范学校""安徽省廉政文化进校园示范点""安徽省防震减灾科普示范学校""安徽省人民防空教育先进单位""安徽省体育传统学校"等荣誉称号。2014年，组建无为三中教育集团，下辖三个分校：城南分校、城东分校、城北分校。

无为四中，始建于1968年，原为檀树初中。2006年升格为无为四中，2013年9月搬入新校区，占地面积3.7万平方米，建筑面积1.1万平方米。秉承"厚德、至善、博学、笃行"的校训。被授予安徽省"消防安全教育示范学校""未成年人思想道德建设示范学校""节能减排示范单位"，芜湖市"基层党组织标准化建设星级示范点""学雷锋示范点""中小学阳光体育活动示范学校""平安校园""文明校园""优秀青少年维权岗"等荣誉称号。2016年，被教育部定为"中小学体育工作监察点"。2021年，获得教育部"综合实践活动装备配备标准验证校"称号。

无为实验中学，前身是无为实验初中，创办于2006年秋，先后隶属于无为师范、无为教师进修学校。2013年7月，与原无为一中初中部合并，成立无为实验中学，校址迁至原一中校区，独立建制。校舍面积2.8万平方米。学校践行"一切为了学生的全面发展"的办学理念。

无为六中，坐落于城南新区。2014年9月建成并投入使用，占地面积60亩。以"面向全体，全面发展，为孩子美好明天打下坚实的基础"为办学理念。2018、2019、2021年荣获无为市"文明校园"称号，2022年荣获"芜湖市文明校园"称号，2018年被教育部命名为"全国青少年校园足球特色学校"，先后被评为芜湖市"防震减灾示范学校""毒品预防教育工作示范学校"。

无为教师进修学校，前身为1951年创办的安徽省无为乡村初级师范学校。1958年，招收中师生，成为安徽省无为师范学校，面向巢湖四县一区招生。1981年，被安徽省教育厅确定为省重点师范学校。2003年转型为无为县教师进修学校，2006年被教育部评定为全国首批"示范性县级教师培训机构"。2019年12月，更名为"无为市教师进修学校"。

芜湖电缆工业学校，前身是无为县无城民办文化补习学校。1983年8月改制为无城职业中学，1999年10月更名为"无为县高级职业中学"，2008年12月更名为"无为县职业教育中心"并保留无为县高级职业中学建制，实行"一个学校、两块牌子、一套班子"。2013年7月，通过职教资源整合，合并了县内两所农村职业中学（仓头职业学校、襄安职业中学），整体迁入城南新校区（原校区在无城环城北路）。2014年，经芜湖市人民政府批准，无为县职教中心升格为普通中专学校——芜湖电缆工业学校。占地面积180亩，建筑面积5.67万平方米。被授予"安徽省中等职业学校德育工作先进集体""安徽省电大办学先进单位""芜湖市文明单位"等荣誉称号。2014年，通过安徽省中等职业教育质量提升工程省级示范特色学校项目建设验收，被列入省级示范特色中等职业学校重点建设单位名单，是全国第二批1+X证书制度试点学校、安徽省首批中职"智慧校园"建设学校、安徽省校企合作示范学校。

无为市特殊教育学校，于2015年成立。主要承担全县（市）适龄中、重度智力障碍儿童九年制义务教育任务。以"努力提高残疾孩子融入社会的能力"为办学宗旨。荣获"无为市文明校园""芜湖市学生资助（教育扶贫）先进集体"等称号。

芜湖电缆工业学校

　　实验小学，始建于清朝同治元年（1862）。曾用名"无为州学堂""无为县稻孙楼小学""无为县抗大小学"等。1979 年改名为"无为师范附属小学"，2004 年改为"无为县实验小学"。先后荣获"安徽省未成年人思想道德建设示范学校""安徽省电化教育学校""安徽省语言文字规范化示范学校""芜湖市教育系统先进集体""芜湖市文明校园"等称号。学校少先队组织被授予"安徽省雏鹰红旗大队""安徽省优秀少先队集体"等称号。2014 年 8 月，成立无为实验小学教育集团，拥有 3 个校区，分别是实验小学本部、实验小学城西校区和实验小学城南校区。

　　杏花泉中心小学，1924 年创建。原名"义务小学"，后改为"毅悟小学""中山小学"。1927 年，改为"杏花泉小学"，全县教育界中国共产党第一个支部在这里诞生。以后又陆续改名为"菜市小学""万慈小学""简易师范附小""示范小学""红旗小学""东方红小学""印刷厂小学""杏花泉小学""杏花泉中心小学"等。学校先后被评为"安徽省未成年人思想道德建设示范学校""安徽省语言文字规范化示范学校""安徽省少年科学院三级分校""安徽省少儿智力开发教育先进单位""安徽省廉政文化进校园示范点""安徽省家教名校""安徽省教育工会工作先进集体""安徽省中华诗教先进单位""安徽省读书创作示范校"等。2018 年，成立无为杏花泉中心小学教育集团，拥有2个校区，分别是杏花泉中心小学本部和杏花泉中心小学城东校区。

滨湖小学，创建于2005年。秉承"为学校的可持续发展创造条件，为学生的终身发展奠定基础"的办学理念。被评为"安徽省防震减灾科普示范学校""芜湖市文明校园""芜湖市平安校园""芜湖市语言文字示范化学校""校园足球定点学校"等。荣获"全国优秀少先队集体""安徽省优秀少先队集体"称号，以及"全国中小学师生书法大赛优秀组织奖""安徽省学雷锋月活动优秀组织奖"等。滨湖小学城北校区，于2018年秋季开始招生。

鼓楼小学，创建于1927年。抗战前为县立第二初小，后称"崇德观小学"。抗战胜利后，改为泰山镇第一中心国民小学。中华人民共和国成立后，改为鼓楼小学。学校以"认认真真做事，踏踏实实做人"为校训。荣获"安徽省先进家长学校""安徽省家教名校""安徽省红领巾示范学校""芜湖市国学经典教育示范学校""芜湖市语言文字示范学校""芜湖市平安校园""芜湖市禁毒示范学校"等称号。

北城小学，于1941年创办，校址在下草城民房内，1951年由北门外迁至现址。秉承"细节决定成败，习惯成就人生"的办学理念。荣获"安徽省红领巾示范学校""芜湖市语言文字规范化示范学校""芜湖市禁毒示范学校""无为市文明单位"等称号。

绣溪小学，创办于1932年。因位于绣溪公园北侧，定名为绣溪小学。秉承"让学校成为孩子成长和求知的乐园"的办学理念。荣获"安徽省优秀文化经典导读试点学校""安徽省艺术先进单位""芜湖市国学经典教育示范学校""芜湖市文明校园""芜湖市毒品预防教育工作示范学校"等称号。

无城文化

吴廷翰二三事

耿松林

　　吴廷翰（1491—1559），字菘伯，号苏原，明代无城东门人。明正德十四年（1519）中举，次年登进士。历任兵部、户部主事，吏部文选司郎中。在吏部因直言无忌，触犯了长官而出为广东佥事。据《中国历代职官辞典》，佥事，明提刑按察使司属官，无定员，分道巡察。不久转为岭南分巡道、督学政，后改任浙江参议、山西参议。明通政使司有左右参议，为通政使的佐官。又，明于布政使下设左右参议，无定员，分守各道，并分管粮储、屯田、清军、驿传、水利等事。由于通政使司属于中央朝廷官署，吴廷翰应为地方布政使司的属官，他也因此被人称为"吴少参"。

　　结合《无为州志》人物志记载，吴廷翰是一位为官清正廉洁，尊老恤孤，重视奖掖后学，为人伉直的贤者。他在吏部时敢于直言、敢于推荐新人，而不容于长官，被外放地方任职。在广东、浙江、山西等地，更是"弹治时贵，风裁矫峻，人不敢干"，同时，立社学，办义仓，请赈灾，捕奸盗，活人无数，虽"性疾恶尚严，而意实仁恕"。他曾经被派遣组织开采端溪砚，而自身不持一砚。所到之处，重视"旌孝节，礼耆旧，恤孤独"，并选拔俊彦，重视人才培养。在家中，奉养继母尽孝，至老不衰。

　　吴廷翰于嘉靖十四年（1535）辞官归里，时年44岁。他将早年购置的隆安山（龙安）旁边的别业加以改建，命名为"苏原别墅"，他即在无城东门百万湖和十里墩苏原别墅之间往来，过上了安居山林的书斋生活，与三五好友丁最、朱前诏等唱和酬答，写出了一组组绝美的诗篇。如他们对位于今无城东门与南门夹角地带的百万湖，就有一组唯美的歌咏。

其一，《百万湖》（吴廷翰诗）：

除却洞庭水，无与此湖同。

胸怀浑欲尽，名字已争雄。

天地波涛里，行藏烟雨中。

钓竿长在手，何处不渔翁？

其二，《百万湖》（吴廷翰诗）：

浪迹归来百万湖，满湖风景弄清娱。

东门日日鱼成市，二月家家鸭引雏。

杨柳绿连沙上屋，芙蕖红映酒边垆。

此间疑有任公子，何处能寻越大夫？

其三，《过百万湖与苏原、董子异、徐勉之分韵得寒字》（丁最诗）：

八月幽人宅，联床清夜欢。

雨声沙岸急，灯影石林寒。

醉枕青莎榻，歌传白玉盘。

不知湖水阔，孤棹下风湍。

其四，《过百万湖》（朱前诏诗）：

野卉争芳眼欲迷，春风拂拂鹧鸪啼。

桃花十里平沙路，杨柳孤村乱石溪。

烟水远同天上下，渔舟轻逐浪高低。

武陵路口堪忘世，闲狎江鸥共隐栖。

可见明代时百万湖已得到较好开发，可以行舟，可以人居。湖中鸥鸟翔集，岸上杨柳绿连。吴廷翰等或操弄钓竿一任风雨，或把酒言欢清夜斗诗。特别是鱼成市和鸭引雏，人气之旺，居民生活之富足，自在不言中。

由于晚年手不释卷，吴廷翰留下了多部高质量的著作，主要有《吉斋漫录》《椟记》《瓮记》《文集》《诗集》《湖山小稿》《洞云清响》等，还有《丛言》《志略考》等。万历十五年（1587），吴廷翰长子吴国宝编辑《苏原

无城文化

179

文集》，将以上著作做了一次总汇集。同年，吴廷翰幼子吴国寅将《苏原文集》刊行。1984 年 2 月，中华书局出版了由容肇祖点校的《吴廷翰集》。

在吴廷翰的众多著作中，《吉斋漫录》集中体现了他的朴素唯物论思想。在气本论、人性论和知行论等方面，吴廷翰提出了一系列哲学观点。他与略前于他的罗钦舜、王廷相鼎足，为明代唯物论大家。他们在程朱理学占据官方主导地位，王阳明心学风靡一时的明朝中后期，敢于抓住理学和心学的关键和实质，进行严肃批判。其在中国古代哲学史上，有重要地位。

虽然吴廷翰的哲学思想在国内没有得到广泛流传，但对日本哲学史的影响却很大。日本自 12 世纪镰仓时代中国儒家哲学传入，到 17 世纪前德川时代，朱熹的唯心论学说一直占据统治地位。首先起而批判朱子学，并创立具有鲜明唯物论倾向的古学堀川学派代表人物伊藤仁斋，在日本哲学史上有重要地位。伊藤仁斋原是朱子信徒，因为受到吴廷翰著作的影响而创立古学，"为日本唯物主义元祖"。吴廷翰的哲学思想，通过伊藤仁斋在日本开花结果，并得到长足发展。此后一百多年，日本另一位无神论思想家山片蟠桃，更是受到吴廷翰思想的深刻影响。因此，可以说吴廷翰对日本古学的影响，可与朱熹对日本朱子学的影响和王阳明对日本阳明学的影响相提并论。

近年来，衷尔钜的《吴廷翰哲学思想》和姜国柱的《吴廷翰哲学思想探索》等专著的先后问世，昭示着吴廷翰哲学思想历久弥新，光辉灿烂。

古韵芝城

卢冀野无为流亡记

耿松林

> 记得那时你我年纪都小，
>
> 我爱谈天你爱笑；
>
> 有一回并肩坐在桃花下，
>
> 风在林梢鸟在叫。
>
> 我们不知怎么困觉了，
>
> 梦里花儿落多少？

1922 年 8 月，17 岁的南京才子卢冀野中学毕业后，以一首新诗《记得》赢得了广泛赞誉。

1926 年卢冀野的新诗集《春雨》出版，这首《记得》更名《本事》。1934 年，将诗句中的"桃花"修改为"桃树"，经由黄自谱曲，收入小学音乐课本，其童真、清纯、澄明的诗情，带着江南的梦里花落，让一代代读者难以忘记。作家三毛、宗璞等不约而同地在各自的作品里接力，一再复活"梦里花落"。

卢冀野，原名卢正绅，字冀野，后改名卢前，江苏南京人。1927 年从东南大学国文系毕业时，已出版白话诗集《春雨》、五部戏曲合集《饮虹五种曲》等。他后来的《读曲小识》《八股文小史》《冀野歌集》和获得当时教育部学术三等奖的《中兴鼓吹》，更是奠定了他南京才子的雄厚基础。

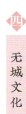

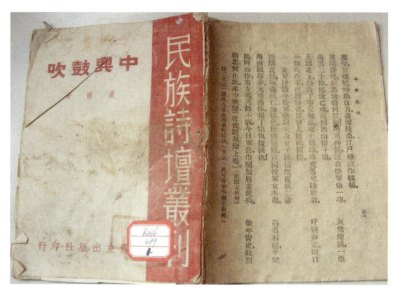

获得当时教育部学术三等奖的《中兴鼓吹》书影

据 1938 年抗战文艺丛书之一《炮火中流亡记》（卢冀野著）所载，抗日战争全面爆发后，卢冀野加入了流亡逃难队伍。他拖家带口，在上海、杭州、芜湖、无为、武汉等地辗转，过着颠沛流离的生活。

1937 年 11 月 27 日写《无为杂诗》，卢前自注："11 月 27 日发于湖（芜湖古称）。"其诗曰：

　　澹荡烟波思渺然，浮家都聚一篷前。

　　匆匆三月于湖住，又上无为县里船。

这一天他与好友数人，率众离开留居三个月的芜湖，乘船前往无为。经过几天的水路，经裕溪口、雍家镇、三汊河、运漕、黄雒河、仓头，于 11 月 30 日来到无城。

之所以选择避难无城，他自己说：一是九婶将要生产和亲戚王禹庄少将的奉劝，二是无为虽与芜湖仅一江之隔，但非兵家所争之地。实际上还有他在南京钟英中学任教时，无为有卢温甫（卢鉴）、倪受民、卢元骏（卢秋浦之孙）、卢前骏、张名德、薛继曾等几名无为籍学生，到时有可能成为依靠。同时，也有逃难期间，家口众多，入不敷出，而无城物价较低廉等考虑。

卢前到无城访卢温甫不遇，幸而遇到卢温甫的堂弟、时任绣溪小学校长的卢冶愚。卢校长朴实而热忱，很快帮助卢前联系租赁了鞍子巷五号薛家房屋。不久卢前好友胡寄梅医生一家和杨辅臣一家，也来此租住，一时间鞍子巷俨然成了南京街。

"贫家只合住无为，水土丰腴菜也肥。小小编篮手自提，市中归，一半儿鱼虾一半儿米。"透过这支散曲，可以看出卢前对无为"满地的鱼摊，贱的时候鱼价比蔬菜还贱。这时，米价每担不过三元，如此贱价的米，三十岁左右的人（当时卢前32岁）恐怕从来就没有吃过……"，有着一种难得的惊喜。

"绣溪公园是我最爱游玩的地方，月下，雨中，清晨，傍晚，我都去过的。小小的芝山，位置在锦绣溪的中间，像南京的玄武湖，北平的北海。"卢前游园很勤，也创作了不少游绣溪公园的作品。卢前的舅舅孙誉韩，当时寄居在无城刘家花园"将就斋"。该园又名怡园，内有藏书楼——远碧楼，还有刘秉璋收集的一百多方珍贵碑刻，这都是吸引卢前流连忘返的地方。

卢前还和时年82岁的清光绪举人卢秋浦、喜欢八股制艺文的房东薛老先生，成为交谈甚欢的忘年交。当时在合肥师范教书的学生倪受民回无为时，师生欢聚，把酒对酌。一首《喜倪受民自合肥归》写尽了酒水和着泪水的人生况味：

> 一勺绣溪水，微澜染鬓丝。
>
> 殷勤留课住，展转益余悲。
>
> 仗酒能销祓，残年向尽时。
>
> 倪迂归未晚，风雪绘无为。

可是安定的日子不长。先是裕溪口失守，雍家镇已经开火，运漕发现敌军的消息不断传来。1938年1月23日，日本飞机轰炸无城，被炸的徐庭瑶公馆死了4人。与卢前相处融洽的卢秋浦和房东薛老等本地人，陆续离开无城，下乡避难去了。一道来无城的几位亲友，也离他而去了。此时的无城，一包十支装的大前门香烟，从二角涨至四角五分，牙膏卖到五角一支。很多必需的日用品，也因为芜湖的货源已断而缺乏。

1938年1月26日清晨，卢前率领家小出了无城西门，向西南大后方继续逃难。其间，他的九婶因为难产折回城里，最终母子不治身亡。在草草将九婶安葬在无城北门外老虎洞后，次日清晨这群人再次逃难上船。在襄安、土桥度过饥寒交迫的几日，熬过了农历春节之后，卢前一家奔走于途，于当年2月24日到达武汉。

战事凶年，大才子、名教授卢前，也逃不过飘泊的可叹命运。1951年4月17日，卢前去世，享年不足50岁。

八里鱼灯

童毅之　邢朝庆

无为境内河流水系众多，因此舞鱼灯的传统风俗分布范围较广，花渡河水系的八里鱼灯是其中的佼佼者。

八里鱼灯共有10盏，麒麟、鳌鱼各一盏，麒麟灯寓意麒麟送子、人丁兴旺，鳌鱼灯意为金榜题名、独占鳌头。其余八盏灯有八种图案（八样八仙法宝，法宝图案为暗八仙）、八种吉祥花卉，寓意子孙后代各有本领、各显身手。

八里鱼灯头鱼（金鱼）图案为铁拐李的宝葫芦，花为牡丹；二鱼（鲲鱼）图案为汉钟离的宝扇，花为菊花；三鱼（鲥鱼）图案为吕洞宾的宝剑，花为兰草；四鱼（乌鱼）图案为韩湘子的神笛，花为海棠；五鱼（鲤鱼）图案为曹国舅的云阳板，花为芙蓉；六鱼（鲢鱼）图案为张果老的道琴，花为荷花；七鱼（鲫鱼）图案为何仙姑的荷花，花为佛手花；八鱼（鳜鱼）图案为蓝采和的花篮，花为石榴花。

八里鱼灯舞蹈是根据鱼的生活习性，发挥丰富想象力创作出来的。舞鱼灯前先要进行鱼灯祭祀仪式，一般在晚上举行。舞动腹内插有蜡烛的鱼灯（现在更换成LED灯），模仿鱼儿在水中嬉戏的样子，舞出"八鱼戏水""金钩挂月""大翻身""金龙盘柱"等十二个动作，并摆出"天下太平""三山六水""人平水平"等十二字造型，使得夜光下的鱼灯欢快而灵动。

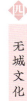

无城文化

185

八里鱼灯分三大套路，十二个故事，摆出十二个字。每一大套路四个故事，摆四个字。

第一套

第一节　里返水、外返水（渴望自由，寻求欢乐）

第二节　金钩挂月（奋发向上，勇于拼搏）

第三节　抢食（改变人生，追求幸福）

第四节　金龙盘柱（精忠报国，奉献社会）

以上摆字：天下太平

第二套

第一节　大翻身（翻云覆雨，气壮山河）

第二节　穿身打籽（春安夏泰，秋吉冬祥）

第三节　磨磨旋（爱我山河，爱我家园）

第四节　古树盘根（不屈不挠，艰苦奋斗）

以上摆字：三山六水

第三套

第一节　遍地撒金钱（财通四海，利达三江）

第二节　翻身打籽（人丁兴旺，鱼跃龙门）

第三节　单双挠痒（天下太平，人人长寿）

第四节　抢花（龙腾虎跃，喜庆丰收）

以上摆字：人平水平

八里鱼灯表演的代表者为任俊堂，出生于1943年。受父亲的熏陶，以及对祖传鱼灯的执着热爱与追求，他从中学时代就开始参加鱼灯表演，成为八里鱼灯表演的主要骨干力量。2011年，无为鱼灯入选国家级非物质文化遗产保护名录，任俊堂被认定为首批国家级非物质文化遗产名录代表性项目灯舞的传承人。他用图文记录了鱼灯的历史渊源、制作过程、展演程序等完整资料，并有计划地招收徒弟传授技艺，为无为鱼灯表演的传承发展作出了宝贵的贡献。

黄雒东营潘鱼灯

童毅之　邢朝庆

旧时，长江流域洪水泛滥，粮食常常颗粒无收。为了生活，人们选择利用长江得天独厚的自然条件，既种田又捕鱼。为了庆祝农业丰收，祈求捕鱼平安，每年正月初二到正月十五成为黄雒社区的大小渔村及东营潘村等地舞鱼灯的节日。

鱼灯又称吉祥灯、太平灯、幸福灯，相传始于北宋。宋仁宗在位时，包拯到陈州放粮得胜回朝后，为大放花灯，曾普召全国各地向朝廷进贡花灯。据传当时无为人敬献了八条鱼（鱼灯），得到朝廷赞赏，无为民间舞鱼灯从此流传下来。清乾隆《无为州志》记载了无为州元宵节扎鱼灯、舞鱼灯的风俗。

黄雒东营潘鱼灯灯体由竹篾扎制，蒙以纱布，布外刷胶，再贴上透明的油皮纸。鱼灯由八条鱼组成，即头红（鲤鱼）、二绿（鲲子）、三黄（鳇鱼）、四黑（乌鱼）、五金（金鱼）、六鲢（鲢鱼）、七鲫（鲫鱼）、八鳜（鳜鱼）。八条鱼中，鲤鱼是鱼中之"王"，是领头鱼。一红、二绿、三黄、四黑象征春、夏、秋、冬一年四季；五金、六鲢、七鲫、八鳜，以谐音象征"今年吉贵"，连在一起即是"四季如意""今年吉贵"，象征大吉大利、年年有余（鱼）。

鱼灯表演时，由八位身强力壮着蓝绿色绸布衫的青年，分别手持八盏两

187

米多长的鱼灯，依次舞出"鲤鱼摆尾""群鱼戏水""鱼跃龙门""金龙抱柱"及人口太平、天下太平等字样造型，祈求风调雨顺，国泰民安。

黄雒东营潘鱼灯主要表演动作名称如下：

①游场（又名绞丝），②比翅，③结蒂归总，④金钩挂月（单双挂月），⑤四挂月，⑥八挂月（又名半边月），⑦套金钱（分长套金钱、圆套金钱，又名单抢双抢），⑧夹泥巴阵，⑨海棠花，⑩单跳（又名单盖），⑪双跳（又名双盖），⑫打抖，⑬内戏水，⑭双戏水，⑮外戏水，⑯单叠子，⑰一字龙门阵（又名探青），⑱金龙抱柱（又名攒青），⑲抢花，⑳十字插花，㉑擂沙（分单擂沙、双擂沙，又名扒沙），㉒小螺丝旋顶，㉓大螺丝旋顶（又名丹凤朝阳、独占鳌头），㉔鹞子翻身，㉕古树盘根，㉖争食得食，㉗黑月吞白月（又名乌云盖顶），㉘亲嘴，㉙荷花阵，㉚沿口，㉛攒角，㉜兔子过河，㉝王子梅花阵……

黄雒东营潘鱼灯

黄雒东营潘鱼灯的代表者为潘可者，1937年出生于黄雒镇东营村潘村舞鱼灯世家，头灯领舞者。1955年代表无为县参加安徽省第一届民间音乐舞蹈汇演，荣获"挖掘奖""优秀节目奖"和"优秀演出奖"。1956年参加在北京怀仁堂举办的全国民间音乐舞蹈会演，获得一致好评。黄雒东营潘鱼灯在无为乃至安徽省都有很大影响，为丰富无城群众文化生活，研究无城民间艺术发挥了积极作用。2011年，黄雒东营潘鱼灯作为无为鱼灯的一部分，入选第三批国家级非物质文化遗产名录。

芝城元宵灯会

王惠舟

芝城的记忆

时光流逝了七十多个春秋，精彩热闹、又充满乡土气息的无为县城芝城元宵灯会，依然是老辈无城人心中有滋有味的回忆。

芝城元宵灯会历史悠久，老辈们说他们幼年就喜欢看元宵灯会。抗战胜利后，每到正月十五，芝城元宵灯会一定会隆重举行。

看灯会那天，几乎家家吃丰盛的元宵晚餐。大人小孩梳洗穿戴停当，就像走亲戚一样，说说笑笑地出了门。

街上已经很热闹了。沿街店铺，张灯结彩，有精制宫灯、喜庆红灯、各种造型游乐灯、显耀门庭的堂名灯……一些大店家还点起了汽油灯，从店堂到大街，雪亮雪亮的。必不可少的是，每个店家都准备了不少爆竹和"大电雷"（冲天一响的大爆竹）。大店家还备办了红包等，到时有伙计上前赏给精彩节目的表演者。看灯的人如潮水，因为不仅城内的人都上了大街，周边农村的人也来了，还有远地农村人特意进城走亲戚看灯会。就像大人们说的：大街上人多得压断街。

四

无城文化

189

群龙欢舞

"咚咚哐，咚咚哐，咚咚哐哐咚哐咚哐！"诱人又热闹的锣鼓，由远而近地响起来。"灯会开始了！"人们手舞足蹈，笑语声喧。

看吧，最前面的是锣鼓队：四面大鼓、四面大锣，各由两人一前一后抬着，后一人兼带敲击。四副大铜钹，由四人挥臂拍打，还有若干小锣小鼓紧随其后。锣鼓声响起，震天动地，让人真切地感受到元宵灯会喜庆、热烈的气氛。紧接其后，有近百米长各种形态、做工精巧、大小不一、色彩纷呈的彩灯队伍。人们边看边评，不亦乐乎。

接着龙灯队来了，一般有四条龙，好像来自四个街区，他们既表演又竞争。这些"龙"全是在许多直径六七十公分的环形竹框外，用红、黄、蓝、白等各种色布缝制而成。龙头龙尾金光耀眼，龙眼是带干电池的灯泡，灵活闪动，光芒四射。整条龙下面安装十来根长棍，分别由十来个人撑持着。每个龙头前，一个人高举晶莹闪亮、哗啦作响的大"彩珠"，上下左右挥动着。这些前后相随的巨龙翻、摆、盘、绕，真是龙腾虎跃，翻江倒海，气势恢宏，引得各店家忙着放爆竹、放"大电雷"、送红包。这是灯会巡演的开场戏。

此时，你会看到表演队伍的两边，每隔几步，就有一个壮汉，臂戴"纠察"袖章，手握一根一寸多宽、一米多长、前端上下剖开七八十公分，成为可以开合的篾条，边走边上下搧动，发出吓人的啪啪声，警示着看灯的人不要乱动，不要往街心挤。这支纠察队，一直连贯到所有表演队伍的最后。他们维持秩序，作用非常大。

接下来，由各行业工会准备的节目相继上演，大家尽情地欣赏着。

祥云献瑞

这是由二十多个姑娘组成的祥云舞队。她们头戴猫耳红帽，身穿天蓝色丝绸衣裤，腰系红带，脚蹬红靴，有点像京剧中的刀马旦。每个姑娘双手各拿一个长约一米、宽约六十公分、内点蜡烛、形如白色云块的云灯，排二路纵队，边走边舞。姑娘们手持云灯上下舞动，如轻波起伏。有时也两相穿插、交叉换位、前后相绕、定位造型等。姑娘们舞得轻松、清新、舒展、高雅，似新春的瑞气，十分优雅可人。

火球飞花

这是个很刺激的节目。一个虎背熊腰的男子，头扎白巾，赤裸上身，手拿一根长约四米的麻绳，麻绳两头的铁链上各系一个球状细眼小钢丝篮，内装烧着的煤块或木炭块。他行走时，旋绕起麻绳，钢丝篮里的火球劈里啪啦地火花四溅。火球舞到精彩处，那人双手同时持绳前后绕起，形成两个大火圈，人就成了火圈中的精灵，显得英勇无比。或者他伸出一只手，抓住麻绳中间上下抖动，只见两个火球从相反的方向转动，形成两个同心圆，这是绝活。观看的人们大呼起来，叫好声此起彼伏。这个火球飞花，有时也安排三四个人，各自穿插在其他节目头尾进行表演，实在扣人心弦。

喜闹花船

这是由一男一女表演的节目。男的是典型的京剧小丑扮相，头上一根冲天小辫。女子也如花旦梳妆，置身丈余长花船中。船的顶部有彩棚，船边用海蓝色绸条围起。行走时，女子双手握住两边船舷，不时轻悠悠地上提下放，左侧右弯，碎步向前。小船周边绸条飘飘忽忽，宛如涟漪乍起。有趣的是，小丑角色在船头、船边跳来跳去，做着鬼脸。他手摇一把破蒲扇，不时扑打着自己的脑袋、船边和那女子的肩背，逗趣、寻乐。小丑有时弄得跌跌撞撞，引得人们大笑不止。这个节目又叫旱地行舟。

大耍马叉

马叉队伍充满男人阳刚之气，人数在三十人以上。他们手中都有一杆铁叉，即马叉。此叉上部都有手掌形三股亮锃锃的铁片叉头，叉托部位有两片活动的圆铁片，再装上两米长的木杆。只要抓住杆子一抖动，铁片就哗哗作响。听到哗哗的响声，店家就连忙燃放爆竹，那些叉手们就开始大显身手了。他们的套路基本上是，一阵狂抖马叉之后，就用叉杆滚左臂、滚右臂、从左手腕经前胸滚到右手腕、滚颈项、滚后背、空中抛接、互相抛接。难一

无城文化

191

点的是各人两腿轮流屈原地转圈，让叉杆着地，叉头在小腿上滚动。还有每人伸出右手，用手腕处打击叉杆中部，让马叉飞转成闪光的圆环，也很精彩。马叉队表演的时候，那叉头寒光闪闪，叉托铁片一齐抖动如暴风雨般哗哗作响，气势相当逼人，让人看得过瘾。

巧捕蚌精

节目由一个蚌精和一个捕蚌的渔夫组成。演蚌精的是着武旦戏装、清纯美丽的姑娘，外罩由姑娘双手掌控、能开能合的绿绸大蚌壳。蚌壳内上下周边用干电池带小电珠装饰成许多珍珠，闪光耀眼。捕蚌渔夫是一个俊俏的小伙子。他肩搭鱼网，腰挂鱼篓。巧捕蚌精的表演，全在于两个人的默契与技巧。渔夫看到漂亮的蚌精，欢喜不迭，左瞅右瞅。先是只顾"欣赏"，忘了撒网，后是想着赶快撒网，掠美回家。两人相对舞动，一番周旋，已是秋波传情，身姿相吸。年轻的渔夫总是细细斟酌，方才下网，蚌精总是灵巧地避开，小伙子是十网打鱼九网空，终于网住蚌精了——姑娘踩上了小伙子的渔网。小伙子情急之中，轻扯网绳，步步紧逼。谁知快得手时，姑娘脚下一松（蚌精挣破渔网），小伙子用力过度，往后一倒，跌了个四仰八叉。或者，蚌壳紧闭，渔夫贴近左右端详。谁知那姑娘——蚌精，猛地张开蚌壳又迅速合上，紧紧夹住小伙子的头。于是两相交织，进进退退，一个用力狠狠地夹住不放，另一个却要拼命地挣脱。小伙子们看得浑身带劲，多是哈哈大笑；而年轻姑娘们却羞羞答答地侧目而视，别有一番滋味在心头。

戏剧平台

这是最惹人喜爱的节目。在乐队演奏之后，戏剧平台来了，它是用一般家用八档方桌做的。桌面后三分之二处张挂形似京剧中彩布的睡帐，但要小得多。帐门向两边卷起，露出"人"字形的门面。前三分之一处，放置鲜艳的纸扎彩花。这样的戏台一般有八到十台。两边穿插两根长竹竿，由四个壮汉抬着，缓步前行。最精彩、最吸引人的是台面睡帐中，迎门而坐的戏剧人物。他们都是操办者精心挑选的六七岁幼童。每个戏台上，都按照某出京剧内容，装扮两三个角色，端坐帐中。一般有：《桃园结义》的刘关张、《草船借箭》的孔明和鲁肃、《打渔杀家》的萧恩父女和教师爷、《杨家将》的杨宗保和穆桂英、《钓金龟》的母与子、《苏三起解》的苏三和解差等。

踩高跷

这是据说起源于战国时代并广为流传的民间娱乐节目，芝城元宵灯会当然少不了，其所踩高跷就不多叙了。我们这个灯会的高跷队一是人多，有二三十个人；二是装扮成各种人物（其中不乏男扮女装者），还有一位是小丑扮相，边走边表演各种小动作，滑稽又有趣。

五常尊神

看这个节目，人们又敬畏又好奇。之所以表演这个节目，意在宣扬"五常神"的正义和尊严，以及对邪恶的驱除和警示，此节目由五位彪形大汉出演，造型和装扮十分奇特。京剧大花脸的面目，穿着对襟长袍戏装，袒胸凸肚（这可是隆冬季节啊），下穿红裤和皂靴。最奇特的是冠帽都扣在后脑勺上，宽大的前额正中，分别砍入菜刀、利斧，刺入剪刀、匕首等，而刀斧的锋口一直向下嵌入鼻梁，肚皮正中有上下剖开流着鲜血的切口，肠子、心、肺等都血淋淋地露在肚皮外（这些当然是化妆的效果）。他们手里分别提着活公鸡等代表妖孽的猎获物。这些"五常神"们，没有言语，也没有动作，只是缓步而行，是压轴好戏。

元宵灯会队伍从县体育场出发，经西大街、大十字街、米市、鹅市、草市、皇华坊、北门狮子口等，全程大约需三个小时，人们都带着少有的满足和欢愉，尽兴而归。

虽已久经尘封，但毕竟是生动的历史。元宵灯会是芝城宝贵的文化遗产，而"火球飞花""巧捕蚌精""戏剧平台"和"五常尊神"更是芝城灯会所独有的。拂去厚厚的尘埃，它们依然熠熠闪光。

无城文化

赫店镇舞板凳龙

流淌在西大街上的文化

刘　萍

　　为打通环城河水系，无为市政府准备在老城区西面新建两座桥，建设单位将这两座桥称为"小安桥"和"西大街桥"。虽是暂命名，也招致不少议论，说是这两个桥名太俗。不知"小安桥"和"西大街桥"是怎么来的，如果说是有人未经思索脱口而出，那证明"小安"和"西大街"印在无为人的潜意识深处。时机成熟就要探出头来，而这不也是一种"文化"吗？

　　古人云："大俗即大雅，至简达至真。"作为老城区的桥名，"小安桥"真是既可亲又可爱，非要往深奥处说，这"小安"与"小满""小得""知足常乐"相连，最能体现普通人身上那种从容、自信、内敛的生活态度，其哲学内涵和《道德经》中的"为无为，事无事，味无味"可谓一脉相承。"西大街桥"顾名思义，这桥建在护城河沿西大街段，名字简单直白，但对我们这些老无城人来说，却要浮想联翩，中国古典诗词中的相思之地往往是"西楼"，而很多无为人的乡愁之处则是西大街。如果说"小安"提出了一个哲学命题，那么"西大街"就是对这个命题的现实注解。

　　熙攘的西大街上有几所有名的中小学，上学、放学的时间段拥挤不堪，但无数学子从这儿出发，走向外面的世界，这样一来，逼仄的西大街也真配得上这个"大"字。一位女生曾用席慕容的诗抒写乡愁，"在绿树白花的篱前，曾那样轻易地挥手道别""而沧桑的二十年后，我们的魂魄却夜夜归来"，她说归来的魂魄在途经年少时日日走过的西大街时，还尝了尝路边鸡蛋饼、麻辣烫的味道。这让我想到电影《末代皇帝》的结尾，60岁的溥仪回到故宫，紫禁城里奇珍异宝堆积如山，而他要找回的仅仅是龙椅下的那个蝈蝈盒。生命不可承受太重，无论皇帝还是普通百姓，人生中最宝贵的往往就是那些让人彻底放松的旧时光、小物件。

西大街就是一条让人放松的街，街道很窄，店多人多车也多。但车要给人让路，人一旦成了这儿的主宰，走起路来便有了一种昂首挺胸的气势。不像在城南新区，马路那么宽，绿灯时间又那么短，行人过马路时，跑得就像受惊的老鼠。站在一大片崭新的高楼大厦之间，人却没了底气。而在西大街，人人都会找到存在感。为了"存在感"这件事，我曾抱怨过父母，认为他们给我取名字太草率，"刘萍"就像冬天田野里的包心菜一样遍地都是，缩手缩脚地蹲在地里。我父亲好脾气地解释说：你是老大，我们给你取名字怎么会不慎重呢？因为你属马，马要有草吃有水喝。于是翻遍字典，最后选中的还是这个"萍"字。又说，这个字还附带"平安"之义。能衣食无忧、平平安安地活着，这不就是美好的"小安"生活吗？我忽然觉得作为无为西大街的一个"土著"，我的名字与这条街很搭配。就像北方姑娘叫"二妮"、南方女子叫"阿娇"一样，简直浑然天成。

无城西大街

我看西大街，就像看自己镜子中的那张脸一样，有诸多不满，但也百般爱恋。正如街上到处都是板鸭摊一样，西大街也到处都是文化。你不与人聊，你不打听，你不观察，就不会知道那些普通的角落里都有着动人的故事。而这些故事串起来，就形成了西大街的文化。

　　由于西大街的老居民、老手艺人很多，一些老的生活方式也保留下来。我们小区巷口有两个摊子，一个是修鞋的，一个是搞缝纫的。修鞋的是个中年人，但我们还习惯叫他的小名"大宝"。他最初是修鞋，后来根据大家需要，也修自行车、电动车、抽油烟机等，简直无所不能。大宝师傅整天笑嘻嘻的，我们每天进出都要和他打个招呼。缝纫师傅在西大街踩了一辈子缝纫机，过去帮人家做衣服，现在帮人家改衣服。他虽上了年纪，但还记得我们有哪些衣服。这两个师傅不仅做手艺，还要管很多"闲事"。小区住户有什么东西需要和家人、朋友交接，交给他们就行。我在忙的时候，还请他们帮交过物业费、买些小东西等。在这个高楼林立、对门可能都不相识的地方，我觉得他俩代表了一种久违的文化。他们就像人本主义艺术大师一样和传统保持着联系，让我们感到亲切、安全、有趣。小区有年轻人开车进出时嫌摊子碍事，要报告有关部门把他们赶走。我好言相劝："我们又没有谁急着要去发大财做大官，车开慢一点不就行了？"我不想摊子消失，不仅是为生活方便，更主要的是这两个师傅能让陌生人"熟"起来。

　　西大街的文化是世俗的，也是诗意的。诗是什么？诗就是人对经验世界的一种虚构，让许多美好在想象中得以实现。街两边一些只有一两间门面的店铺却挂着"XX中心""中国XX"之类的招牌，大家可能觉得滑稽。但店主却通过这种虚构表达了万丈豪情，实现了自我满足。每天傍晚，一些庐剧爱好者在路边或街头公园一角，随便画个圆圈，衣服一换，就甩着水袖"咿咿呀呀"地唱起来，那种全身心投入不亚于站在巨型舞台的中央。传统庐剧以悲剧为主，那些围成一圈的观众与其说是看戏，倒不如说是和演员一起悲悯人生，感叹自我。在一个虚构的经验世界中，大家全成了诗人。唱的人站在土地上，听的人也站在土地上，故事里的悲欢离合更是都连着土地。

　　西大街的行道树以银杏为主，深秋时节，举目金黄一片。微风吹过，落叶如蝴蝶翩飞。这"碧云天，黄叶地"的景致，能触发路人的无限思绪。忧郁的或者是灿烂的，但有人不能忍受这种美。不知是谁的主意，环卫工人每天用长竹竿把将落未落的树叶全打下来，然后扫得一片不剩。那些神采奕奕的银杏树很快只剩下光秃秃的枝丫。像是衣袂飘飘的美人，被剥掉了华服。我专门为此事向宣传部部长作了汇报，希望他能出面干预。后来大家终于达成这样一个共识：落叶不是垃圾，它是秋天的音符。

西大街是一条街，更像是一条河。各种文化细流汇入后，于无声处奔腾或流淌，这条文化之河养育了小城的人。时日久长后，很多人都想追求别处的高雅，生怕俗气沾了身。但作家王小波说，"媚雅"对俗人来说有更大的害处，因为容易导致自我的丧失。希望"小安桥""西大街桥"，这样看似平庸滥俗实则铿锵接地气的名字，能时时提醒大家什么是本土文化，什么是根。

文化一条街

——无城镇西大街

李光明

芝山的诗词，簧门的书法，马石街的舞龙……无城镇的西大街有着中华传统文化的底蕴，让濡须河畔、绣水岸旁的儿女不断汲取着精神的食粮。

芝山的诗，已经有千年以上的历史。相传，位于西大街偏南的芝山书院，是无城最早的书院，对无为的文化发展起到至关重要的作用。该书院创建于北宋，是长江流域的一座历史悠久的书院。

北宋中期无为籍名士杨杰曾在这里，将绣水芝山描绘得淋漓尽致。

奇诗妙联在芝山书院处处可见，当时书院的大门有一副高雅而且有名气的诗联：

芝兰雅室，会心不远；

山水清音，得趣在斯。

在书院宽大的讲堂上，悬挂着一副关于文人志气的诗联：

抱米颠风，可医吾俗；

对芝山俗，有如水清。

簧门的书法历史悠久。当你走过熙熙攘攘的鞍子巷，一座有一百多年历史的簧门将展示在你的眼前。据县志记载，清朝咸丰五年（1855）前后，西大街建造了一座雄伟的簧门（现今的无城幼儿园，簧即古代学校，簧门就是学校的大门）。光绪三十四年（1908），内设初等小学，次年改设县模范小学，为无为第一所学堂。1958年在此创办安徽省无为师范学校。就是在这里出现了一大批书法名家，把优秀传统书法文化发扬光大。

被誉为"江淮诗书画三绝"的杨尚模，出自黉门，曾在这里从教。他的书法诸体皆能，以草书为最，有"风骨老健，逸韵天成"美誉。"草书行云流水，妍媚多姿"，这是后人对黉门老书法家郑养法的称赞。作为无为师范副校长，他亲自执教书法课，谆谆教导，循循善诱，培养了一批又一批的书法学子。他培养的书法学子又薪火相传，桃李满门。

说起西大街西口与西门车站接合处马石街的来历，传说是出自《水浒传》第四十一回"宋江智取无为军，张顺活捉黄文炳"的故事。书中描写了西大街绣水（现今环城河）一带涨潮为水、落潮为滩的场景。有一年出现风高浪大的洪水，官府有一匹马，拼命向绣水西岸游去，游到岸边的高处，就横卧在大街的石板上，耗尽了气力，变成了马石，从此得名马石街。还有一种说法，因其路面是由麻石铺成的，后人也有称其为麻石街的。老无城有九街十八巷，马石街是九街之一。

舞龙，是马石街有名的文艺表演。龙是古老的图腾，传说龙能行云布雨、消灾降福，象征祥瑞。过去人们以舞龙的方式来祈求平安和丰收，并成为了一种习俗。舞龙是无城人勤劳、勇敢、奋进、坚毅、拼搏精神的象征。当时的舞龙分为耍龙灯、龙灯舞。这样的活动一般从春节演到元宵灯节。天还没黑，人们不论远近，都早早地来到马石街等候演出。一时间，整个街道熙熙攘攘。舞龙队的精彩表演，使得四周人们不时给予热烈的掌声。带着对美妙舞龙的回忆，人们高兴地进入了梦乡。20世纪70年代，马石街的舞龙队代表无城镇参加了原巢湖地区表演，深受群众的欢迎。

如今，无城西大街汇聚着众多学校、书店、书画商店等，成了名副其实的文化一条街。文化自信强精神，固本铸魂担使命。无城西大街将沐浴着时代的春风，把悠久的文脉一代代传承下去。

古韵芝城

剔墨纱灯在无城

童毅之　邢朝农

　　纱灯是指用纱绢作罩制成的灯，最迟在南朝时已经出现。宋代以后，纱灯在长期的发展过程中演变出许多类型，如夹纱灯、戳纱灯等。剔墨纱灯，是纱灯演变到一定阶段的产物。在众多纱灯中，无为纱灯的图案采用"剔墨"技艺绘制，堪称一绝。

　　剔墨的通俗说法是：把灯罩上不要的部分染上墨汁并剔除掉，留下未剔除（留白）的部分来绘制图案。以绢纱作画，经过剔墨工艺处理后，画中景物仿佛悬浮在空中，立体感极强。绢纱质薄，墨彩淋漓，所绘物象层次分明、形神兼备。每到夜晚烛光之下，画面凌空透明，人物栩栩如生，似玻璃画而无反光的弊病，像剪贴画而无做作之痕迹，风格独具、别有情趣，给人以天然雕刻、巧夺天工之感。更让人叫绝的是画中人物，取无城城隍庙杏花井之水，按照传统方法点睛后，在烛光辉映下，眼睛频频眨动，脉脉传情，简直像活人一般。明初流传有《安徽八宝歌》：

　　　　纱灯笼皓魂，宣纸载烟云。

　　　　徽墨文房宝，潜簟凝寒冰。

　　　　折扇青阳好，巢鱼席上珍。

　　　　怀榴镶醉玉，祁茶天下闻。

　　歌中第一宝即无为剔墨纱灯。

剔墨纱灯

　　无为剔墨纱灯于清康熙年间由无城画师蔡竹田首创。嘉庆《无为州志·艺文》记载："蔡浤，字秋浦。其六子蔡静，字安吉，号竹田。丹青称工，写真得生趣，善墨竹，性豪迈，诗酒自娱。士大夫多事之濡须，以剔墨纱灯驰名，即静所创。年七十二卒。"蔡竹田刻苦钻研画艺，对明代彩灯传统工艺进行创新，多次试验，摒弃了色纸、玻璃等材料，选用轻薄的丝质绢纱作画，创新了"剔墨"技法，制成剔墨纱灯。

　　到了清末，无城的剔墨纱灯技艺已经达到相当高的水平。1894年，光绪皇帝为慈禧太后操办六十寿诞，特派统领官员来无为州选中此纱灯，使无为剔墨纱灯一举成名，并迎来发展的高峰，无城出现了民间作坊数十家。

　　1912年，无为剔墨纱灯参加南京全国博物展，获得荣誉证书。外国驻华使节、商人争相购买收藏，剔墨纱灯一时声誉鹊起，闻名中外。受战乱等影响，无为剔墨纱灯制造业逐渐衰落，技术工艺濒临失传。

　　中华人民共和国成立后，人民政府重视民间艺术，辗转找到幸存的民间工匠卞仲英等，随即组织生产。自1953年开始，无为剔墨纱灯参加安徽省举办的年度工农业产品展览，受到高度评价。1958年，无为工艺美术厂在原有的品种基础上创制了十多种新产品，热销海内外。中华人民共和国成立十周年庆典期间，无为剔墨纱灯参加在北京举办的全国工艺美术展览，并作为本土品牌悬挂在人民大会堂安徽厅，给大厅增添了节日的气氛。

但由于无为剔墨纱灯是纯手工制作的，工艺难、耗时多、成本大、价格高，导致纱灯滞销，后来不得不多次停产。加上现代科技的发展对传统产业的波及，相关部门缺乏对文化遗产的重视及保护且产品定位不准确等，导致无为剔墨纱灯处境濒危。

2004年，中央电视台拍摄相关资料时需要找到无为剔墨纱灯，但在整个无为县也找不到一个会制作剔墨纱灯的艺人。为了不使这一传统手工艺流失，生于无城、曾在无为工艺美术厂上班的朱晓钟在家回忆制作过程。经过近三个月的努力，他独自完成了一对无为剔墨纱灯。之后，朱晓钟广泛收集、整理关于无为剔墨纱灯制作的相关资料，在对传统生产技术改造的基础上，大胆创新，通过学习掌握了无为剔墨纱灯制作工艺，为这一传统工艺的传承做出了巨大贡献。2006年，无为剔墨纱灯成功入选安徽省第一批省级非物质文化遗产名录，朱晓钟也成为剔墨纱灯迄今唯一的代表性传承人。

无为剔墨纱灯主要有三个基本特征：

纸面材料的选择。一般宫灯的灯面材质选择多种多样，如玻璃、羊皮纸、塑料、布料等。无为剔墨纱灯在灯面材料的选择上别具匠心，选用纱这种特殊材质。纱的最大特点就是镂空，上色颜料迅速干透，方便绘画。在日常使用中，光线更具穿透性。

灯面绘制。首先在灯面的正面用铅笔画出或用毛笔蘸淡墨汁勾勒出已经设计好图案的轮廓。然后将图案以外的区域用墨涂匀，纱眼处如有墨需要剔除。待干后，再在绘画区域均匀地涂上鱼胶（以上步骤都在灯面的正面进行）。干透后，在反面的绘画区域涂上图案中最淡的颜色，如绘制荷花则需在反面涂上白色。最后回到正面，绘制图案颜色由浅入深，层次越多越逼真。

日常使用效果。无为剔墨纱灯在日常使用时，所绘的人物或鸟的眼睛会出现眨眼的效果。这一效果的出现是由多种因素产生的：材质选用纱，为这一效果打下了基础；在绘画人物或鸟的眼睛时，注意留空；最后通过光学原理和风的影响，出现了一明一暗的效果，如同眨眼一般灵动。

灯面制作流程一般有以下八步：胀纱、描稿、剔墨、上胶、上底色、勾线、上色、整理。

政府高度重视剔墨纱灯技艺的传承，在芜湖电缆工业学校创立了"无为剔墨纱灯文化传承基地"。学校以弘扬地方文化、传承传统工艺为己任，童毅之、侯庆盛编写了《剔墨纱灯》教材。学校自2014年开设剔墨纱灯文化传承专业班以来，在大师朱晓钟和传承人张文泉老师的努力下，已培养近千名学生。张文泉（江淮工匠·芜湖名匠）带领优秀学员参加各类非物质文化遗产大赛和展览，很多作品受到好评。

2020年11月，在重庆举办第二届"黄炎培杯"中华职业教育非遗创新大赛中，由芜湖电缆工业学校校长陈斌带队，张文泉老师指导的学生作品《无为剔墨纱灯》，在众多优秀作品中脱颖而出，荣获全国一等奖。

剔墨纱灯的制作技艺，在无城这片沃土上得到传承与发展，这是我们的一份荣誉，更是一份责任和使命。

古韵芝城

"皖城狂生"方澍

童毅之　邢朝庆

方澍，字六岳，清咸丰六年（1856）出生于无城南园。少有才名，光绪二十年（1894）中举，名震乡里。当时清朝名将聂士成在山海关下修一茅亭，欲求一副能与山海关匹配的楹联，方澍得知后，即撰《题山海关聂军门士城新筑茅亭联》：

乘三军讲武余闲，莳杂花数本，种寒菜满畦，天末唱刀环，九寨澄清靖桴鼓；

是万里长城尽处，坐辽海高峰，问秦时明月，樽前语羌笛，一亭春好占榆关。

此联一出，即传遍天下读书人。当时《大公报》编辑严独鹤将此联评为天下第一联。该联对仗工整，平仄协调，字字响亮，达到相当的艺术高度。

李鸿章在一次出巡山海关时，看到方澍所撰楹联，大为欣赏。又听说作者是无城人，更有同乡之感。回京后，即派专人礼聘方澍至其府邸，担任其长子李伯行的塾师。方澍在李府数年，教书兢兢业业，闲暇时亦写诗自娱。他一生作诗五千余首，是个多产诗人，其诗辑入《岭南吟稿》（两卷）和《濡须诗选》（四卷）。他的诗或写景或抒情，都是有感而发。如《钢城道中》：

东风吹雨复吹晴，一路梅花马上迎。

205

四

无城文化

向晚波光吞远树，隔江山色压孤城。

高楼见月思儿女，异地逢人亦弟兄。

一片归心流水急，乍闻乡语便关情。

这首诗首联写"道中"所见之景，亦点明时节。颔联气势磅礴，炼字工夫全在"吞""压"二字。最后两联抒发思乡之情，情动于衷而发诸笔端，首尾一气呵成，无斧凿之迹。

再如《过故人庄》：

故人家在水云乡，风景萧然天一方。

远近山悬浓淡碧，早迟稻吐浅深黄。

农夫荷笠歌秋雨，牧子垂鞭唱夕阳。

向晚独行村落外，凉烟淡月助诗狂。

该诗描绘了一幅山水图，画面有水有云。远山浓碧，近山淡碧。早稻深黄，迟稻浅黄。深黄浅黄相间，色彩明丽。人物农夫荷笠、牧子垂鞭，静中有声。末句抒情，在如此优美的画境中，作者诗兴大发，故以"狂"字收笔。据说李鸿章看过此诗后，戏称方澍为"皖城狂生"。

方澍在李府教书数年，因看不惯京中恶习，坚辞教职；又因李鸿章爱才心切，荐官浙江盐务使。但方澍亦不习惯官场迎来送往，终负笈归里，择地无城绣溪西畔，建寓所兼塾馆名"绣溪草堂"，自号"绣溪遗叟"，本县、邻县慕名投其门下者络绎不绝。方澍治学严谨，注重学术、品德与气节的教育，对学生要求十分严格，故深受学生喜爱。学生中尤以李辛白、王鹤天二人天资聪颖，勤奋好学，受到方澍的钟爱。一日，方澍将自己的旧作《绣溪歌》抄给学生阅读：

澄波起夕阳，一碧风波荡；

縠纹细细生，水禽没浅浪。

划然双镜平，小桥通溪涨；

挥手送斜阳，坐邀明月上。

月光倒水长，玉蟾才一丈；

溪边老圃家，开门对溪望。

1923年，乡人因方澍为桑梓文化教育效劳之功绩，公推其就任劝学所所

206

长。不久，他组织参观团往江浙观摩，次年在无城首设图书馆为民众服务。

1926年，北伐军团长陆学文来无城拜方澍为师，住西门留园。后得上峰密令，将前清四川总督刘秉璋在无城刘公馆家藏《古今图书集成》四千余册，命士兵用大布袋捆装，劫往上海。消息传出，无城地方人士一致要求方澍出面打电报追还原物。不久陆学文复电，允许作为私人礼物归还。方澍遂派高子钦去上海领回，陈列于县图书馆之内。

1926年3月，方澍七十寿辰，由王鹤天、李辛白领头发起为方公祝寿。李辛白此时任北京大学出版部主任，特从景德镇订购寿碗一千只作为寿礼。该碗底部印一"寿"字，外边印有李辛白书的"古稀大庆"四字，下署"民国乙丑年小阳日为绣溪夫子七十千秋赠品——受业李辛白敬献"。寿诞那天，本县、邻县及远道而来的祝寿学生有四十多人，宴罢都被赠予寿碗作纪念。

方澍寿诞前夕，方府根据民俗办了五桌"暖寿"酒。开席前，方澍端坐上方，诸学生行叩拜礼。礼毕，李辛白临时提议王鹤天献寿联。王鹤天略一沉吟，即脱口而出一联：

    一代诗名齐五岳，

    十分春色到双溪。

1930年1月，方澍不慎感染风寒，病重逝世，终年74岁。此后，李辛白、王鹤天常联袂前往草堂看望老师遗属。李辛白曾作《过先师绣溪草堂》：

    绣溪溪畔柳丝丝，人去堂空燕子知。

    一塔斜阳半城水，白头谁与话儿时？

无城文化

庐剧在无城

童毅之　丁江涛

庐剧，原名倒七戏，或称稻季戏，江南人称它为江北小戏。因其流行于安徽省无为、淮南、合肥、巢湖、滁州等地，这些地方古代直属庐州府管辖，故 1955 年 7 月 1 日，经安徽省文化局报省委批准，将倒七戏正式改称为庐剧。

无城庐剧，最早在清代出现。

倒七戏的特点是不拘泥于形式，不受舞台限制，唱词、道白纯系无为方言土语或江淮官话。唱腔接近民间小调，通俗易懂，为广大群众喜闻乐见。尤其是农民，人人爱唱，人人能唱，所以过去流传一句俗语："无为人不成器，出门就唱小倒戏。"

早先倒七戏的班社较小，一般只有几人，一人身兼数职。没有丝弦乐器，只有锣鼓牙板等打击乐伴奏。鼓手右手打鼓，左手敲锣，脚下带板，老艺人有"七忙八不忙，十人跑满堂"的说法。有的演出戏台是几张大方桌子拼起来的，也有的用木桩、木板搭成草台。因此，这些戏班被人称为"草台班子"。

民国及其前后的一段时间里，无城的民间班社异常活跃，唱庐剧的就有任家班、董家班、焦家班等。

无为解放后，政府将一些班社改编成专业剧团。但仍有一些班社，农忙时种田，农闲时在县内外演出。1952年6月，有同仁组建"无为县地方戏剧团"，有演职人员23人，演员皆为男性。剧场设在无城北门大桥齐家祠堂，主要表演一些传统剧目，均为"水词戏"。剧场于1953年迁至十字街后天宫，剧团更名为"无为县倒七戏剧团"，并从社会上、学校里招收了部分骨干和年轻演员，编演一些古装戏和现代戏，还对陈规陋习加以改造。1956年7月，剧团转为"国营无为县庐剧团"，还设立剧目编审、导演、音乐、舞美等，有各种专业人员67人，并涌现出一些深受群众喜爱的优秀演员。同年，剧团参加安徽省第一届戏曲汇演，现代小戏《半把剪刀》深受好评；传统庐剧《郭丁香》获优秀演出奖；演员王万凤获表演二等奖；周世能、吴昌珍、黄梅仙获表演三等奖。此后，蒋光玲、阎修凤、童天莆、周正等崭露头角，在庐剧界和群众中享有较高的声誉。

1959年1月，无为县戏剧院成立。内设组宣、业务、总务3个股，有专职干部7人，直接统辖庐剧、京剧、歌舞、话剧和黄梅戏5个剧团。1960年底，撤销县戏剧院，保留县庐剧团，并将其他剧团的部分艺术骨干转入县庐剧团，使县庐剧团演员实力大增。

庐剧在无城

无为县庐剧团在剧目创作中成绩显著。自20世纪50年代起，先后挖掘庐剧传统剧目152个，经整理上演的"五定"戏86个，其中王开榜口述的

《珍珠衫》《八宝山》《小补缸》，叶厚棣口述的《柴斧记》《郭华买胭脂》，单玉奎口述的《万花船》《陷巢州》被收入《安徽省传统剧目汇编》；整理、改编的《郭丁香》《巧云下书》《小桃推磨》《麦里藏金》《双蝴蝶》《假凤真凰》《莲花庵》等传统剧目，参加省、地级汇演，部分剧目曾获奖。1960年5月，无为县庐剧团荣获安徽省教育和文化、卫生、体育、新闻方面社会主义建设先进单位称号。

与此同时，庐剧音乐唱腔也不断创新。从1953年开始，无为庐剧团开始聘请音乐教师和音乐爱好者为唱腔定调，编配唱腔过门、间奏和伴奏。之后，乐队人员逐渐增多，1956年发展到十余人，1970年扩大到20多人，再配合几件西洋乐器，已组成初具规模的混合乐队，并在庐剧唱腔上，进行了大胆的改革和创新，增强了庐剧的表现力。该团编曲、移植或设计的《杜鹃山》《公主抢亲》《泪洒相思地》《七仙女送子》《三月三》《乡音》等剧目的选场或全剧，因在庐剧音乐上颇有创意，被安徽人民广播电台推荐为华东六省一市电台的交流节目。

无为庐剧团演出活动在20世纪五六十年代曾名扬一时。1956年下半年，在铜陵连续上演40多天，场场爆满。1960年，在南京市新街口大鸿楼剧场演出，受到南京文化部门的一致好评。1978年，《十五贯》在大江剧场连演100余场。

当时，无为庐剧团的主要演员基本是出生于无城的艺人，他们撑起了无为庐剧的天下。

李近庸，无城人，住礼拜寺，首任无为县庐剧团团长。1959年经他整理创作的无为民歌《无为是个好地方》在《无为日报》发表，后参加芜湖地区调演并获奖。他根据无为民歌编曲的表演节目《社里的奶奶都不瓢》参加安徽省第二届音乐周会演并获奖。

金全才，无城人，住鹅市街，笔名金芝，著名剧作家、戏剧理论家，经其整理改编的庐剧有《讨学钱》《打芦花》《打面缸》，与别人合作的有《双锁柜》《双丝带》等，这些都成为庐剧长期演出的保留剧目。

童天莆，1933年出生于无城登瀛街，1958年被分配至庐剧团任演员兼导演，历任剧团编导组副组长、艺委会副主任等职。他执导过20多个剧目，担任过30多个剧目的主演或重要配角，是新中国成立后进无为县庐剧团的第一代演员，戏剧改革的参加者和艺术骨干。其扮演《沙家浜》中的刁德一形象，红遍大江南北。

季亚云，专攻小生，主演《绿绣亭》中的张天秀被喻为"一绝"。他扮演的程咬金，观众看了捧腹大笑。他扮演的悲剧角色，观众看了也会悲戚落泪。

蒋光玲，无城晏公圩人，主演过古装、现代戏中的百余种角色，擅演花旦，且工青衣。表演中所塑造的人物形象个个特点鲜明、个性突出。在唱腔上，追求字正腔圆和声情并茂，以感人的演唱赢得观众的喜爱。民间曾广为流传着这样一句民谣："跑之吭，瞧小蒋。"20世纪60年代，她所饰演的林黛玉、柯湘等角色的唱段，经常在安徽人民广播电台播放。

一个人的绣溪

祝宝玉

我的抵达必然是迟到的，宋代书法家米芾任无为知军时，肯定已经先临绣溪，那溪水与他满腹经纶恰恰等重。如此，千载流淌不息。

站在绣溪畔，思绪遥接的那个人，非米芾无二。

从历史繁杂的背影里减去无关紧要的身影，那些官宦、商者，以及附庸风雅之徒，都被时间的水流冲刷而去，留下的只一两人。在无城，米芾的背影是减不去的，千年了，反而还在增加。他在无城留下了无数个背影，每一个都是独立的，那米公祠中的，那黄金塔下的，与绣溪畔的相似而又不同。

在水边，做一个渔翁大约是最幸福的，比作书法家和诗人，生活得更惬意。那是一副泰然自得的模样，望着滔滔之水，想那历史更迭无序。你方唱罢我登场，好不热闹，也好不烦扰。不如隐居在溪畔，守得一方清净。写字，读书，散步，倒也潇洒风流。于是乎，生命的空间因为视角的转变而变得辽阔。看碧色苍天，看杳杳远途，明白了没有哪一片云彩是可以久留的，也知道了只有化身为水，流入大海，才能不朽。

一个"绣"字，道出了她的性情，是温婉的，是小家的，是轻柔的，如同一匹丝滑的绸缎，横陈在无城的土地上。她是无城的小女儿，最疼爱的，最不舍的。此刻，我一个人走近绣溪，仿佛听到轻轻的低吟，是念诗，又似唱曲，又仿佛独自倾诉，是一种无法辨析的含混语言。这使我更加好奇，更

古韵芝城

212

愿意靠近她，去了解她的心思。

那时绣溪还叫锦绣溪。本与外河相通，宋朝筑城后才隔开，一分为二，又名双溪。又因地处城南，别名南池。向南而立，佳人频频回顾。多美的绣溪啊，在不少诗文中，以"芝山绣水"代称美丽的无城。她碧波澄澈，妩媚可人。怎能不让人爱恋呢！

绣溪游船

"绣溪边，墨池旁，双狮守黉门，满园桃李香……"这是无为师范校歌里的歌词，其音轻婉，其调柔和，让我想到李叔同先生写的"长亭外，古道边，芳草碧连天……"是啊，那个时代一切都是慢的，信是慢的，车是慢的，情也是慢的。在慢时光里，才能明晓一件物、一桩事的本质，才能体察到岁月的变迁。比如，我所看到的绣溪，还是几十年前、一千年前的旧光景。墨池飘香，绣溪静美。在无城，学习是幸福的，恋爱是美好的。

《无城，让我看看你的眼》一文中说："现在，常和孩子来绣溪公园。他自去打球下棋或者嬉戏玩耍，我捧本书选一荫浓处坐下；阳光细细地把光屑从参天的枝柯间筛到书页上，落叶簌簌，不知今夕何夕"，"从不敢言，一个生于斯长于斯的简单的我，与水相亲，浸润了一缕灵光，撷取了一瓣神采。而只是，沿着无城的经脉回溯，如鸣佩环里，读懂了和她的血脉相连。我在寻找最美的彩笔，绘出她灿烂的笑颜。"读了这样的文字，我不禁感

无城文化

叹，生在无城真是一件三生有幸的事情。

米芾也曾表达过相似的感慨吧："可爱一天风物，遍倚阑干十二，宇宙若萍浮。"无城的风景没有一处不是可爱的、天然的。这种任性自然的天真，最符合文人的气质。所以，我敢说，米芾是真爱无城的。这种爱穿越了千年时光，今天仍能被我辈清晰地感知到。是啊，那情已然融入无城的山水草木、日月星辰之中，不可分割，也不能分割。

纵然我不能长久地驻留无城，但我的心已然许给了绣溪。

梦从这里启程，心会从远方归来。

五

无城风情

无城镇消防水龙竞赛

叶悟松

赛水龙是无城镇民间消防队伍的业务竞技比赛项目，深受人民群众的喜爱。20世纪初，无城的一些大商号和富户从自身消防安全出发，出资从外地购入当时比较先进的人力消防器械，称为"水龙"，并成立了相应的民间机构无为水龙会，组织和协调各支水龙消防队活动。

消防水龙由三个部分组成。一是状如两张大方桌的长方体贮水柜（也有圆桶形的）。四角有厚重的铁滚轮，可人力推动前进。二是两个或四个供水木桶，人工挑水倒进去。三是长长的强力布质水管，喷水用。关键是水柜内有一个很大的活塞，救火时，两个人面对面，反复推动活塞杆，水受压喷出救火。

20世纪50年代初期，无城有五六支义务水龙消防队，每队10～20人不等，配水龙一台。这种水龙为人力驱动的消防高压水泵，通过人力推拉或压动杠杆，驱动水泵吸水、喷水，形成水柱用以灭火。驱动力越大，水柱射得越高越远。每支水龙队人员分工明确，有持水枪的龙头，挑水的力夫，持叉架水龙管的叉子手，持太平斧的斧手，持挠钩的钩子手，持灯笼的照明手，还有挑水桶供水的挑水手等。根据火源与水源的远近，安排多人用叉子架起水龙管，使水顺畅射出。

各支水龙队人员都是身强力壮的棒小伙，平时在各个行业上班做工，抽时间集中训练，火灾时集合，拖水龙到现场救火。每当有火灾警报时，水龙车上的铜铃响声急促。各支水龙队推拉水龙一路狂奔，直奔火场，场面紧张而有序。

为使水龙队人员常年保持较高的消防水平，水龙会于每年农历四月十五上午，在无城观震潮（绣溪）西边泮池旁举行水龙赛，以检验各支水龙队的消防业务水平。比赛前，各队水龙沿棂星门前一字排开，各队人员按岗位各就各位。观看者沿观震潮塘边站立，熙熙攘攘。裁判员一声令下，比赛开始。刹那间，几支水龙队队员齐心协力，奋力驱动水龙，数条水龙喷出的水柱直射高空。艳阳高照下，真是"赤橙黄绿青蓝紫，谁持彩练当空舞"。绣溪上空顿生彩虹，横跨观震潮，架上棂星门，如同金龙狂舞。观赛的人们欢呼雀跃，沉醉其中。各队所属街道的群众为本队呐喊助威，场面热闹非凡。比赛一般以三轮定胜负，以射水最高最远者为优胜。优胜水龙队会获奖品披彩带，水龙披红挂彩游街后归库。

消防水龙

解放初期，无城镇太平、皇武、文景、五华等街道都成立了义务水龙队（消防队）。每年水龙赛事都照例进行，成为无城镇一项盛大的民间竞技赛事。直至无为公安消防队成立，配备了消防车，这一赛事和民间义务水龙队才走进历史。

在当时的历史条件下，它的意义是社会对民间消防队伍的支持和鼓励，是对民间消防力量的检阅。在相当长的一段历史时期，无城民间水龙队和水龙赛事的存在，使人民群众人身财产安全有了保障，在无城的消防史上写下辉煌的一页，虽然走进了历史，但仍值得怀念和赞扬。

小巷情思

——芝城记忆

叶悟松

    嘉庆《无为州志》载，"州城之内外巷，凡二十有八"。芝城不大，但大街小巷众多，城内有"九街十八巷"之说。按老人的记忆，掰着手指数，芝城之内的街巷，远超九街十八巷。

    且说芝城内的西大街，旧称大安街，从十字街蜿蜒向西，终至西城门（大安门），长有二三华里，是芝城的"十里长街"。西大街宛如芝城之树的一枝主干，由它伸出的枝枝节节，生出许多小巷，牵连着千家万户。小巷中的人和事，大多成为历史，已经没有多少人记得了。

    我从小生活在西大街，走的路、玩的事，也在西大街。我们儿时在西大街的巷子里钻来钻去，玩得不亦乐乎，连吃饭都要大人喊叫。每天清晨，菜贩的叫卖声、农民换粪的吆喝声、女人刷马桶的刮擦声、独轮车的吱呀声，开启了小城一天喧闹的前奏曲。这些抹不掉的音符，至今仍在耳边响起。

    由大十字街顺西大街西行，北侧有一条小巷叫潘家巷，因在新华书店与芝城旅社之间，无城官宦富户潘鼎新在巷里建有一座叫潘家公馆的豪宅而得名。潘鼎新，原籍庐江，前清举人，为官多年，聚财无数，告老还乡后居无城，在此修私宅、家庙。无城人称此处为潘家公馆，巷子得名潘家巷。巷尾通马道口，往上走便是大菜市了。当年，无为著名的革命者吕惠生先生一家在此巷居住过，其长子著名音乐家、"七一勋章"获得者吕其明先生也曾告诉故人，他在无城潘家巷住过。

潘家巷南面是马家巷，巷内居住的居民，姓马的居多，是回族兄弟。再往下是张吉老巷（民间叫张果老巷），是无城人为纪念北宋名医张吉老而命名的一条巷子。张吉老，无为人，著名医生，救人无数。

张吉老逝世后，无为知军米芾亲自为他书写碑文。此碑在无城西郊花瞳被发掘，后被毁，现只存碑文拓片，弥足珍贵。

鞍子巷是西大街上较大的巷子，疑是因为古时此巷中有制作马鞍子的作坊，而有此称呼。路面用青石板铺就，道路左侧一条深深的车辙从西大街一直延续到菜市场。过去，无城群众做饭的燃料全靠柴草，要从西乡的山区运进城，老式的独轮车是当时的最佳运输工具。山货从西乡一路被推进城里的菜市场，鞍子巷是必经之路。

鞍子巷还有一幢西洋式的门楼，从我记事起，门楼就已封闭。后来得知，此楼内曾是无为县第一所女子学校旧址。它是无为爱国人士卢仲农先生的夫人潘氏，芜湖海关道潘赞化的姐姐，在卢仲农的支持下创办的。潘氏担任校长，为无为妇女接受教育、寻求真理与解放思想作出贡献。

往西不远处是观音堂巷，古时此巷中有一座佛庵名观音堂，巷子由此得名，但观音堂却早已无迹可寻。与观音堂巷相距不远的巷子叫二状元祠巷，因巷子里曾有一座建于明代的二状元祠，用于纪念宋代状元焦蹈、明代状元邢宽。如今，二状元祠巷还在，二状元祠早无遗存。由巷子向北延伸，横跨西护城河上有一座被命名为状元桥的九孔大桥，意在鼓励无为的学子们求知勤学，跨过状元桥，达到学而有成的彼岸。往前的天王庙巷子，因巷中的天王庙而得名。庙已不在，巷名依然。巷中有市人民医院，是无城人气最旺的地方。著名的刘家花园、徐家花园便在此巷中。

徐家花园是中国装甲兵之父徐庭瑶的故居。徐庭瑶，无为开城人，毕业于保定军校三期。曾率部参加长城抗战、昆仑关抗战。创办通信、交通、辎重兵三校，任教育长，故在国民党军中有"装甲兵之父"之称。故居中的两座西式洋楼，建材全部由外国人提供，工匠也是外国人，这是无城仅存的两座原汁原味的西洋建筑。

西大街往体育场的一段是路，不叫巷了。县体育场是1934年，开明县长戴端甫先生（抗日名将戴安澜将军之叔祖），开辟无城西门钱家坡的乱坟岗而建的。戴端甫，毕业于保定军校，与徐庭瑶是同期同学，曾任广东粤军总司令部总务处处长，后弃官回乡。1934年，出任无为县县长。在吕惠生、胡竺冰等人帮助下，筑堤修路、兴办学校。

芝城西大街的巷子多，也是无城九街十八巷的缩影。屈指细细数来，每条巷子都有动人的传说和沉淀的历史，构成了芝城厚重的人文遗产。正因为如此，再深的巷子，也有酒香诱人。在小巷中，也有曲径通幽的迷人小景……

南门登瀛街

一个甲子过去了，无城的西大街早已物是人非，众多的大小巷子挤在高楼与商铺之间，有的已经消失。现在的西大街，马路宽阔，市容整洁，无不透露着现代城市的气息。那些令人情思悠悠的巷子，留在了芝城的历史记忆中。

无城风情

无城人的俏皮话

叶悟松

　　无为地处吴头楚尾，襟江带湖。开埠早，人文厚。吴楚文化与本地文化相交融，孕育了无为人特有的口语文化。无城是无为市的中心，四乡八镇的乡土文化汇集于此，使无城人说话俏皮，俗语有文采，幽默有内涵。这里，把我多年收集的无城老辈人喜欢说的一些俏皮话整理一部分出来，博你一笑，期望在笑声中悟出一点道理。

　　家住无为州，十年九不收。若是收一年，锅巴盖墙头。

　　旧社会无为地区农业靠天收的窘状，无城人以一首顺口溜比喻之。水利失修，逢春汛雨季，内涝难排。长江水泛滥外泄，冲毁圩堤，淹没良田，故有"十年九不收"之说。如遇风调雨顺，农民和城里人都能吃上饱饭，又有了"锅巴盖墙头"的比喻。

　　西门锥子黄金塔，要知时务六十八。

　　西门锥子，无城西大街西寺（现无为中学）中的宋代宝塔，已毁。黄金塔，现存于无城东北郊，建于宋代，为国家重点文物保护单位。此语是带调侃的贬义语，寓指说话办事不靠谱，到六十八岁时，能否懂事走正道？

　　望见西门锥子见到娘，望不到西门锥子泪汪汪。

　　旧时无城人回家与离别时的两种心情写照。西门锥子，是无城西寺内的宝塔俗称。此句意指在外回家时看到西门锥子，就要见到亲娘了，满心欢喜。而离家外出谋生之人，不知何时返回，两眼泪汪汪。

跑之吭，瞧小蒋；跑之哼，瞧吴昌珍。

20世纪五六十年代的顺口溜。当时流行庐剧，又叫"倒七戏""小倒戏"，是无城人民喜爱的艺术形式。无城十字街东西两侧各有一个戏园，东称大戏园子，西称小戏园子。无为庐剧团中的蒋光玲人称小蒋，与吴昌珍同为剧团的当家花旦。城乡巡回演出时，四面八方的群众追着看戏。交通不便，故有"跑之吭""跑之哼"之说。

堂屋里摆摊子——家里头生意。

堂屋，正屋的客厅。在家里面摆摊子做生意，是指自家的事情好商量。

狗头上长角——装羊（徉）。

"装徉"为无城土语，意为装糊涂。一句有趣的歇后语，狗头上长角像羊而非羊，故称装羊，形容某人揣着明白装糊涂，为人圆滑，不得罪人，在装糊涂中得到好处。

三八二十三——有账算不弯。

无城旧时集市众多，有菜市、米市、鹅市、柴草市、大猪集、小猪集、牛集等，集市上的生意人、商贩们常用这句俚语来相互调侃。意为账只要认真地算，没有算不清的。

瞎子磨刀——快了。

原意为瞎子磨刀全凭感觉，你若问他，他都说："快了。"

荷叶上尿尿——小点子直翻。

这句歇后语是在玩笑中对智者的赞扬与褒奖。它的形容非常贴切与幽默，以水溅荷叶似珠落玉盘来形容一位有韬略、有点子的高人，实在是赞得有水平。

打一杵，挨一肩。

杵，山区人挑物上下山时手中拄的一根木棍或竹棍，便于换肩和途中休息，是挑物行走山路的助力工具。办事情与挑担走道一样，扎扎实实地走好每一步，一定会到达胜利的终点。

老鼠屎——两头尖（悭）。

意指某人十分吝啬，惜财如命，与人交往只想占便宜，生怕自己吃亏，像老鼠屎一般两头尖（悭）。

张果老没早饭米——替古人担忧。

意为不必为不相干的人和事担忧。张果老不但是古人，而且是不食人间烟火的神仙，担心他是否有米下锅做早饭，岂不是杞人忧天也。

老母猪下藕塘——自拱自吃。

比喻某人自食其力，不依靠别人，自己奋斗，满足生活需要。

槌棒上天——终有一头落地。

排解纠纷，化解矛盾，劝说纷争双方和解而常用的一句格言。意为再大的事情发生了，总是要解决的。

一分钱买个小粑粑——捏捏筱（薄）厚。

常见的油炸小饼又叫小粑粑，是传统小吃，过去一分钱一个。买小饼时，有些人要挑挑大小厚薄。意为再小的生意，也要公平。

豆腐渣贴门对子——两不粘。

豆腐渣，磨豆腐沥浆后剩下的豆渣。门对子，土语称对联、春联叫门对子。此语形容两个事物无法相连接。

城隍庙里说大鼓书——讲得讲、听得听。

大鼓书是一种曲艺形式，过去市民很喜爱的娱乐项目。说书人忘我地说唱，只是逗趣，听书的人，不要较真。

无城人的俏皮话有多种形式，以方言土语中的歇后语为多。顺口、押韵，妙趣横生，极富幽默感。人们听了往往捧腹大笑，在轻松愉快中受到启发，获得教诲。

古城龙船独有的精彩

王惠舟

榴花如火，莲花飘香，过端午，庆佳节。老辈无城人都记得，端午节有个重头戏：划龙船。

六十多年前，无城护城河的东段，是长达几千米的重要河段。从西边经南门大桥而来，向东直奔到锁埂，然后折向北，形成一个巨大的直角，随后穿过东门大桥，继续前行进入长江。这个"直角"处，有非常开阔的水面，是难得的划龙船大赛场。两百多米长的锁埂宽、平且直，边坡平缓，恰好是天然大看台。对岸，从东门大桥到南门大桥之间，有着长长的河滩，也是最佳的观看处。

端午节的下午，人们饱食节日美餐之后，直奔锁埂。远近农村的人流也从四面八方涌来，都要争看一年一度的热闹、刺激、精彩的龙船大赛。

欢乐的锣鼓声由远而近，人们禁不住你呼我喊："龙船来了，龙船来了！"很快就能看到来自上下九连大圩、西河、永安河的二三十条龙船，在水手们随意划动的船桨下，缓缓进入预备地点——锁埂南端河边。各条船上，水手们穿戴着统一颜色的短衫、短裤和头巾。人们按这些着装颜色，习惯称参赛船为"大红船""老黄船""天蓝船""月白船"等。都是随便起名，只为互相说着方便。

此时，一定要细细看看我们参赛的龙船，不仅有逼真气派的龙头，长长的船身后面，还有一个向后高翘、长约两米、十分形象的龙尾，尾巴下部穿插着一把长如大橹伸入水中的船舵，掌握在船尾的舵手手中，这掌舵人有一个特别的名字——"带招"。经过精心油漆装扮的龙船，都很漂亮。龙船后面高翘的尾巴和那长把的船舵，更显得龙船威武雄壮。

龙船赛

很多地方龙船赛只有一种，即在规定水面进行直道比赛，就像体育场上的百米赛跑一样，照直不拐弯，赛个快慢结果了事。我们看的赛龙船，除了直道赛，还有更难、更好看的绕圈赛，俗称"转芦柴墩子"。

赛前，人们会在锁堰南头宽阔的水面，用长长的芦柴秆牢牢地在水中央插成一个直径四五十米的大圆圈，我们都叫它芦柴墩。每根芦柴顶端都有一面三角形小红旗，芦柴墩中心则插上一面高高飘扬的大红旗，以增加比赛气氛。

"转芦柴墩子"的比赛办法是，众多参赛龙船通过抓阄，分成两船一组，进行淘汰赛。经过多轮比拼，前三名花落谁家才见分晓。因为比赛紧张激烈，人们特别爱看。

人人急盼的、激动人心的划龙船比赛开始了。竞赛号令响起，一组两只龙船，从二十米外直道起点处出发，争相切入环形轨道，紧靠芦柴墩快速前进。每船二十四位划桨人埋头操桨，起落一致，拼命猛划；船中仓两个锣鼓手点头弓腰，心力集中，一个打鼓，一个敲锣，用锣鼓点统一号令，指挥行动。锣鼓声音疾如狂风骤雨，催得水手屏气用力，简直无暇喘息。最值得看的是船尾的"带招",他眼盯前方,双手握舵,既要让船身适度内倾以增加速度,又要严防船身内倾过度而翻船;既要防止与对方船身或芦柴墩发生擦碰,又要时刻确保方向正确。船偏内侧急驶,带招却要手扳船舵,身体偏于外侧,斜向水面,用恰当的戗劲,保证船身平衡,奔向终点,动作精彩又惊险。比赛激烈地进行着,每只船都要绕着芦柴墩跑完规定的圈数。船上的水手们不顾一切拼搏着、嚎叫着,岸上成千上万观战的人,坐的、站的、蹦的、跳的,挥着双手呐喊助威。水上、陆上、赛场内外,充满浓浓的火药味。

"转芦柴墩子"之后,是龙船的直道竞赛,同样也有少见的精彩。直道竞赛经常见到,人们很熟悉,不必多说。单说一下我们这里龙船上"带招"在直道比赛中的出色表演。在这种竞赛中,"带招"第一要确保船行最佳直线,尽量以最快速度冲达终点。因此他必须始终保持眼光、目标、船头、船舵在一条直线上。特别是插在水中的舵头,不能有丝毫偏斜。第二是及时给龙船加速,这是绝技。"带招"要密切观察,在船身笔直向前,水手动作特齐的时候,猛喊一声"大家注意",马上抓紧舵把,双脚腾空上跳又猛地落下,形成一股重力砸向船尾,瞬间船头翘起,在惯性作用下,船身就会猛地向前加速滑行三五米。如此全程来个三五次,船行得当然更快了。有本领的"带招"高手,适时为龙船加速,会取得很好的竞赛效果,因此受到人们的喜爱和赞叹,甚至被当成英雄。

经过多轮拼搏,决出优胜者。获胜龙船的龙头,被披上大红布,叫挂红,船长则接过漂亮的锦旗高高举起,得意地向四方摇晃展示。欢庆的锣鼓声、欢呼声、爆竹声又一次热烈地响起。

因为参赛龙船多,整个比赛,一般要安排三个下午的赛程。端午节,成了人们尽兴狂欢的佳期。

聪明智慧的无城人爱过端午节,把端午节划龙船玩到了极致。这表明无城人虔诚地崇尚古老的端午文化,而且曾经创造出独具特色的划龙船技艺,为端午文化增添了极具特色的内容。

酒宴"拳语"显情怀

王惠舟

古韵芝城

　　从古到今的漫长岁月里，重情重礼、热情好客的无城人都知道无酒不成席。而且在民间习俗中，举办酒宴少不了要挥臂猜拳，亦称划拳。拳声一响，喜气大增，主家高兴，客人尽兴，皆大欢喜。善邻、好友三两人随意小酌，划上几拳，也是常见的。至于餐馆酒家，无论午宴还是晚餐，更是猜拳行令的极乐世界。由于酒文化底蕴精深，历来"拳语"都颇有讲究，极具人文情怀和历史内涵，很有特色。请细细看来：

　　猜拳开始，双方均要抬手共喊一句预备口令："全福寿。"全福，意为全部的福运。苏辙说："能事既修，全福自至。"事事如意，该享的福都来了，加上健康长寿，于人于己，不都是一种良好的祝愿吗？不过，猜拳是二人争胜，都想让对方输拳喝酒。所以这种"良好的祝愿"背后实则暗藏"杀机"啊！

　　投入战斗了。双方在"一、二、三……八、九、十"的吆喝声中，全神贯注地伸出手指猜测着。同时，在每个数字后面，都会送给对方很有讲究的吉言。请看：

　　一，一定高升。一为数之始。《淮南子·诠言训》说："一也者，万物之本也。"一定高升，体现了本初所祈。若能蓬勃向上，一枝独秀，当然是人之所爱。

二，二好，或两好、两相好。即二人之心，心心相印。《易林·大过之小过》说："两心相悦，共其柔筋。"极言二人感情相融，几为一体。

三，三星高照。三星指福、禄、寿。福星，寓意运气好，生活幸福；禄星，寓意俸禄优厚，财运亨通；寿星，寓意长生不老。有的地方也喊"桃园"或"桃园三"，则是指刘备、关羽、张飞三人桃园结义。英杰千古义举，理应大力宣扬。

四，四鸿四喜。旧时大户人家临门的影壁上，常嵌有"鸿禧"二字，以求祥瑞。先说四鸿：一曰自强不息。《吕氏春秋·执一》云："五帝以昭，神农以鸿。"后者即意为神农氏兴农医，民生日盛，此鸿为盛，即强盛。二曰志向远大。《史记·陈涉世家》云："陈涉太息曰：'嗟呼，燕雀安知鸿鹄之志哉？'"鸿鹄喻指有远大志向的人。三曰学问渊博。《论衡·超奇》云："能精思著文，连结篇章者为鸿儒。"刘禹锡在《陋室铭》中也说："谈笑有鸿儒，往来无白丁。"鸿儒即学问大家是也。四曰鸿福齐天。《宋史》有载："鸿禧累福，骈赍翕臻。"说的就是诸事如愿完美，福气也就多多。再说四喜。古有诗云："久旱逢甘雨，他乡遇故知，洞房花烛夜，金榜题名时。"为旧传人一生的四件大喜事。细细想来，也有一定道理。

五，五魁首或五经魁首。原来明清乡试中，必于"五经"（儒家五大经典《诗》《书》《礼》《易》《春秋》）的每一科目中，各取首名，列为前五名，称为五魁。猜拳用此，倒是让人信心大增。

六，六六大顺或六六顺。这是指封建社会顺应伦理规范的六种关系。《左传》云："君义、臣行、父慈、子孝、兄爱、弟敬，所谓六顺也。"

七，七巧或巧七。普遍认为，这是指传说中农历七月初七夜，牛郎和织女天河巧相会，故为"七巧"。其实这个"七巧"是"乞巧"之误。《荆楚岁时记》："七月七日为牵牛织女聚会之夜。是夕，人家妇女结彩缕，穿七孔针，或以金银鍮①石为针，陈九筵酒脯瓜果于庭中以乞巧。"另有诗云："阑珊星斗缀珠光，七夕宫嫔乞巧忙。"由此可知，这里的乞巧，说的是旧时妇女于七月七日夜间向织女乞求智巧。猜拳时把"乞巧"说成"七巧"，虽是"理所不当然"，但亦属歪打正着，情有可原。

---

① 鍮，读偷，黄铜。

无城风情

八，八马，八匹马，或是快，快快快。提到马，当然与"快"相连。把"马"说成"快"，人人都懂。但是为什么说到八，就一定要讲到马呢？原来这个"八马"大有来头。史传西周的周穆王有八匹好马，称为八骏，是非同一般的神马。谓之："王驭八龙之骏：一名绝地，足不践土；二名翻羽，行越飞禽；三名奔宵，夜行万里；四名超影，逐日而行；五名逾辉，毛色炳耀；六名超光，一形十影；七名腾雾，乘云而奔；八名夹翼，身有肉翅。"这"八马"一到，还不威震四方，杀得天昏地暗吗？

九，九老长寿，或九老。一看便知，这是指九位长寿的老人。原来大诗人白居易晚年退居河南洛阳的香山，自号香山居士，常与好友胡杲、吉旼、郑据、刘真、卢贞、张浑、李元爽、僧人如满等八人一同游乐饮宴，时人敬称为"香山九老"。不过九老并未料到，后代子孙竟把他们请进酒宴拳语之中，呼之为"九老长寿"，一喊就是一千多年。

十，习惯上是以"实"代之，即实实在在、实在好。十在此意为十全十美，本指医术高明，所治必愈。《周玑·天官·医师》说："岁终，则稽其医事，以制其食，十全为止。"可见达到十全，即完美无缺实在好。也有以"满"代"十"的喊法。满的含义从何而来？历史剧曲《满床笏》中说，唐朝重臣郭子仪六十大寿时，他的七子八婿都已身份显赫，又逢孙子光荣登第，于是众多王公卿士手持朝笏前来祝贺，奉觞上寿。结果宾客太多，朝笏堆了满床，何其荣耀，显示了郭氏全家富贵，满财满福，美满无比，名满天下。从那时起，猜拳行令就把"十十十"喊成了"满满满"。"满"出郭门，郭家未争其"专利"，倒是官商庶民，一概人等，酒宴划拳争胜，喊得快活。

十一，不出。除上述一至十以外，拳语中还有个"不出"，喊对了照样获胜。其划法是，双雄相争，如甲方收拢五指，只伸出大拳头，且口喊"不出"；恰遇乙方也伸出了拳头，喊的却是一或二至五，企图吃住甲方伸出指头的数目而取胜，但出乎预料，竟是两拳相撞，而且甲已喊了"不出"，即为甲胜乙败。由上可知，"不出"就是光出拳头，不伸指头，是划拳的小招数而已。

"拳语"种种，道出了福祉吉祥，也彰显了生活的多彩和乐趣。但是现在很少有人划拳，"拳语"当然也就被现代生活所湮没。这不能不说非常遗憾，更是鲜活、热烈、喜庆、悠久的酒文化的一大损失。

无城风情

吆喝声也曾滋润着古城

吆喝声，解放前及解放初期，无城九街十八巷飞扬着的，响亮又讨人喜欢的叫卖声，也是那个时代市井文化特有的韵味和风情。说白了，吆喝声滋润着古老的城市，市民的生活里不能没有吆喝声。

吆喝声，在清晨响起

告别夜的静谧，新的一天开始了。各种音色、音量的吆喝声，与轻悠的晨风和欢乐的鸟鸣一起到来。你听——

"卖油条咧，膨脆大油条，回炉大油条，油炸锅巴，狮子头！"这"回炉大油条"是昨日留下的，今日回锅再炸，更加酥脆好吃。学生们借此笑说留级生是"回炉大油条"。

"卖五香蚕豆啊！""卖山芋哎，炕锅边山芋哎！"这"炕锅边山芋"很有意思，就是有贴锅烤糊的厚皮、冒着汁液、又香又软的山芋，很好吃。

还有"卖烧饼咧，葱花咸烧饼，洋糖素烧饼！"

叫卖的人，有年纪大的，有年纪轻的，最多的是十几岁的大男孩。也有女人，但很少。卖油炸品、卖烧饼的臂弯里都挎着一个直径二尺多的圆形藤条篮，上盖油布。卖蚕豆、卖山芋的都是用小木桶装着，盖上厚厚的棉衲头挎在臂弯里。这些吆喝的人，都是赶早跑很多地方找生意做。一条小巷小街，一早上往往有三四班人吆喝。吆喝多半是大声呼叫，也有拖长字音先喊后唱的，还有自定调门以唱代喊的，各有特点。时间一长，居民们听声音就知道是谁在吆喝。

清晨的吆喝声此起彼伏，刚刚苏醒的城市顿显生机。

小学生走出家门，买上一根回炉大油条，猛咬一口，屁颠屁颠上学去了。

老奶奶刚跨出门，就喊："称二斤山芋，要炕锅边的。"早餐就搞定了。

年轻的妈妈脸没洗头没梳，抱着娇儿出门就忙着招手："买烧饼，买烧饼。快给我两个洋糖素烧饼。"接着诉说缘由，"这小坏蛋，还没睁眼，一听到喊卖烧饼，就猛地坐起，吵着要吃洋糖素烧饼。"

不紧不慢的老爷子拿着空碗，走到门口，叫着卖五香蚕豆者的名字说："昨天怎么没来？叫我好等。"卖家回话："半路上蚕豆卖完了，就回家了。"老爷子递上碗："来三盏五香蚕豆。"接着说，"我是老户头，明天从我家先卖吧！"买家竟然向卖家套上了近乎。

早晨的吆喝声中，还有挑着担子卖各种蔬菜的，特别受家庭主妇欢迎。

有的吆喝声，也不全在早晨。饭前饭后，上午下午，大致按季节，叫卖着桃子、杏子、菱角、花香藕、蒲荠果子（荸荠）、鸡头果（芡实）、梨子等。谁卖随时来，谁买随时有。

吆喝也不光为了"吃"

当然，过日子，不仅有"吃"，吆喝也不光为了"吃"，还有许多其他家务小事，需要得到帮助和解决，这就使得吆喝的内容更丰富了。

剪刀和菜刀的锋口钝了，豁口了。吆喝声来了："磨剪子噢铲菜刀！"那清亮的唱腔，与《红灯记》中磨刀人唱得一模一样。听到声音，开门出去，立马满意而归。

雨伞坏了，铁锅破了，陶瓷碗裂损了，主妇们会耐心地等着吆喝的人上门修理。好了，忽地传来吆喝声"补锅补碗啰，修理洋伞啰！"这是外地口音，他把"洋伞"说成了"颜伞"。被称为桐城蛮子的这位外地师傅，四十来岁，黑黑瘦瘦的，很精干。他技术好，态度好，要钱也不多。各种类型的吆喝声还有很多，下面再举两种。

"卖锅箍子噢!"过去家用老式大口铁锅,与木锅盖之间有缝隙,煮饭跑热气,饭不易煮熟。北门城外王二公村农民,会用捶熟的新稻草,精巧地扎成擀面杖粗、大大小小环状锅箍,进城叫卖。主妇们爱买了放在锅沿,使锅与盖之间密不透气,煮饭又快又香。大小按锅的尺寸自选,包你满意。这锅箍,街上大小店家从来不卖。有想买的,只有等候"吆喝"送上门。

"碎铜烂铁拿来卖钱呐!""鸡毛鸭毛拿来卖钱呐!""旧书旧报纸拿来卖钱呐!"这是被称作"鹅毛挑子"的人在走街串巷吆喝收废品。这在今天,也好理解。

此外还有应着花季,吆喝卖白兰花、栀子花的,就不细说了。

磨剪子噢铲菜刀

最紧要的吆喝

家家户户的生活,除了一般的小买卖离不开各种各样的"吆喝"外,一些特殊的事情(或者叫难题),如淘米水和吃剩变质的饭菜、灶膛里烧的草木灰,甚至一家大小几口人的大小便,怎么办?自家处理吧,还真束手无策,必须得请"吆喝"来帮忙。

"可有猪水卖呀!"中午前后,换猪水的来了。那时,家家户户或厨房里，或院子拐角，或大门内侧，总有一个不大的陶钵，储放淘米水和变质不要的饭菜，名叫"潲水"。听到这种吆喝声，自有人开门招呼。换猪水的挑着一担木桶进门，先滗掉钵子上面的清水，然后用手捞捞，论量付钱，将其挑回家喂猪——称潲水为猪水，原来如此。

"可有粪换呐！"在各种吆喝声中，这种吆喝声最让居民尤其是家庭主妇留意。谁家房间的马桶、屋旁的茅缸"储物可观"，有些"警示"的时候，她们会更加急在心头。"换粪的"及时到来，理所应当受到欢迎。肩担空粪桶换粪的人，在留下一把麦秸或稻草以后，马桶、茅缸很快被清理一空。

"可有灰换呐！"这是农民用稻草换取居民灶膛的柴草灰，同样是必不可少的吆喝。

她的吆喝声最难忘

20世纪四五十年代，无城大街小巷的许多吆喝声，虽说不上多么悦耳，但在人们记忆中都是美好的。其中有一个人的吆喝声，最让人难以忘怀。

西门大街有一位老奶奶，吆喝最勤，也独有特色，全城人都很熟悉。

老人50多岁，常穿一身玄装，小大脚，身材偏矮，紫铜色的脸，一看就知道很"结杠"（专指老人身体壮实）。老奶奶常年挎着装着早点的竹篮，从西大街向东，沿着大街小巷随意走。她一声吆喝能响半个城，而且她不是喊，而是唱。那曲调当年真是男女老少耳熟能"仿"。老人的"唱词"是："卖膨脆大油条，卖油炸锅巴，狮子头，糖麻花。"曲谱是"米来到来米到来，米来到米来到，来米拉，来米到"，最后紧接一句道白："牙膏袋子换油条！"20世纪50年代初，无为初级师范教音乐的卢光张老师，曾在学校晚会上自拉自唱表演这个"吆喝"节目，引得同学们不断鼓掌叫好。

可以说，对我们这个古老县城而言，数十年前，面对规模小、网点少、服务有限的商品市场，如果没有一年四季遍布大街小巷的吆喝，也许就"筋络不活"，成了"残废"，千万市民的生活，可能会忧烦多多，甚至一塌糊涂。吆喝声，不是豪言壮语，不能登大雅之堂，却增添了城市的生机和活力，是广受人民欢迎的亲切和温馨之声。吆喝，曾经不可或缺。

无城风情

从舌尖上溜掉的美食

王惠舟

点心，古人指临时充饥或饭前饭后休闲享用的小食。唐朝时，称之为"点心"。宋人庄季裕在其所作《鸡肋编》中，说得具体又有趣：某位正坐在金銮殿上的皇帝，忽感肚子有点饿，又不便甩袖退朝去充饥，一位近臣立即取出怀中蒸饼递上去说"可以点心"，真切道出了"点心"所指和作用。

无城历来点心很多，油炸类、蒸煮类、烧烤类、米粉类、麦面类等，有数十种，全是舌尖上的美味。人们都说无城人会吃。从老祖宗时起，无城人就增加了"点心"的功能，或是早餐、早茶的必备，或是招待客人的佳品。点心虽不比正餐重要，但生活中肯定不能少。

由于世事变迁，舌尖上的美食日新月异，许多新品种点心登台了，但也有不少传统点心从舌尖上溜走了。无城消失的点心，有油炸锅巴（糯米做的，巴掌大小，三角形，临街炸制，论块出售，随买随吃）、油炸糍粑、油炸麻花、油炸狮子头、烙饣夸饼、蒸米糕、糯米饭渣（zhǎ）肉卷等。扳指头数数，何止三十种。

从舌尖上溜掉的点心里面，现在就老无城人记忆中最好的说几样，但愿美食家们不会流口水。

葱花烙蛋饼

这是最有节令特点的点心，只从大年初一供应到正月十五。每逢正月初一，就是葱花烙蛋饼隆重上市的日子。

春节大清早，城中心大十字街的路边，就会出现独家专做葱花烙蛋饼的小摊子。这摊子由两部分构成：一个是小水缸状的炉灶。灶膛上架着一个大口径平底铁锅，锅上面盖着与平底铁锅面积大小一样的铁板锅盖。锅盖上面围一圈10厘米高的铁皮圈。炉膛和铁皮圈内，均有烧着的木柴。铁皮圈上沿有三根用长铁丝扭成的襻，让人可以随意拎放"带火"的锅盖。另一个是炉灶边不大的案板，上面放着需要的食材和用具。案板旁陆续来到的老少顾客，已排起小小的队伍。

买到这一年才尝到一次的葱花烙蛋饼的人，当然不胜欣喜。有的盯着这宝贝眉开眼笑，有的则双手捧到嘴边，咬上一口，虽烫得龇牙咧嘴，却也不失笑意。因为这葱花烙蛋饼真好吃，又是春节才上市，所以很多人家除夕年饭过后，就安排好大年初一清早赶买这稀罕点心的活计。领受这"重任"的人，即使是小孩，为了解馋，也愿意不睡懒觉，起早前往，为的是早排队、早买到、早尝鲜，早享受那份独有地方特色的新春快乐。好花谢得快，过了正月十五，想吃葱花烙蛋饼，只能待来年了。

蒸粉团

这是城内名档茶馆，如中和楼、一品轩、福胜园、沈同兴等用米面蒸制的特色点心。

蒸粉团的做法并不复杂。大约按五比一的比例，用糯米面和籼米面混合做外皮。糯米面多一些，爽滑好吃。籼米面是硬性的，用一点以支撑粉团圆而不瘫，好看好拿。粉团里面的馅很讲究，是用鲜肉泥、鲜虾仁，加山芋粉和作料，细细调稠调匀制成的。

有外皮有内馅的粉团做成了，像一个个白色小皮球。接着师傅摆出装有洗净糯米的"张簸"（没有细眼的圆盘形竹器），把"小皮球"们放在里面轻轻滚一圈，使其全身粘满糯米粒，这叫上粉。最后放进蒸笼，用大火蒸透。

进茶馆喝早茶的人，十之八九都爱叫上一份蒸粉团。当跑堂伙计把一盘刚出笼的蒸粉团端上桌，茶客们会立刻尽兴地品尝起来。那从外到里，糯软绵爽、鲜而不腻的感觉，从舌尖直达心窝，让人百吃不厌，越吃越爱吃。这蒸粉团一年四季都讨人喜欢，不过尤以用刚上市的新米做的粉团最为得宠。

火烘鱼

火烘鱼，无城的又一鲜。落叶的树木露出光秃秃的树枝，寒冷不客气地掌管着大地的时候，人们期盼的美食——火烘鱼登场了。摊子不多，全城只有两三家。最吸引人的是大十字街南侧，烟酒店门口那家。

每日下午，居民们开始做晚饭的时候，卖火烘鱼的摊子就出现了。一个半人高的案板上，左边放一架四面透光的小纱橱，内放相关食材。右边摆一个架着铁花册的黄泥熏炉，桌子下面有一袋杉木锯末，这是卖火烘鱼的全部设备和材料。

摊子摆布停当，开始熏制火烘鱼。摊主先在熏炉里撒上厚厚一层锯末，点火烧起，直至形成"熟火"，即看不到火头，只有锯末好闻的袅袅轻烟，再架上铁花册。是时候了，赶紧"烘鱼"。这时的鱼块，是摊主在家做过半加工的。做法是把鲜活的三五斤重的鲤鱼去头尾，取中段斜削成薄薄鱼块，放入五香卤水中浸泡腌制，两小时后起出装入盆钵，带到摊子上。摊主当街完成的最后一道工序是在熏炉上烘鱼。这香气扑鼻的火烘鱼，引得路人不禁驻足，更有人陆陆续续上前购买。买到火烘鱼，腹中正空的就当作点心，三口两口吃个痛快，多数人则兴致勃勃带回家，配上蒜泥、米醋，或是用于下饭，或是用于下酒，细嚼细品，多么美哉悠哉。

开春后，天气转暖了。鲜鱼难以保鲜，加工困难，火烘鱼也就悄然下市了。

油炸小饼

"老无城"都知道，六十多年前，在无城好吃的点心中，用籼米面做的油炸小饼是最受人们青睐的点心之一。当年小饼做得最好的，是草市街北头皇华坊的马家小饼店。

马家做小饼很讲究，先说做外皮。将上好的籼米淘净、晾干，磨成细米面。接着下锅翻炒，待闻到一丝炒面香味时，马上倒入开水，拌和成足球大小的米面团，再迅速切分成小块。一阵揉搓之后，案板上整整齐齐摆出了一条条茶杯口粗的米面长"棍"，这是做小饼外皮的坯料。做小饼时将"面棍"随手揪成乒乓球大小的面团，揉压成圆片，只待放入馅了。

小饼馅，马家的别有风味。春、夏、秋三季是用五香米粉，配上小河虾、胡椒粉和猪油炒拌而成，冬季则用萝卜。把新鲜萝卜洗净，切去辣味很重的青绿色尾部，放入大锅，略加一点水焯烂后，装入白棉布口袋，扎紧袋口，放板凳上捶打挤压，除去萝卜的辣味和多余的水分，取出后其状如结冻的猪油般绵软洁白，没有茎丝，再加入盐、葱花、猪油即成。以上两种小饼馅，都是传统做法。

无城美食——油炸小饼

有了饼皮、饼馅，很快就能做成一个个茶杯口大、圆圆的、白白的米面饼。师傅把它们一批批放进烧滚的菜油锅里，经过一番跌宕沉浮的油炸后，适时捞出沥干油，放进盘子。那黄灿灿、香喷喷的小饼，真叫人眼前一亮，口中流涎。那小饼皮清香酥脆，小饼里面五香米粉、小河虾馅的醇香鲜辣，萝卜馅的清嫩柔润，都非常可口，老少皆爱。

近来偶见小摊卖油炸小饼，但用材、工艺和味道，实在不敢恭维。当年的美味，再难寻觅。

无城风情

葱花烙蛋饼、蒸粉团、火烘鱼和油炸小饼这些美食，是我们无城饮食文化中精彩的小角色，曾带给人们爽口舒心的享受，很讨人们的喜欢。但是它们已然从舌尖上溜掉了。可能的原因是，这些小玩意儿成本高，费工时，产量小，而获利又少。很可惜，当然，也很无奈。

古韵芝城

记忆中的美味点滴

卞业庆　张甫根

民以食为天

都说无城人会吃，能吃出别人吃不出的味道、兴趣、欢乐、遐想等。总之，聚到一起，说到吃，人们总会暂时放下手中的活计、话题，不论是国家大事，还是家庭琐事，统统暂停，转换成个人记忆中的美味，兴趣盎然，红光满面，好像又进入了那天、那次、那个名楼茶馆。旁听的孩童们睁眼竖耳，垂涎欲滴，恨自己没早生几十年，进入这品美食大军中，寻找这些老人们记忆中的美味。

中和楼、一品轩、福胜园、沈同兴等无城餐饮老字号，老人们常挂在嘴边。对这些名楼茶馆的各种美味佳肴、地理环境、堂倌的吆喝声、南来北往的生意人，还有刚从农村进城的人新奇而羡慕的眼神，以及发生在这些堂馆内的各种传说和故事，他们会如数家珍般地对你说个通透。

虽然一品轩、福胜园、沈同兴等各有千秋，各有风采，各有不同的特色美味，可是他们说得最多的还是无城十字街的中和楼。

中和楼

"致中和，天地位焉，万物育焉"，意指达到中和的状态，天地才有正常

无城风情

的秩序，万物才能生长发育。

无城中和楼的建造者，熟读诗书，通达天文地理，知晓阴阳八卦，故把建在无城中心这块风水宝地上的酒楼，取名"中和楼"，希冀生意兴隆，财源滚滚来。

现在十字街老凤祥银楼，就是过去的中和楼原址。

中和楼始建于清朝末年，古朴典雅。两层砖木结构的房间和地板，回字形走廊和木楼梯，看到这些，你会有身临那些过去时光之感。

"到中和楼喝早茶"，是那个年代无城人的口头禅。早上，随亲朋好友或携妻子儿孙，早早赶到中和楼，寻一临街有窗户的空位，叫堂倌泡上一壶新茶。一手拿茶壶，一手拿茶杯，边倒边吹，倒完之后，一口一口慢慢啜饮。舌品茶味，鼻嗅茶香，暖胃涤肠，清心醒脾。有烟瘾的茶客，一支烟在手，吞云吐雾，优哉游哉。五香蚕豆、蛋黄锅贴、鸡汤干丝、鸭膀爪、炒面皮等风味点心，在堂倌的吆喝声中，被源源不断地从后厨送到客人的茶桌上。还有堂倌手中的长嘴大铜壶，更是一绝。只要吆喝一声"加水"，一条长长细细的滚烫开水，便从那壶嘴中喷出，准确地落在你的茶杯或茶壶中。灌满时，猛地一收，开水断流，但滴水不洒，总会赢得满堂彩，堂倌也露出得意的笑容，去别的茶桌上继续展示才艺。无城人口中说的"早上皮包水，晚上水包皮"，就是指早上在茶馆美美地喝饱一肚子水，劳累了一天，晚上到澡堂里的热水池中（水包皮），美美地泡个舒服澡。

茶馆、澡堂不仅是喝茶、泡澡的场所，也是新闻交流和发布中心。大到世界各地风云变幻，小到巷头街尾的花边新闻；高到星星月亮的传说，低到狐仙鬼怪的奇谈，传播迅速。讲述者南腔北调，夸夸其谈；听者暗自思忖，独自享受。

古老的中和楼在20世纪90年代现代化建设的浪潮中，消失在人们的视野中。

由于无为人，特别是无城的老人们，对中和楼眷恋有加，总想在老地方泡一壶茶，慢慢细品，尝人间百味，与远古对话，与内心深处对话，如今的中央花园后，金塔路边有座新中和楼。据说掌勺大师傅便是老中和楼的传人，做出的早点深得无城人的喜爱。

小卞炒蛋

20 世纪 60 年代，人们都惊奇于一个传言，城乡都知道，无城的"小卞炒蛋"非常好吃。不知内情的人，以为是"童子尿"（小便）炒蛋，引起了很多误解和笑话。

其实"小卞炒蛋"的主人公姓卞，名重纯，老无城人，家住城隍庙街，家境贫寒，从小被父母送到无城东乡三官殿一个饭店当学徒。他勤奋好学，天资聪明，得到了大师傅的喜爱，倾其技艺传授给他。炒鸡蛋这道祖传秘菜，也称"面糊蛋"，油而不腻，口感独特，深得顾客的青睐。师傅的亲传，加上小卞的钻研，给这道菜注入了新的活力。十里八乡都知道三官殿某饭店有一道名菜，都想来品尝。来就餐的人，打招呼时就说"小卞，炒一碟鸡蛋"，或更简略地说"小卞炒鸡蛋"。堂倌听了立刻吆喝后厨"小卞炒蛋"。久而久之，便成了这个饭店的招牌菜，享誉无为东乡。

随着小卞师傅手艺的提高，其名声也不断提高。20 世纪 60 年代，他被招到无为县委食堂工作，继续当大厨。1969 年在北大街建县委招待所，人们称其为无为的"稻香楼"（现在的太平社区凌风山庄）。卞师傅被调到县委招待所掌厨，继续不断创新他的"小卞炒蛋"，添加了新的食材和佐料，使"小卞炒蛋"的口感更加独特。很多领导、港澳台同胞、海外侨胞、知名人士下塌县委招待所，都品尝到了卞师傅做出的佳肴。"小卞炒蛋"越传越远，越传越神。

20 世纪 70 年代，某次省委在合肥召开大会，从全省各地抽调了众多名厨高手，齐聚省委稻香楼宾馆。大师傅们尽展各自的绝招，做出各种有地方特色的菜肴。无为县小卞师傅的一碟"小卞炒蛋"技压群雄，深得参会来宾的称赞，争得荣誉。后来中国重返联合国，外交部要在国内选招一批名厨去联合国工作，小卞师傅被选中，省城稻香楼宾馆也曾邀请他去工作。小卞师傅深爱故土，几次重大相邀都没有去，继续在县委招待所、濡须宾馆演绎他的"小卞炒蛋"绝技，为县委、县政府接待宾客的工作发挥重要作用。1996 年，无城一代名厨，62 岁的卞重纯师傅永远地离开了。

但愿"小卞炒蛋"这道名菜不会流失，祝愿卞老的子孙把这道无城老人

无城风情

们记忆中的美味传承下去，继续演绎"小卞炒蛋"的绝技新版本并发扬光大。

　　现在我们回味这些记忆中的美味，除了馋涎，更有眷恋。"中和楼"和"小卞炒蛋"，虽没有人授予它们金杯银牌，却获得了城乡人民赞美的口碑。无为人，尤其是无城人永远记得它们，记得古老的"中和楼"中堂倌的吆喝声，记得长嘴大铜壶倒水的精彩绝技表演，记得卞重纯师傅的"小卞炒蛋"。

逛地摊

徐先挺

华灯初放，马路就变成了集市。

这条路叫凤凰山路，此地环境优美。东为华林河，西为北门大塘"藕圩"。夹岸花木葱茏，几处古色古香的平房静卧其间。"酒吧""书吧""打鼓""瑜伽""九拍音乐教育""爱的代驾"……尽显田园风光，都市风情。

我曾用脚步测量这条路的长度，它和我们无为中学校园300米跑道一样长。此刻，我在"逛"。马路两边摊位上琳琅满目的货物，货主们的吆喝声，熙熙攘攘的人流吸引了我。

衣服、鞋、帽满架，时令瓜果满车，药材、美食整筐整盒；儿童电玩，风味小吃，老酒回收，古玩兑换；河蚌、田螺现场解剖，香料、糕点当面制作；厨房餐具与新鲜蔬菜毗邻，花卉盆景与工艺首饰争奇斗艳。还有祖传秘方，歌手卖艺……我在"逛"。我倚石傍柳，走走停停。一位大姐和她的摊点引起我的注意，大姐衣着光鲜，服饰夸张，摊位上花花绿绿的丝带、毛巾凌乱地堆积着。大姐是生意精，她学的是过去旧书摊的营销策略。果然，络绎不绝的行人在摊前挑选购买。

我全方位地调动"眼耳鼻舌身意"来感受街上的氛围。"清仓，大甩卖，大甩卖！巧卖，巧卖！""砀山酥梨，10块钱6斤，6斤10块钱！""新疆哈密瓜2块5一斤，好甜好甜哟！""新鲜的柚子2块5一斤，芝麻香蕉2块一斤，

无城风情

245

巧卖了！""红心柚子7元一个！"……小喇叭里的叫卖声，声声入耳。夸张、反复等修辞手法的运用，让我这位语文教师莞尔一笑。劳动创造了文明，文学来源于生活。我只关心诗词歌赋，"从明天起，关心粮食和蔬菜"。一位大姐摊前的叫声让我好奇，"阳光玫瑰7块钱一斤！"玫瑰论斤卖？来到摊前，不见玫瑰。大姐见我困惑，很客气、很慷慨地摘下一颗青皮、透亮的水果给我尝尝："这是我们陡沟产的新品种葡萄，阳光玫瑰。"吃货如我，只知道陡沟方片糕，好奇连着好奇。身旁的另一小喇叭在叫卖，"谢谢你板栗，10块钱一斤！"还有板栗叫"谢谢你"的？我也是醉了。静耳一听，原来是"新鲜的"。摊主很像我村的先华大哥，干练、清秀，身边的鼓风机"嗡嗡"振动，板栗黄灿灿的果肉惹人喜爱。

地摊

　　心情大好，我不断找人攀谈。"藕圩"广场儿童游乐场的摊主大姐告诉我，此处集市从去年开始营业，政府放开地摊市场后，状元桥、米芾广场、坝埂头，仅这一带就有好几处。大姐谦虚地说，生意还好，生活能过就行。

我想到刚刚见到的卖厨房餐具的一家人，两口子在忙碌，小女儿伏在警示桩上画画，任众声喧哗，小女孩也能安静作画。公主、城堡、花朵、色彩，小女孩同我边赏析边交谈。她在姚沟中心小学读一年级。我一惊，姚沟镇离市区好几十里。小女孩妈妈同我打招呼，我再惊，北方口音，她是东北人。小女孩爸爸告诉我，他们每天太阳落山前赶来摆摊，晚上9点左右赶回家，第二天早早赶到别处摆摊，每天只睡5个小时。他满足地感叹，小老百姓，小买卖，小日子，还不错。

　　远处的市区早已热闹起来了，凤凰山路南北两条大道，一环路和金塔路车水马龙，华林府、颐和花园流光溢彩，万家灯火。

　　美好的夜晚，美好的生活，我深情祝福。

无城风情

"鼓楼新风"志愿者服务队

汪大木

　　鼓楼钟声远，老城新风劲！"鼓楼新风"志愿者服务队，成立于2017年6月，由党政机关干部、社会各界爱心人士组成，现有注册志愿者556人，累计开展志愿服务活动600余场次，受益群众28000余人次，是芜湖市"最美志愿服务组织（团队）"，荣获无为市首届志愿服务项目创意大赛银奖。

　　针对不同服务群体的差异化需求，"鼓楼新风"志愿者服务队用足"绣花功夫"，推动社区服务精准化，用心用情为群众办实事、解难题。实施的"五针五线"工作法成效显著，被安徽文明网大力推广。多年来依据理发店、裁缝店、修理店等与群众生活密切相关的"鸡毛蒜皮"，打造出"爱心剪刀""爱心螺丝刀"等特色志愿服务品牌，涌现出很多感人事迹。

　　皇武社区居民徐克红，1986年生，助人为乐，2019年被评为"无为好人"，是人民广场一美发店理发师，即俗称的"剃头匠"。在平凡的工作岗位上，他说："帮助别人，快乐自己。多参与一些公益活动，力所能及地帮助他人，活得才更有意义，更有价值！"多年来在新时代文明实践点，徐克红的爱心是一盏灯，他的"爱心剪刀"温暖着很多人。

　　勿以善小而不为！理发虽然是一件小事，但对于行动不便的老人来说，却成了一件难事。从2018年开始，不管店里生意多忙，徐克红每隔一两周都会抽半天时间来到社区或者上门为腿脚不便、家庭困难的老年人义务理发。有时实在抽不开身，他也会安排店员过来。虽然是义务理发，但徐克红始终认真对待、毫不马虎，根据每个老人的头型、气质设计发型，深受老人们的欢迎。很多老人夸他服务好、手艺精，剪出来的发型让人看起来特别精神。

做一件好事并不难，难的是长期坚持！徐克红风雨无阻的"爱心剪刀"，坚守的是传统美德，传递的是人间真情。老人们甚至把徐克红的"剃头铺"，当成了喝茶闲谈的会客厅。"有你在，我们头上的事情就不用担心了。"正在广场散步的老人见到徐师傅，笑着打招呼说。安徽电视台、芜湖文明网、无为文明网等多家媒体报道了徐克红的先进事迹。

皇武社区居民侯杰，1997年生，徐州市工程兵学院学员、退役军人、无为市人武部军事参谋、社区志愿者。2022年6月13日（中考前一天），考生陆续入住各个酒店。当天晚上7点左右，侯杰与几名退伍老兵（4名基干民兵）在安德利购物中心购买生活用品时，发现安德利天福酒店窗户不断涌出滚滚浓烟，火势在快速增强。大火肆虐的生死关头，他毫无畏惧，第一时间拨打119火警电话后，和同行的4人冲上楼，在浓烟中四处寻找火点，控制火势，疏散入住人员，将危害降至最低并赢得了宝贵时间。在后续到达的消防救援人员的共同努力下，酒店所有住客在火灾中无一伤亡。火灾无情人有情，一曲侠肝义胆、感天动地的英雄赞歌，诠释了人间大爱。

退役不褪色，在危急关头，侯杰及几位战友置生死于度外，凭着在部队里所学的消防知识，挺身而出。事后，有人问被熏成"黑人"的侯杰："那么危险的环境，为什么选择冲进去？"侯杰笑了笑说："当时真没想那么多，就是觉得作为一名退伍军人和共产党员，我应该这么做！"

皇武社区居民刘德胜，一名60多岁的残疾党员。2020年初疫情猝不及防暴发时，他主动要求加入社区值守队伍，成为社区第一批值守志愿者。他说："社区领导，我听你们安排，我什么时间段都行！"刚开始，由于人手严重不足，一个卡口只有一个人，从早上6点到晚上10点，刘德胜克服腿脚不便的困难，在寒风中步履维艰，尽心尽力地长时间为疫情防控忙碌着。

在刘德胜的精神感召下，社区中陈瞳、吴越剑、范志豪、蒋冉等一批青年志愿者踊跃加入抗击疫情队伍。一名党员，一面旗帜。无数像刘德胜这样

无城风情

的基层党员和干部群众，配合医疗部门坚守在防疫第一线。众志成城，为战胜疫情谱写着时代赞歌！

为居民义务理发

皇武社区党总支积极探索新形势下社区管理和服务方式，由社区党总支书记任新时代文明实践站站长。在整合服务资源、拓宽服务渠道、创新服务方式上推进志愿服务，如环境整治、佳节送爱心、法制安全警示教育、文明劝导、结对帮扶等，精心打造"鼓楼新风"社区服务品牌亮点，把群众需要的服务作为"主打产品"，不断提升社区民生服务质量，让特色服务成为社区的一张靓丽名片。

建设 "好人馆"　弘扬真善美

罗　萍

　　为践行社会主义核心价值观，树立新风，弘扬正气，加强无城居民思想道德建设，无城镇在滨湖社区建设首个镇级好人馆并于2018年4月正式面向社会免费开馆，供广大群众参观学习。

　　"无城好人馆"是无为市建成的第一个好人馆，展厅面积130平方米，设置了"好人墙""笑脸墙"和"荣誉墙"三个版块。"好人墙"分为爱岗敬业、见义勇为、助人为乐、孝老爱亲四种类型，分别以图片、视频等形式，生动直观地展示了22位好人事迹。这些好人，都是由群众评选出来的优秀典型。如中国好人杨丽丽，女，1982年9月27日出生，家住无城镇西苑山庄。面对命运的捉弄，她用坚强女性的大爱，默默地撑起了一个家。2006年和2009年，儿子分别被诊断为重症肌无力和白血病。她卖掉了全部家当，筹措70万元去往北京为孩子治疗。祸不单行，她的丈夫遭遇车祸受重伤，几个月后便撒手人寰。由于公公做过膀胱肿瘤切除手术，婆婆眼睛做过手术，均已丧失基本劳动能力，且需定时服用药物，为了更好地照顾他们与儿子，杨丽丽将每日时间科学合理安排，买菜、做饭、洗衣服、给儿子辅导功课等，安排得井井有条。善良淳朴的杨丽丽，用顽强的毅力、强烈的责任感，诠释了孝老爱亲的传统美德。她的事迹感动了无数人，成为远近闻名的爱夫育子、勤苦持家的好榜样。特别令人感动的是，杨丽丽带着一群姐妹自谋职业，开了一间饺子馆，用勤劳的双手创造着美好生活，并不时开展诸如慰问防汛救灾解放军官兵、给社区低保老人送温暖等人间大爱活动，弘扬了满满的正能量。2012年起，她先后被评为"无为县（市）五好文明家庭"标兵户、芜湖市百名"孝星"、第六批"芜湖十大平民英雄"、第二届芜湖市道德模范和"中国好人"。

孝老爱亲的还有"无为好人"姚永霞、潘和平，"无城好人"季晓桂、李昌华、孔维霞、朱以霞等。

"中国好人"吴玉民，男，1962年10月生，无为市医院车辆管理员。在市医院工作20多年，见义勇为230多次，抓获违法犯罪人员230余人，其中抢劫犯9人、在逃人员2人，勇救落水人员2次共2名，先后负伤15次。

见义勇为的还有"无为好人"黄德胜、刘希到，"无城好人"张扬、单银等。

助人为乐"安徽好人"汪开涛，男，1961年11月生，无城镇东河村人。幼年因患小儿麻痹症致双腿残疾，但他身残志坚，自学掌握修鞋技能，并以此谋生。虽然生活清贫，但拾金不昧，不属于自己的财物，分文不取，修鞋生涯中多次主动寻找失主，归还顾客遗落财物。他助人为乐，几十年如一日，尽自己所能，帮助身边的人。面对晕倒在路边的老人、走失的儿童，他不顾自身残疾，积极出手援救，通过一次次善举，传递爱心和美德。他孝顺父母，无微不至地照顾年迈的母亲、身患癌症的父亲。他勇于担当社会责任，热心公益事业，积极筹集修筑农村公路资金十余万元。

助人为乐的还有"芜湖好人"谢发，"无为好人"张申霞，"无城好人"黄元馀、宋先华、许前柱等，他们都有许多感人的事迹。

敬业奉献的典范有"无为好人"朱启典、夏虎，"无城好人"王建松、沈自宏、钱苏华等。他们的身上都闪烁着催人奋进的光辉。

"笑脸墙"上的一张张笑脸，由无城的部分居民组成，他们的笑容阳光灿烂，写满了纯真善良。幸福像花儿一样，温暖着我们每个人的心灵。

"好人"就在身边，他们是工人、医生、教师、农民、司机等，虽然大伙的身份很普通，却是如此不凡。一瞬间的勇敢决断，一生的默默坚守，一句温馨的话语，一个助人的举动，背后无不彰显着高尚的道德情怀与可亲可

古韵芝城

敬的做人良知。

青少年在"好人馆"接受教育

　　"好人馆"不是博物馆，它展出的是故事，是人生，是大爱，是感动。"好人"如同珍宝，是无法估量的精神财富。建设"好人馆"，就是用群众身边的先进典型作榜样，弘扬真善美，是最鲜活、最能感染人的生动教材。

"爱满金河" 志愿者服务队

邹志勇

　　无城镇金河社区成立于 2003 年 8 月，占地面积 2.1 平方公里，目前常住居民 1.8 万人。面对社区留守儿童多、留守妇女多、孤寡空巢老人多的"三多"现象，社区牢记"全心全意为人民服务"的宗旨，深入探索社区治理模式，创新开展志愿者服务活动，成立"爱满金河"志愿者服务队。服务队成立于 2016 年 7 月，主要由社区工作者、共建单位机关干部、青年大学生、退休党员和不同行业的爱心人士等组成，现有注册志愿者 807 人。成立以来，参与开展志愿服务活动 4600 余人次，受益群众万余人，受到了领导和广大居民的一致赞赏。

　　为了更好地解决居民实际困难，金河社区把"民需、民想、民盼"作为志愿服务的出发点和落脚点，创新志愿服务模式，整合周边资源，以社区志愿服务站为中心，志愿者服务队为纽带，着力打造志愿服务品牌"五心服务"，最具核心地位的是爱心传递志愿服务。目前，社区已建立环保、敬老助残、科普文化、文明引导、关爱留守儿童、法律援助等数支志愿者服务队伍，这些志愿者服务队伍在扶贫帮困、助老扶幼、社区建设等活动中，发挥了重要作用。

服务用心，上门义诊送健康

为了切实增进辖区内孤寡老人、空巢老人、低保户、残疾人以及60周岁以上老年人的身体健康，该队伍多次和社区卫生服务中心共建，进小区、进住户，为老人和困难家庭人员检查身体，提供用药咨询和健康指导服务。这样不仅保障了辖区内老年人的身体健康，还关怀了社区低保户、残疾人等弱势群体，为构建一个全民安康的"健康社区"，奠定深厚基础。

凝聚爱心，护航未成年人茁壮成长

为加强对社区留守儿童和未成年人的关心与关爱，帮助和服务未成年人，进一步营造未成年人健康成长的浓厚氛围，社区以"用情撒播希望、用爱传递温暖"为主题，成立"爱心妈妈"志愿者服务队。在全面摸排辖区未成年人、留守儿童和困境儿童相关情况的基础上，建立专门台账，构建"一对一""一对多"的帮扶对子，开设社区家庭教育讲座，引导"爱心妈妈"志愿者服务队传播家庭教育理念，改进家庭教育方法，守护未成年人健康成长。另外，为满足广大家长需求，解决未成年人暑期看护难问题，减轻家长负担，社区增设暑期"五点半"公益课堂，由青年大学生担任志愿者，与孩子们开展亲情伴读、科普文化、手工制作等活动，让未成年人感受到社会各界的爱心和温暖，从小在孩子们心里种下感恩的种子。

做事贴心，调处化解矛盾纠纷

秉持"以心为本，用心灵温暖心灵"的服务理念，社区成立"法律援助中心"，通过提供心理辅导服务、调处化解矛盾纠纷、开展公益社会服务活动等方式，实施"民警+社区工作者+志愿者"的调解模式，为群众提供更加实用有效的纠纷化解和帮扶服务。自2016年7月服务队成立以来，据不完全统计，为社区的矛盾纠纷调解提供咨询服务756人次，入户走访提供心理辅导415人次。同时，社区开通心理援助热线，通过打电话、发微信进行心理辅导，接待来访电话、微信咨询等共700多人次，真正做到促进"小家"和睦，护航"大家"和谐，有力提高居民的获得感、幸福感和安全感。

无城风情

慰问暖心，以民为主，为民解忧

一切为了群众，一切依靠群众；从群众中来，到群众中去。社区把解决居民的困难作为志愿服务的出发点和落脚点，在扶贫助残工作中，以弱势群体为帮扶对象，全面了解居民的实际困难。志愿者与孤寡老人一对一结对帮扶，建立了空巢老人台账、帮扶志愿者台账和志愿者与空巢老人的结对帮扶台账，为他们在衣食住行等方面提供全方位服务，积极为他们排忧解难，先后共计帮扶135户居民，让社区老人得到来自社会的关爱，弘扬"老吾老以及人之老"的道德风尚。

居民放心，点亮文明之光

一直以来，志愿服务是一项崇高而伟大的事业，是衡量社会文明进步的重要标志。志愿者们用他们的所学所长，成为一束束温暖的光，默默地无私奉献、不图回报。为提高城市公共文明水平，促进文明创建工作持续深入开展，营造干净、整洁、有序的生活环境，社区几乎每天都能看见身穿红马甲的志愿者们，他们深入各个小区清理整治。他们不是拿着扫帚，就是拿着小铲子或者铁锹等工具，日复一日地在社区各个小区内开展"清洁城乡 美化家园"志愿服务活动。他们将小区的路面垃圾、卫生死角、小广告、乱堆杂物等清理得干干净净。此外，还参与文明交通、礼让斑马线文明劝导活动，在辖区内营造更加安全畅通、文明和谐的交通环境，让居民拥有一个舒适、安全的居住环境。

为推动社区志愿服务制度化和长效化，2016年7月金河社区在组建"爱满金河"志愿者服务队的同时，还建立了星级志愿者服务广场，社区志愿服务站也同步成立，并实行志愿者服务签到积分、每季度评先评优等制度。制度不但规范了志愿者管理，而且进一步调动了志愿者的积极性。虽说志愿者倾心奉献、不图回报，但关爱志愿者，让有着不同需求的志愿者得到不同的鼓励，是志愿服务活动持续开展的强大动力。多年来，金河社区涌现出了多名镇级、市级优秀志愿者，"有时间做志愿者"也成为金河社区居民一项乐意的选择。参与志愿服务，既是助人，亦是自助；既是乐人，也是乐己。

用行动传递真情，用奉献书写热爱！无城镇"爱满金河"志愿者服务队，用用心、爱心、贴心、暖心、放心"五心服务"，温暖需要帮助的人，用爱的光芒照亮天空和大地，用奉献精神激励、号召、感染大家，并以实际行动证明自己。

志愿者们用实际行动倡导低碳出行，文明停放车辆

经过近几年的持续发展与建设，社区各类服务组织愈发健全，制度愈发完善。辖区内小区环境面貌、秩序维护等方面有了显著改善。金河社区的志愿者们，敲开了一扇扇需要帮助的大门，播撒出一颗颗幸福的种子，志愿服务在社区也成为人人夸赞的新风尚。下一步，金河社区将继续以居民需求为导向，与社会工作相融合，加大创新力度，为社区居民提供更多优质服务，建立一个奉献、友爱、互助、进步的文明和谐社区。

无城风情

板鸭与羽毛

孙 兵

　　无城镇始建于隋开皇元年（581），迄今已有 1400 余年历史，这里也是我成长的地方。

　　我曾绞尽脑汁想弄明白这里为什么叫无城，但一直找不到答案。等学了历史，翻阅了资料，发现无城位于无为中部，是全市政治、经济、文化中心，我便认为无城是无为县中心的意思，并为自己找到答案而洋洋自得。

　　年幼的我总听说这里的人会生活又会打拼，那时候不懂是什么意思。等渐渐长大之后才发现确实如此。在烟火气息和奋斗意志的交织下，小城的特色和灵魂慢慢展现在世人眼中，"水韵濡须，大美无城"的新时代魅力让人赞叹不已。

　　无城人会吃，在板鸭中体现得淋漓尽致。板鸭又叫熏鸭，早在清代道光年间就闻名于世，距今已近 200 年历史。在无城，做板鸭的不计其数，马家、燕家，都是妇孺皆知的老字号，卤水配料和熏烤火候，都是祖上秘传，从不示人。老无城人不用尝，单靠观色闻香，就能断定板鸭品质的好坏。

　　那时候，爷爷最爱的就是著名老字号"马玉虎板鸭"。无城人吃板鸭的文化更是独特。很多慕名采购的外地人常抱怨味道不对，殊不知其吃法有误。在无城老饕眼里，吃板鸭是有专门的词的，叫"斩板鸭"。"斩"字用方言说，音调变了，却极有味道，仿佛带着板鸭香。而鸭肉与头、颈、爪、翅、内脏，一定要分开吃，鸭肉以外的都叫"肫爪"，懂美食的人更青睐肫爪。每逢三两好友上门，便斩一副肫爪，配一瓶老酒，细嚼小酌，畅谈人生，何其幸也。

马玉虎板鸭店

那是最美的时光，比甘露还甜美，比诗歌更烂漫。板鸭的美味夹杂在大笑和细语之中，就成了无城最美的烟火故事。任时光如何流逝，那份热爱，始终流传于人间。

当然，除了快意人生，无城人更会追求人生。

"鸡毛、鸭毛、鹅毛拿来卖啊……"这句吆喝声深深地印在了我的脑海里。小时候，不管在哪个街巷里玩耍，总会不时听到"鹅毛贩子"清脆悠长的声音。"敢闯"，早就烙印在了每个无城人的血液里。那轻飘飘的羽毛，从"走街串巷"到"漂洋过海"，从最初的养家糊口到如今占全国市场80%份额，几十年的风雨洗礼，向人们讲述着无城的"羽毛飞天神话"。

无城镇羽毛产业的成功，无疑是无城人敢闯敢拼的结果。我相信拥有"走遍千山万水，吃尽千辛万苦，说尽千言万语，想尽千方百计"创业精神的无城人，在新时代精神的滋润下，必定能闯出一片更大的天空！

初春的时候，我又回到这魂牵梦绕的家乡。环城河两岸生机勃勃，温暖的阳光轻轻铺在水面上，空气中洋溢着春日里独有的快乐气息。立于绣溪、

无城风情

状元桥畔，城市的喧嚣与自然的宁静相互交织，时代与发展在此刻完美融合。

这座灵动温馨的小城里，既有"百事尽除去，唯余酒与诗"的醇香韵味，也有"长风破浪会有时，直挂云帆济沧海"的坚韧气质。新时代的无城人，正在为这片古老的土地不断增添新的色彩。

这座城的人、景、故事，如同母亲温暖的怀抱，滋养了我的精神内涵，即使身处异地，但只要想起，我都会和她紧紧相拥。

古韵芝城

仓头的味道

张继炳

　　仓头是我的故乡，忘不了的除了风土人情，还有那独特的味道。

　　早年间，在我孩童年代，肉是计划供应的，又不准私人杀猪，每个人每月只有二两肉。记忆中肉的烧法很少，无非就是炒菜里面有点肉腥，那就是很多日子才能碰上的美味了。吃鱼是不用计划的，只要有钱，随时可以买到。20世纪60年代，仓头有个鱼市，就在老街靠东头的街南。早上，卖鱼的陆陆续续来了，无非就是东庄的老李、南庄的老吴等。他们有的是鱼鹰的主人，有的是撒网的老手，捕鱼就是他们的谋生手段。他们用自己的辛苦，换来生活的希望。

　　因为我大姑母是鱼市管理人员，遇到下市时便宜的小鱼会顺便帮我家买一点，所以我家中经常吃鱼，我们姐弟从小喜欢吃鱼，也会吃鱼。那些我至今也不能准确说出名字的鱼，也就是如今饭店里显得稀罕的、一盘好几十元的所谓野生小杂鱼，在当时非常便宜。妈妈很会烧菜，小鱼用菜籽油煎煎，一个个清清爽爽，不碎不烂，煮熟以后，鱼鲜与油香立刻充满了家里的草屋。我放学归来，急吼吼眼巴巴地就要吃。等到吃饭的时候，用红烧的鱼汤将饭一泡，那饭就不是斯文地吃，而是"倒"进肚子里了。在那个物资匮乏的年代，一顿好饭能让你记一辈子。

　　不过像鳜鱼、青鱼等名贵的鱼，我家就吃不起了。现在无比珍贵的野生

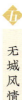

无城风情

261

河豚，当时没有人要。小孩子经常能捡到卖鱼者扔掉的河豚，会戏耍圆滚滚的河豚，或者当球来踢。

我们家过去很穷，印象中好菜大荤极少，但仓头的味道还是值得回味的。比如端午节，我们会包粽子，用水化开计划供应的少许红糖，将粽子在糖水里沾沾，也不亚于人间美味。小孩子会有一个咸鸭蛋，放在口袋里，舍不得吃，不时拿出来闻闻，馋得其他小朋友围着转。

中秋吃月饼，好像也是计划供应的。月上屋头，一块月饼被切成八块，一家人围在一起，每人总能分得一两块，伴着明月，其乐融融。那时菱角是肯定有的，养殖的是大架（读gà）马，里面的米大；野生的是扁扎子，米小而香；还有一种全是刺，叫野扎子，不好咬，用刀破开，里面的米特别香（现在好像见不着了）。送灶日也会做粑粑，用计划肉票买半斤肉，最好要一点肥肉，加点豆腐干子，再放点家里腌的冬芥菜，做出的馅非常好吃。

孩子最盼的是过年。20世纪60年代中期，家境要好一点了，过年会杀个鸡。记得是那种经过阉割的公鸡，较大，一半炖着吃，一半红烧着吃，头和爪加点黄豆单独烧。腊月三十晚上，小孩子可以尝尝鲜，但好的就要留着给来亲戚时撑门面了。还有鱼，一定是不会少的，而且要那种整头整尾的鱼，取"年年有余"之意。那是不准吃的，每餐都要摆上桌做做样子，一直要放到正月十五才能吃。

螃蟹在大部分年份是能吃到的，秋末冬初捕捞螃蟹，价格好像也不是特别贵。还记得妈妈带着我回到她的娘家——陡沟乡下的魏家埂，那里能看到人们在港汊里捕螃蟹的情景。他们将网缠在一根长长的竹竿上，在竹竿前端立一根长一点的鹅毛，岸边要有一盏油灯，然后就在岸边等着。只要螃蟹爬到网上，前端鹅毛会动个不停，这时需要迅速将竹竿收回，螃蟹就被抓住了。在螃蟹上市的时候，我家会买上一两只，蒸熟后将肉剔出来，用水一煮，加上水豆腐、红薯淀粉，做成蟹糊。加点醋、香菜作为配料，那个味道真是鲜美，我不把肚子喝得装不下了不会罢休。

做好蟹糊的关键是醋，醋就是蟹糊的灵魂。醋多了，会盖过螃蟹的鲜味；醋少了，又可能有蟹的腥味，非得正好才行。这道菜，算是无城的特色菜，在外地很少见到，即使见到，也没有无城的正宗。

进入 21 世纪，仓头兴起了吃咸货，也就是腊肉，中国民间喜爱的传统美食。相传在上古夏朝时，人们于农历十二月合祭众神叫作腊，因而农历十二月叫腊月。冬天将肉类腌制后风干或熏干而成腊肉。不过聪明的仓头人，已经大大丰富了腊肉的内涵，不但会腌制猪肉，而且其他肉类也会腌制。常见的有腌排骨、腌大肠、腌猪脸、腌鹅、腌鸭、腌杂碎、腌各种鱼类。

　　最著名的是腌河鳗。河鳗又叫江鳗、鳗鲡、白鳝，肉质细腻绵软，经过腌制以后变得紧致有嚼头，肥腻的感觉一扫而空。盐和酒再加上晾晒的时间，去除了河鳗的腥味，剩下的都是蛋白质的香味。现在，到仓头就餐，咸鳗鱼成为食客必点的一道招牌菜，到仓头吃咸货也已经成为餐饮时尚。

仓头咸货——无为美食的一道名片

　　过去，农家每年冬至前后都会杀猪宰鸡。除了当天吃的肉，剩下的都用来灌香肠、做腊肉。"小雪腌菜，大雪腌肉"，大雪节气前后，人们便开始用精心挑选的优质食材腌制腊肉。待到腌好晒干，年也就快到了。大雪过后，家家户户阳台上开始晾晒腊肉、香肠，成排的腊味在静静接受着时光的洗礼。

现在，仓头人一年四季都可以制作咸货，如何制作的，我不太清楚，这是仓头人的智慧。现在的仓头社区开有七八家餐馆，各家有各家的特色。唯一不变的是各家餐馆都有自己的特色咸货，咸香可口的腊味在空气中漫溢绽放。其中制作者倾注的心血和难舍的味道最值得回味，也成为异乡游子和客人们舌尖上的乡恋。

需要说明的是，现代的膳食要求并不赞成多吃腌制的菜肴。但不必担心，仓头的咸货并不咸。也不是久腌久晒，只要你不是每天都把咸货当饭吃，那就没有关系。

再说到煮五香蛋，方法有很多种。有人喜欢用卤水煮五香蛋，确实味道浓厚，但我不喜欢那种油腻的样子。有人并不将蛋壳剥掉，就那样直接带着壳煮。其实那是卖五香蛋的生意人因为担心不能及时卖出而采取的措施，以避免久煮而导致蛋白质糜烂，俗话说就是"经煮些"。我家煮蛋的方法很简单，新鲜的鸡蛋用清水煮好以后，剥掉蛋壳，再加盐、上好的酱油、八角，多煮几次，入了味，香味就扑鼻而来，简单、朴素、实在。

因为这是妈妈传下来的味道，是独一无二的、深入骨髓的，是从小刻到骨子里的味道，一说起来，就莫名地欢喜，食欲大开。还有那些不经意的话语，能勾起深深的思念。虽然老房子已经不在了，妈妈也不在了，但仓头的味道却萦绕心头。

六

无城故事

说说三国古战场

耿松林

　　《三国志》多处记载，魏吴在无为、巢湖、含山一带反复争锋。曹魏方面，动辄出动几万、几十万大军进攻濡须，企图越过长江战线一举灭吴，成就统一霸业。孙吴方面，将濡须坞、东兴堤、濡须口和栅江口等濡须河军事防御系统，作为阻击魏军南进的有力防线。自公元212年孙权筑濡须坞，到公元252年东兴之战，40年间双方争战20余次。孙吴先后任用蒋钦、周泰、朱桓、骆统等为濡须督，以及丁奉、诸葛恪等足智多谋、骁勇善战的战将与曹魏军队周旋，最终让曹魏四越巢湖而不成，成功阻断了魏军由巢湖入江的运兵通道，从而形成了较长时间的魏、吴对峙局面。

　　今天的无城镇仓头、黄雒一带，濒临裕溪河，也即古濡须水，与濡须坞、古濡须口邻近，是当年魏吴江淮之战的前沿阵地。带着探访古战场的任务，笔者曾与县史志办几名同志，两次前往仓头社区、巢湖钓鱼乡等三国古战场故地，走访了当地多名有文化的年长者，采访所得与史料认读互证后，对当年三国古战场有了一些认知。

　　仓头古地名，类似化石作用，揭示了三国古战场的部分秘密。仓头前有濡须河，后有太平山，有利于行军作战，同时地处三闸圩腹地，一马平川，水源充足，土地肥沃，是补给粮草的好地方。传说曹操部将张辽率骑兵驻扎在马闸河（今仓头新街附近），因今马家圩一带水草丰茂，就将其作为牧马场。三墩王（今圣咀村）附近原名大窑，曹军把大窑改作头一个粮草仓库，故取名仓头。圣咀村一个集中碾米的地方，后叫碾头张自然村。张广村一带为驻军屯田场所，故有军田岗村。东营村因驻扎军营，有了东营、西营自然村。七广附近筑了防卫土城，即流传下来土城村。地名的传承，具有较强的稳定性。遥想当年的仓头、黄雒，由于军队的进驻而一改往日清冷、荒凉的局面，在战马嘶鸣中，军队调动往来，人气旺盛，立即焕发出生机和活力。

著名水利史专家、《无为大堤志》的作者李卫华先生指出，三国时期（220—280），曹魏与孙吴角逐于江淮之间，交战双方均在各自的控制区域内大面积屯田，以济军用，从而开始了对巢湖流域沿江沿湖滩地最早的上规模的围垦开发。他还指出，吴赤乌年间（238—251）建成的铜城闸，就是孙吴屯田垦殖中建成的重要水利工程。

三国时东吴大将吕蒙献计，劝孙权夹濡须水口立坞，孙权采纳了他的建议，遂于濡须水东岸的濡须山（今含山县东关镇境内）筑坞，用作军事防御的城堡。此坞形如弯月，又名偃月城，作为水军的陆上据点。也正因为此，此地得名东关。

曹军南征至濡须口（古巢湖出水口，位于今东关附近），相对应地在濡须水西岸七宝山（今无为市石涧镇太平一带）立栅布阵，因此该山也被称作濡须口的西关。对此，清光绪续修《庐州府志》和嘉庆《无为州志》都有明确记载。道光年间编成的《巢湖志》指出，曹魏时，濡须山为东关，七宝山为西关，两山对峙为险。古时作为军事要塞名称的东关，后来被沿用成了地名，成了今含山县当年古战场旧址上东关镇的名称。

含山东关镇古地名的来历，和无为仓头、黄雒等处的古地名，互为印证，证明了这些地区同为三国古战场的历史事实。

拜石传奇故事考略

关浩峰

无为县城内西北隅米公祠，为北宋著名书画家米芾任无为知军时所建。米芾拜石痴癫，兹将米芾拜石传奇故事考略如下：

米芾之拜石，简直到了如痴如癫、无以复加的地步。米芾的"癫"，是他的一大特点，这一特点表现在他的言行中。米芾的"痴"，则表现在他与众不同的爱石行为上。他因为整日醉心于品赏奇石，以致好几次遭到弹劾贬官，但他仍然迷石如故，毫无悔改之意。任无为知军后，他见衙署内有一立石十分奇特，高兴得大叫起来："此足以当吾拜。"于是他换了官衣官帽，手握笏板跪倒便拜，并尊称此石为"石丈"。此事很快传播开来，人们都觉得他的行为滑稽可笑。后来他又听说城外河岸边有一块奇丑的怪石，便命令衙役将它移进州府衙内。米芾见到此石后，大为惊奇，竟跪拜于地，口称："我欲见石兄二十年矣！"

传说其妻李氏为南唐后主李煜之后，有家藏美石"灵璧研山"。新婚之夜，李氏将其赠予米芾。没想到他竟然冷落了妻子，抱着石头睡去。此事一时在奇石圈广为流传，石痴之名天下共知。明末散文家张岱曾说："人无癖不可与交，以其无深情也。"可见，米芾实乃性情中人也。

还有一次，他得到一块端石砚山（一种天然形成的状如峰峦的砚石），爱不释手，竟一连三天抱着它入睡，并请好友苏东坡为之作铭。米芾一生珍

六

无
城
故
事

269

藏的砚山和石砚非常多，清代《西清砚谱》中著录有多方米芾珍藏的石砚。他在给想从他那儿得一方石砚的朋友的信中这样写道："辱教须宝砚，去心者为失心之人，去首者乃项羽也。砚为吾首，谁人教唆，事须根究。"由此可见，石头就是他的命。

米公祠内米芾拜石

米芾对石的"痴"和"癫"，最为传奇的表现是他为奇石降职去涟水为官这件事。他听说安徽的灵璧县产奇石，便请求降职到灵璧的涟水县为官。由于他的心思在石头上，因此到了涟水县之后，对公务自然就较少过问，只一心收藏奇石，并给每一块奇石赋诗一首。他玩石玩得神魂颠倒，整日待在画室里不出来，有时一连几日不理公务。他的上司杨次公察史（当时的官职），听说米芾玩石入迷，经常不理公务，便来规劝。他到了米芾府内，正色对米芾说："你身为朝廷命官，把你从千里之外派来，是要你勤于公务，你怎么能整日玩赏石头？"米芾走上前去从左边的衣袖里取出一块镂空玲珑、峰峦洞壑皆具、色极青润的石头，对杨次公说："这样的石头怎么能叫人不爱！"说着，把这块石头又揣进衣袖中，接着又从衣袖中取出另一块石头，这块石头叠嶂层峦，更为奇巧，紧接着又取出第三块，并自豪地再次对杨次公说："这样的石头怎么能叫人不爱！"哪知，杨次公突然改变了态度，高兴地说："这样的奇石并不是你一个人爱，我们也很爱。"说着，便从米芾的衣袖中取出三块石头走了。

寻访黄雒老街

童毅之　邢朝庆

《安徽社会发展报告（2017）》蓝皮书对安徽的老街资源进行了统计，全省共有86处城镇老街，主要集中在皖中及皖南，芜湖市排名第一，共17处，无城黄雒老街在列。

始于宋代的黄雒古镇原名黄雒河，青石铺成的街道两边是紧邻的房屋，清一色的徽派马头墙。黄雒老街是无城也是沿江北岸现存老街中年代较早、保存旧貌较多、格局较完好的一条古街。

黄雒北通巢湖，南达芜湖，西至无城，历史上是无为市最为重要的物流、集散、交通中心。明清以来，随着长江两岸的大力开发，黄雒作为商业前沿地区，得到空前发展。老街店铺密集紧凑，店面、作坊、住宅三维一体，保留古代商家"前店后坊"或"前铺后户"的经营格局和特色。房屋仅两层或三层，多为木穿榫式结构，石础、砖砌、马头墙、小青瓦、徽派木雕、金字招牌、朱阁重檐，古朴典雅，华丽高洁。老街路面宽3~6米，长近1000米，均用青色的大块石条铺成。

探访老街一般从黄雒新街入口北侧的一座牌坊进去。牌坊高约2米，木质，灰褐色，上书"黄雒老街"四个大字。社区工作人员介绍，正在筹集资金欲修建一座高大的门楼，然后将此木质牌坊移至老街东出口。顺着牌坊的指示牌而入，陆续穿过两座小石桥，走过机器打磨的石板路，不久就到达黄

雏老街。首先映入眼帘的是黄雏老供销社，两层楼，再过去是黄雏的百货大楼，从早到晚熙熙攘攘，人声鼎沸，好不热闹。

先走东街。右转第一家是焐坊，长条形深邃的房屋彰显过去的繁华，从这里焐出的鸡、鸭、鹅，不仅满足全黄雏住户的需求，还供应给对岸含山、石涧农户。不远处原是中国农业银行黄雏分理处，其街牌字已脱落，只留印痕。这里当年可是黄雏财富的象征，进出其中的大都是"万元户"，一般人家望而却步。这个20世纪的当地金融巨头，为黄雏工业、农业、商业的发展和政府的运转作出重要贡献，直到21世纪初才完成使命，撤并回县。

中国农业银行黄雏分理处对面是由张恺帆题名的"黄雏剧场"，这是令多少人魂牵梦萦的地方。当年的黄雏人业余生活不丰富，看戏、看电影便成为他们业余生活的首选，他们随着剧情笑，也随着剧情哭，尽情地发泄心中的情感。如今的黄雏剧场，孤独地在尘埃里落寞着。

再往前走是电器商店、码头工人搬运社，可以感受到昔日黄雏的繁华。旁边是黄雏公社机关所在地，当年的公社可谓豪华、大气，二进房屋，中有天井，一边办公，一边生活，颇有旧时"衙门"模样。

东街头的黄雏小学（包括旁边的文化馆，后改作医院），共有20间教室，最盛时有500多名学生读书，从这里走出去的人才不计其数，成为社会的建设者。他们在外打拼，节假日回乡探亲访友，会让沉寂的老街暂时热闹起来。

再走西街。左边第一家是一间药店，如今屋里已无人居住，主人已搬至新街经营，但药店的招牌依稀可见。旁边是杂货店，由一对年迈的夫妻经营，谈及过去，他们脸上洋溢着笑容：40年前的商店整天顾客盈门，虽然累一点但很满足，如今每天只做几笔生意，不为挣钱，只为留住心中曾经的岁月。不远处是无为县黄雏信用合作社，过去这里经常宾客盈门，农民杀猪卖粮后积余的钱大都存在这里。可惜如今只剩空屋，门前墙壁上的石灰已完全脱落，昔日的风光不再。

再往西去有铁业社、木业社、篾业社、缝纫社等。住在旁边的是68岁的王龙华，父亲曾在镇上最大的南水商店上班，他自己靠修理电器生活，当被问及为何不随两个女儿去南京生活时，他说不愿麻烦孩子们，在老街生活

古韵芝城

一辈子，不愿挪窝。其实，这是老街情结。我们看了他家的门牌号：黄雒老街224号。

西街头是两层楼的洗澡堂，一楼用来洗澡，二楼是旅社。与一般澡堂不同的是，黄雒澡堂很早就有女子浴室，这在无城及周边地区都是不多见的。想当年人们（尤其是男人）洗完澡后，泡一杯香茶，来一包花生米，一粒粒地嚼碎，慢慢地咽下去，是神仙般的享受。

陪同的黄雒社区工作人员告诉我们：最盛时的黄雒河有数百号商户、千间民居，比较有名的有汪家银楼、刘茂记杂货、宋老五布庄、张恒春药号、陈春和茶馆、方家豆腐店、翟大文酱园、张运浩酒坊、蔡家机米店、耿家成衣店、余义发与季永安黄烟店、李德恩兄弟织坊、夏家兄弟糖坊、宋大麻子澡堂、许家黑鱼馄饨等。此外，还有戏园、当铺、钱庄等。这里的铜、铁、竹、木、漆、染等行当世家出身的手工艺人技艺好，曾经很有名气。

黄雒河老街新门楼

回望黄雒老街，商铺前店后坊，民居青瓦石础，一片徽派建筑。槽坊、油坊、糖坊、醋坊、酱坊，五坊俱备，足见老街曾经的繁华。

随着黄雒新街的兴建，绝大部分商铺迁至新街，老街的昔日繁华不再。如今的黄雒老街虽然寂静落寞，但安逸祥和；老屋虽已破败，但仍顽强地伫立，期待早日遇见老街旧貌换新颜的那一天。

无城治水名宦王又朴

何章宝　李俊平

王又朴（1681—1763），字从先，号介山。原籍扬州，六岁时随父迁居天津，清世宗雍正元年（1723）进士。其仕途曲折，乾隆十年（1745）补庐州同知，管理无为州事，乾隆十五年（1750）从无为离任。

他是一位善于治水的州守，《池州太守·清代知府篇》称他"所至皆有政声，尤明于水利"。他的《重筑文成坝碑记》记载了他在无为州疏浚河道、兴修水利的情况。

唐宋时期，无城华林桥附近，向城内是仓埠门，向东河口是黄金墩，黄金墩与对岸相连，外围是华林河。明朝弘治年间，州守赵璧为方便从黄雒河水路运输，疏浚墩口，使环城河与外河相连，堵塞了华林河旧道。后来，州守陈贤又用黄金墩堵塞外河，重开新河即华林河旧道。至清朝康熙二年（1663），更是修筑文成坝堵住新河，疏通黄金墩。后又几番毁而复修，修而复毁。

按说，打通黄金墩使环城河与外河连接，方便运输，又引来活水，应该是利多弊少之举，可为什么各位州守劳民伤财，对文成坝与黄金墩互为废兴呢？原来，筑起黄金墩有着另外的讲究。据堪舆先生说，无城西来之水曲折地从无城南面绕过，如龙盘旋，黄金墩所连接的长堤顺着龙水的脉络，将北面和西面的两支水流合在一起，向东流去，龙脉不穿。所以宋明以来，无城经济繁荣，人才辈出，成为名城，更是出现了焦蹈、邢宽两位状元，这是庐州府其他州郡所没有的。而自从打通黄金墩斩断龙脉之后，市井萧条，经济凋敝，科举场上的成绩一落千丈。

王又朴经过详细勘察，对无城的河流分布及水势走向掌握清楚之后，从三个方面驳斥了"黄金墩龙脉说"：一是环城河连接了外河，引入了江水，是"生来会旺"，聚财之举。二是如果说黄金墩是龙脉，既已斩断，怎么能用区区人力使它重新接上呢？三是看风水，一定要以是否对百姓有利来判断，有利就是好风水，无利就是坏风水，不要虚无缥缈说得玄而又玄。他最终认为：恢复文成坝对商贸发展，以及与江浙一带的经济往来大有裨益，对百姓能够用上清流活水很有帮助。

于是他在乾隆戊辰年（1748），接受了重修文成坝的建议，安排衙门官员孙健昌督办。反对重修文成坝的是城南人，他们觉得修坝堵水，水流曲折，春夏发水时容易给城南造成水患。等到文成坝修好后，江水上涨，内河水位仅仅上涨了四寸，城南反对筑坝的人也就没有意见了。此次重筑的文成坝只是土坝，因为没有财力支持未能建成石坝，但王又朴认为已经够用，不必耗费财力建石坝了。

护城河上荡雅韵

275

坝成之后，他亲撰一篇文章《濡邑筑文成坝成，书示士民》，继续分析筑坝后能否迅速改变当时"人文疲敝"的困局。他打比方说，如同帆船，一定要打造好、保养好，驾船的人技术熟练，才能够乘风到达想去的地方；如果帆破樯歪，下漏上倾，驾船的人技艺不高，即使有风也没有用。所以说，人定胜天，福自己求，那种茫然而没有根据的说法，可以停止了。

文成坝重建后，舟船能够从东西河道直接抵达无城东门，大大方便了群众，又为环城河引来了活水，且江水上涨没有带来水患，实实在在有益于百姓。

党旗从这里升起

——无为第一个中共党组织在无城成立

叶悟松

1926 年冬，在武汉加入中国共产党的无为籍党员任惠群、刘方鼎、商恩普等人受党组织派遣，进入国民党安徽省党部在湖北武昌的"安徽省党务干部学校"学习。1927 年 7 月，在武汉的汪精卫叛变革命，大肆捕杀共产党人，迫害革命志士。任惠群等人为躲避国民党反动派迫害，回到了故乡无为。

1927 年 8 月，任惠群赴芜湖与中国共产党安徽省临时委员会书记柯庆施取得联系，奉命在无为县筹建党组织。8 月中旬，根据中国共产党安徽省临时委员会指示，任惠群、刘方鼎、商恩普、倪受健、张泰康 5 名共产党员，在无城米市街刘魁记衣店（刘方鼎家）召开会议，正式成立中国共产党无为县特别支部，直属中国共产党安徽省临时委员会领导，这是中国共产党在无为成立的第一个党组织，由上述 5 人组成，任惠群任书记。米市街刘魁记衣店便成为党组织的活动地点。每当开会、活动时，刘方鼎的母亲便坐在大门口拉针线、放哨，在严酷的白色恐怖中，从未出过问题。

中国共产党无为县特别支部成立后，决定立即进行三项工作：第一，要求中国共产党无为县特别支部成员立即分头通知所有参加国民党的共产党员全部退出国民党；第二，揭穿国民党的反革命阴谋，让共产党员提高警惕；第三，以无城镇和东乡白茆洲为重要工作地点，发展党组织，组织农民协会，进行革命宣传活动。

1927年9月，中国共产党无为县特别支部在刘魁记衣店召开支部大会。鉴于全县党员日益增多，为了便于开展活动，根据中国共产党安徽省临时委员会指示，支部大会决定成立中国共产党无为特区委，任惠群任书记兼组织委员，擅长演说的刘方鼎任宣传委员，与农民联系较多的商恩普任农运委员，张泰康任交通委员，倪受健分管通信工作。特区委下设3个支部，共有党员16名。会后，由于工作需要，特区委由刘魁记衣店迁至白茆洲，大力开展土地革命和工农结合等宣传活动。

1928年1月，以任惠群为书记的特区委在无城镇机匠业、印刷业、手工业等行业中组建了工会小组，有会员12名，是无为建立最早的工会组织。同年春，在特区委领导下，无为县东乡农民运动蓬勃发展，建立了小江坝、李家潭、宋家庙3个农民协会。这是无为建立最早的农民协会。当时正值春荒，贫苦农民家中断粮，生活十分困难。特区委根据中共中央指示，发动3个农民协会，开展"向大户借粮"工作。在党组织领导下，宣传发动农民协会会员，从富户、大户中借粮食，帮农民度过饥荒。

1930年1月，中国共产党无为县委执行委员会成立。11月，县委根据皖南特别委员会要求，成立中共无为县特别行动委员会，进行武装暴动准备。12月7日，成立中国工农红军皖南第三游击纵队，发动六洲暴动。

六洲暴动由于革命力量弱小，无法与国民党反动派的武装力量相抗衡，最终失败了。但它是无为人民在中国共产党领导下，以革命武装向国民党反动派打响的第一枪。它锻炼了党，锻炼了无为人民，在无为革命史上具有重大意义。

中国共产党无为党组织在大革命进入低潮的白色恐怖中，在古老的无城成立，高举工人阶级先锋队的大旗，领导无为人民与国民党反动派抗争，抗击凶恶的日本侵略者，使无为成为皖江抗日根据地中心区。在解放战争中，无城人民献出一切可以支援的人力和物资，支援解放军"打过长江去，解放全中国"，为渡江战役的胜利做出重要贡献。

无为第一个党组织在无城镇诞生，举起了无为历史上第一面中国共产党党旗，是无城人民的骄傲，将永载史册。

无为板鸭味美传四方

王惠舟

清道光年间，无城鼓楼附近有一个名叫林源的孤儿，以卖卤鸭为生，但卤鸭味道平常，每天只能卖出一两只。30岁的他，虽与邻家闺女何泉青梅竹马，交往很亲，但因无钱送上聘礼，从未向何家求过婚。

这年中秋节，林源鼓起勇气，手提两只用心制作的卤鸭，来到何家求婚，何家婉言谢绝了。

林源回到家中，锅灶上稀饭已煮好，但他无心吃饭，顺手将两只卤鸭挂在灶门顶板挂钩上，又往灶膛里添了几把木屑让稀饭保温，便和衣倒在床上睡着了。木屑缓慢地燎着，冒出一缕缕细烟，直向卤鸭熏去。过了一个钟头，本来暗黄的两只卤鸭竟变得皮脂油亮、色泽金黄，散发出一股扑鼻香味。

"好香啊！"何泉推开林家的大门，闻到了香味。林源一见意中人来了，转闷为喜。两人仔细观察后，认为鸭子的香味是木屑轻烟熏蒸的结果，于是又把两只鸭子重新下卤水煮。顿时，鸭子变得更加肉嫩色美，香味诱人。林源决定先送给何泉家人尝尝。

何泉一家与林源共同品尝经过熏制的鸭肉后，都觉得味道确实不同寻常，特别鲜美。他们认为应该用这种工艺加工鸭子出售。给这种鸭子起什么名字好呢？林源想到这香浓味美的鸭子是挂在锅灶顶板上熏蒸的结果，于是起名为板鸭。从那以后，板鸭大受欢迎。因它创制在无城，无城又是无为首镇，人们干脆把它叫作无为板鸭。随后林源又改进了卤汁配料，增加了二十多种天然香料，使出锅后的板鸭色、香、味更上一层楼。经过一段时间摸索，林源已熟练掌握了板鸭制作技术。

试销一段时间后，林源以"林大宏板鸭"正式挂牌，在鼓楼一角设摊销售，生意分外红火。第二年中秋节，林源和何泉两个相爱已久的青年人喜结良缘。"林大宏板鸭"成了无城响亮的品牌，很快传到芜湖、南京、上海等地。据说，还有人将板鸭进贡到宫里，皇帝大加赞赏。

多年后，林源又把制鸭工艺传授给燕家和马家，一时间，板鸭成为无城街面最抢眼的美食。无为解放后，特别是改革开放以来，无为板鸭的经营，扩展到各类人群。经过几代人对工艺的不断改进，现在的无为板鸭遍布城乡，行销全国，名气越来越大，创造了徽菜奇迹，也给无城人民带来美的享受和财富。

燕明珍板鸭店

无为板鸭，选鸭精细，配料考究，制作精良，其腌、晾、熏、卤等，各环节严而有度。每一只无为板鸭，都是鲜亮其外、精妙其里、香而不妖、嫩而不生、肥而不腻，从头到脚，各有妙味，人见人爱。无为板鸭在鸭类加工中，真正是"鹤立鸡群"，也是无城人用时间和智慧造就的宝物。

无为板鸭，味道鲜美，独具特色。吃无为板鸭，要想吃出滋味、吃出情趣，大有讲究。这里的"吃"，应该叫"品"，怎样品？人不要多，约上三五好友就可以小聚细品。品板鸭，板鸭当然是主角。要选新鲜即食的"套餐鸭"：鸭身四分之一，鸭头连颈一份，鸭翅一份，鸭爪一份，鸭杂碎一副。将鸭头切成两半，其他各切成大小合适的块、片。品鸭辅料：每人备一小碟蒜泥、老陈醋，供浸蘸鸭块，提味起鲜。不要用酱油和麻油，因为前者会使板鸭变咸，后者会掠走板鸭的口感和原生态香味，把无为板鸭变成无味板鸭。还可备上适量白酒，因为白酒与板鸭相伴已百年以上，亲热和谐，有助于烘托品尝的气氛。还得配上几样陪衬菜，装点餐桌，调和口味。宜选素雅味平的菜，不有损品鸭，防止喧宾夺主。此刻，主人可略作引导，使品中有赏，赏中带品，那才是美味。

无为板鸭味美绝伦，其各个部位又有异样的鲜美。鸭皮油滑爽嫩，鸭肉细软亲和，入口异常清爽，立马满口藏香；鸭膀、鸭爪虽细皮包骨，但皮骨之间，少许肉丝、筋丝相连，轻轻咬开，慢撕细嚼，别有一番滋味。尤其是那细小的骨筒之中，有蔷薇色的髓液，营养丰富，嘬口轻吸，犹如膏丹之妙，其他鸭品绝不具备。鸭杂也各有特点：鸭肝细滑软糯，鸭肫香脆清润，鸭肠弹软耐嚼，鸭舌脆嫩小巧。此外，应着重说说鸭颈和鸭头。它们皮薄如纸，入口细密。颈骨周边，活肉嵌入，需仔细剔出，撕下肉来细品。鸭头是个宝，需用点工夫才能吃透吃尽。其内大致分两部分：一是细小零件，肉筋脆骨组合，进入口中那是"百味交集"，别有滋味；二是鸭脑，这是板鸭的精华部分，细面柔和，入口即化。不爱吃鸭头的人，是品尝不到无为板鸭的这种美味的。

至此，品尝无为板鸭的好戏才基本结束。您也必然已经领悟到，始于无城的无为板鸭为什么会走向全国，在我国食品文化中独放异彩。

六
无城故事

仓埠门的故事

王惠舟

古
韵
芝
城

　　无城老城墙圈围的原无城，东边紧傍着的濡须河，是一段通江达海的重要河道，与无城乃至全县的交通运输、经济发展、百姓生活密切相关。清嘉庆《无为州志》记载，为充分利用这段河道，先人建城墙时，在建有东、南、西、北四道正门的同时，自东门（一般称大东门）沿河岸向北，还多建了小东门、仓埠门两道偏门。它们的模样与四道正门相似，只是小一些。城门两边巨大方形砖柱在上面连成拱券，拱券之上是雉堞（20世纪40年代我记事时已无城楼），中间是两扇圆木拼成的厚重城门。仓埠门位于当年无城东北角，城内连着太平巷，也就是现在北城小学大门前的那条路，途中接后新街和一条小窄巷，再往城里就是北大街。城外不远处是濡须河和无城最大的水运码头——仓埠门码头。这里讲的仓埠门，其故址在华林府小区北边太平社区食堂前面。

　　当年仓埠门的区位，可以说，特殊又显赫。这就得说一下"仓埠"二字的含义。仓，仓库，储物之所；埠，码头，舟楫靠泊和始发之地。仓埠门，一是城内紧靠着"仓"。那时的无城，富户多选择在太平巷、后新街安居，为人熟知的就有宋、叶、卢、邢、徐诸姓。这些大户田产多，他们成片的屋宇中总有高大森严的仓房，坚实又神秘。二是城外紧连着"埠"。农耕时代水运尤为重要，码头是活跃水运的咽喉。千年的历史，使濡须河这个通江达海的码头名扬长江中下游。1909年有了无为到芜湖的客运小火轮，也就有了铁栅门、带栏杆的铁制跳板、长长的青石台阶和巨大的钢皮趸船组成的码头，很有派头。古老的无城，开始有了一点工业社会的气息。在众城门中，"仓埠门"这个名字，既无华彩，也无诗意，却最为名副其实、质朴可亲，独具身份象征。

仓埠门里众富户仓库中储物进出，都因临水近埠而方便快捷。各行各业的人们想要走向外面的世界，八成都要从这个码头登船开始。这些都表明，仓埠门是多么重要和风光。有趣的是，走出仓埠门左边不远处，有一座漂亮的单孔青石拱桥，架在向北拐弯的护城河上，过桥沿濡须河堤走到两三里外的小河口，乘渡船可到对岸陡沟大圩众多乡村。这是当年县城通往东北方向的一条重要交通线。这座桥就是有名的华林桥。如今，它已成为古城身边唯一的青石拱桥。

仓埠门还是城内住户获取优质生活用水的重要通道。在有自来水之前的千百年间，城内居民生活水源之一是到处都有的井水。可是井水盐分高，太咸，只能用于洗涮。各家各户饮水、市面上洗澡堂的水、理发店的水等，用的都是河水。于是就有了"卖河水"这一职业。城内为数不多的壮汉，凭着两只水桶、一根扁担，一年到头风雨无阻，空桶下河，满桶进城，论担收钱。仓埠门（还有小东门）就是他们最亲的陪伴和最好的见证。

我对仓埠门，还有不一般的感情。读书时期，每逢星期天我喜欢和几个好友到这里看小火轮。尤其是夏天，河水丰沛，太阳刚偏西，芜湖的轮船就到了。首先映入眼帘的是轮船上面直喷的浓烟、下面汹涌的浪头，接着听见汽笛的尖叫，最后是工人下锚、拉绳、搭跳板，大呼小叫的旅客登岸，挣钱的挑夫们争抢生意等，多么热闹、纷繁、有趣的场面啊！

1954年，我从初级师范毕业，升学至黄麓师范读书三年，上学和放假回家都必须坐轮船。然而春季开学时正是枯水季，船速很慢，清晨六点就得开船。那时外面漆黑一片，我住在南园外婆家，离码头太远，父母不放心我起早走夜路，于是约了离轮船码头同样很远的几个同学，前一天吃过晚饭，赶到码头边的迎河旅栈住下。第二天清晨，吃完店家给的稀饭和油条，再不慌不忙地买票上船，很轻松舒坦。如此等等，仓埠门给我留下了很多愉快的记忆。

　　70多年前，随着古城墙的拆毁，墙基变成了无城的一环路，仓埠门也就告别了这个世界。也许，它没有挥手，也没有叹息，却给我留下了难以忘怀的思念，因为它毕竟是我这般年纪的"老无城"，唤不回的记忆中的"街坊邻居"。

古韵芝城

无城五座山

李光明

　　被西河、花渡河环绕的无城镇，平川之上的泰山、芝山、月牙山、张家山、铁山"五座山"好似天上散落的五颗珍珠，在岁月的长河中保存一串串美好的回忆。

　　据说远古时代，无城是一片水乡泽国，湿地丛生，野草丰茂，气候湿润，天高水阔。从魏晋南北朝时开始，北方的人不断南迁于此，居于丘陵岗地。受地理条件和人文条件的限制，那个时代的人们冠丘岗为"山"，犹如有些地方称湖泊为"海"一样。

　　无城的泰山位于东向，北门外约一里，是当地日出最早的地方，可谓无城之"五岳之首"，为无城之龙脉，因其被三方水面环绕，又称泰山头。旧时居住于此的人们，不断繁衍生息。

　　风从濡须走过，留下无数传说。洗脚塘的故事就是其中之一。"天下王、三槐堂"之一南宋丞相、开国公王蔺，就是无城人，出生于泰山附近。其女被册封为贵妃，有一年回乡省亲时，想"打卡"泰山头，欣赏"高大上"风景。在附近下草城街，因道路泥泞，贵妃在御轿颠簸中右脚落地，绣花鞋沾满泥土。于是宫女搀扶其在路边池塘里慢慢擦洗干净，故后人称此塘为洗脚塘。

　　今天的泰山郁郁葱葱、繁花似锦，东有华林桥，西有状元桥。镶绕三边

六

无城故事

一衣带水的环城河，像一条彩带使美丽的无城更灵动。

无城的西南处，有一座美丽的绣溪公园，芝山就位于其中，有相当深厚的历史人文底蕴。据《无为州志》载，宋仁宗皇祐三年（1051）六月，无为州城西南小山产紫芝三百五十株，高四五尺，叶宽平如掌，背面紫红色，具有抗炎镇痛的功效。上贡朝廷后，深得皇上喜爱。从此，人们便把这座小山命名为紫芝山，简称芝山，所产紫芝专门用于上贡。无城也叫作芝城，沿用至今。

"十顷净明天上下，两夔光映水东西"，这是南宋高宗时期无城人王之道描写芝山绣水的诗。该地自古以来就是文人雅士畅游之处，北宋大书画家、无为知军米芾题写匾额的文昌阁还保存在这里。此处曾经是无城文化的发源地，宋时有芝山书院，清代有绣溪草堂。吕惠生创建的洗心亭，亭柱上有诗：

> 孳孳货利已根生，哪得人人肯洗心？
>
> 只有铲除私有制，人心才可不迷金。

如今的芝山是绣溪公园的重要部分，树木苍翠，假山亭阁，文静幽娴。清风过后，双溪波动，蓝天白云倒映在水面，是一幅绝美的山水画，也是"圈粉"的好去处。

与芝山一河（环城河）之隔的为月牙山，位于今日的无城西苑社区花家疃至零碑处。据《元史·地理志》和《无为州志》记载，宋始以城口镇（今无为城西三里花家疃）置无为军。因为此处有一荒山岗，形状像月牙，故人们称之为月牙山。其地皆为坚实的黄土，古时人们夯土为城墙，在护城河上建有大安桥、小安桥。三国时，曹操在此建起后方营地。历史的时光在飞逝，城墙早已毁于风雨和战争之中。

现在的月牙山与景福桥相连，通向赫店、开城等镇，左有西苑山庄，右有二环大道，是无城非常繁华的地段之一。南向的一字城很古老，曾建有"老关"，是进出城区的重要关口。

月牙山和芝山的西北有张家山，与环城河相依，大致位置在今老年大学至无为中学北门一带。该处南与景福寺、二状元祠为邻，东南与米公祠相偎，因住在此处的人多为张姓，故称张家山。山中有云留阁、问天亭，树木参天。旧时站在张家山上遥望，环城河如一面洁白无瑕的镜子。一叶小舟上有动人的笛声，宁静之中是一种雅致的享受。难怪古人云：山清气爽九秋天，黄菊红茉满泛船。张家山是无为的教育重地。位于此处的无为中学，今天已是无为乃至安徽的名校，是无数学子向往的摇篮，从这里走出一批又一批国之栋梁。

在五座山中，铁山最具神秘色彩。铁山位于大猪集东北、米公祠北。20世纪90年代，铁山影剧院无人不知。传说原铁山为山岗，一日天际之外有陨石穿破苍穹，火光落下，形成一个巨大的水塘。群众闻之，皆来观看，认为该铁石是镇妖之宝、祥瑞之物，转而拜之，后此处被称为铁山。明末崇祯元年（1628）无为州进士张克佳作有《题铁山荷亭》，诗句"叶浮涟漪三千碧，花袅阑干十二红"，就描述了花团锦簇的铁山景象。

碧桂园华林府

今天的铁山，已是高楼林立，商业繁荣。每到夜晚，霓虹灯熠熠生辉，成为年轻人"蹭流量"的好去处。如今，无城人正迈着坚实的步伐，在新时代唱响一首首幸福的赞歌。

无城故事

辉煌的董七路撇洪沟

燕宗恒

古韵芝城

20世纪70年代，无城北郊鲁碾、长庙大队及附近其他大队，特别是三闸圩附近的大队（凤河、鲁楼、董桥、一心、七里、六圩等），每逢雨季，因雨水不能及时排出，导致洪涝灾害，粮食减产，农民生活困难。若到旱季，又因田地干旱，无水灌溉，粮食也随之减产。

1976年10月，为了缓解三闸圩水系，尤其是撇洪沟附近8个大队共计1.5万亩左右田地防汛抗旱的压力，原石涧区组织了黄雒、仓头、凤河、福路等4个乡1万多村民，掀起撇洪沟建设高潮。当时没有大型挖掘机、推土机等机械，全部靠村民肩挑锹挖。历经3个多月，于1977年1月底完成了撇洪沟的开挖工作。撇洪沟东至裕溪河口，西至巢无路，全长约3.8千米，宽约8米，占地400亩左右。在修建期间，黄雒、仓头、福路等乡的村民，因为离家比较远，回家不便，纷纷自带粮食、工具、铺盖等，积极参加撇洪沟建设。

东河村撇洪沟路段低洼不平的泥巴路，既不方便村民出行，又阻碍了当地经济发展。但东河村一直苦于资金短缺，道路硬化计划迟迟未实施。2013年，东河村借着"村村通"工程的契机，修建了水泥路，路基宽8米，路面宽3.5米，极大地改善了村民的出行环境。一条平坦路，便民暖民心。东河村撇洪沟沿线的道路硬化不仅改善了周边出行环境，而且大大提高了群众的生活质量，得到了群众的一致称赞。东河村将继续努力解决群众实际问题，不断完善基础设施建设，使人居环境更美好，提升群众的获得感、幸福感、安全感。

2018 年，无城镇农田水利"最后一公里"项目，位于三闸圩片（主要在东河村撇洪沟沿线），建设规模 5488 亩，其中城北社区 541 亩，董桥村 1605 亩，东河村 3342 亩，涉及东河村撇洪沟沿线灌溉站 4 站（撇洪沟南站、新庄撇洪沟站、撇洪沟北站、刘北站）。农田需要用水时，通过沿线各灌溉站、刘港站和马家圩站从撇洪沟提水，经由西大路渠道、东大路渠道、新沟渠压力管道、燕家桥渠道等灌溉主渠道，向田间灌溉支渠自流灌溉，或者农户通过小型灌溉设备，将渠道内的水提引至农田进行灌溉。如此一来，改善了农村生产条件，提高了生产力，解放了劳动力。实施排水沟清淤疏浚工程，确保居民及耕地免受洪涝灾害，对促进当地经济发展、社会安定、生态环境进一步改善具有十分重要的意义：改善了灌溉区生产、生活条件；为进一步改善灌溉区的生态环境提供了水利保障；增加了灌溉区农民收入，减轻了农民负担。广大农民感受到党和政府的关怀和支持，全面加速农业基础设施建设步伐，进一步提高农业综合生产能力，为确保粮食安全，实现农业和农村经济全面、快速、可持续发展打下良好基础。这对于促进农村建设小康社会、构建和谐社会意义重大。

董七路撇洪沟

2019 年，政府出资在撇洪沟两侧修建了防护水泥栏和绿化带，一到春天，放眼望去，甚是好看。修建时，东河村长庙片的汪书记全心全力带领村民参与开挖工作。他身体不舒服时，村民都劝他休息一下，但他说作为一名党员，轻伤不下火线，仍然每天坚持在开挖一线。由于长时间手工开挖作业，有的村民产生了厌倦情绪。为了提高开挖效率，汪书记开展了村民组比赛活动，哪个村民组率先完成当天的开挖工作就给予通报表扬。这样一来，不仅大大提高了村民组的开挖效率，也带动了村民的劳动热情。

古韵芝城

黄雏老家

程　咏

南宋时期，无为与临安、扬州、寿春，并称为四大名城。

我读航海院校的时候，有个同学水生，就是无城镇人。在他对故乡骄傲的讲述中，我记住了这个历史文化悠久、名胜古迹众多、民俗风情绚烂的地方。但是印象最深的还是无城板鸭的味道，学生时代的水生，每逢开学，都会带几只奶奶精心卤制的板鸭分享给宿友。

因为工作的原因，我曾经在芜湖市生活过一段时间，这期间几乎走遍了芜湖的山山水水。无城镇这座有着1400余年历史的古城，更是因为同学水生的原因，我经常往来行走。我不仅喜爱这个古城的优美景致，还迷恋它的美食，也目睹了这个中国羽毛羽绒之乡的飞速发展。

老院是家，生我养我的地方。老街是根，无数人文故事流传千回。老码头是诗和远方，有多少人从这走出去。儿时的记忆，童年的顽皮，少年的理想，都在老家的烟雨里。

据说水生就是靠着这首情深意切的诗，打动了同样在青岛上大学的一位仓头社区女孩的心。诗和远方，让他们坠入爱河；家和故乡，让他们回到芝城为家乡服务。

黄雏古镇，是水生的老家。同样始于宋代，虽然没有仓头的历史悠久，但是千年来，它一直是濡须河畔一颗璀璨明珠，是重要的商贸漕运码头。如

无城故事

今黄雒老街已经渐成回忆，只剩下岌岌之域的明清余韵，似乎等待重生的时机。而新街在山光水色中已是一幅美丽的图画，锦绣繁华。

黄雒虽然消失了7座老码头繁荣景象，不见了千年巡检司衙门风采，也没有裕溪河帆樯林立、蓬帆蔽日的场景，但是黄雒河水照常逶迤流淌，徽派老屋依旧树影婆娑，老教堂铜钟还能偶尔敲响，灰墙上的标语已经斑驳。

水生家的老宅子就在老街的中段，属于店面、作坊和住宅三维一体的传统格局。因为水生的爷爷奶奶一直居住着，所以修缮得古色古香，满屋子的老家具、老物件，一院子的花鸟虫鱼，廊棚下更是晒着咸鱼，生活气息浓郁，令人陶醉。也难怪水生来了就不想走，因为这是他小时候最喜欢的景象。雒姓是黄雒古镇两大姓氏之一，水生家祖上几代都是有名的中医。每次跟着水生来看望老人家们，我都喜欢跟普通话说得溜乎的奶奶唠嗑，听她讲过去黄雒的故事。水生则陪着爷爷鼓捣老药方和老书籍，弄得满院子的药香和书香。

一头银发、面目慈祥的奶奶，少女时代曾经在芜湖读过女校，后来回到黄雒，做了一辈子教书育人的老师。奶奶当年做老师，不仅要教语文、算术，还要教音乐、美术，甚至还要教体育和劳动。一个德智体美劳全面发展的老师，教出来的学生自然也是出类拔萃的。虽然桃李满天下，但是奶奶自己却走不出黄雒的静谧，只想守着最初的理想，过简单的生活。

爷爷奶奶喜欢早早吃了晚饭，在老街上走走，跟其他老人聊聊天，慢慢走到船埠头，看霞光中潋滟波光，听树影里鸟儿鸣唱，让湿润的风把白发轻轻撩起，等待荡漾着水韵渲染温情的眸，仿佛回到意气风发的少年时代。偶尔有蓝篷小货船驶过，爷爷奶奶便会很开心地指点着。

人老了，街老了，屋老了，时光也老了。老人是岁月的缩影，老街是人文的根源，老屋是搬不走的家，时光是深藏于心底的梦想。

随着经济的发展、行政区划的调整、重点的转移，黄雒老街像许多芜湖从前的船埠码头、商贸重镇一样，成为被遗忘的角落，淡出人们的视野。但是，也正因为这样的寂寥和没落，才使得旧貌依然，格局未改，遗存尚在。这正为将来的旧貌换新颜、文化底蕴的开发，保留了空间。美丽城乡，不仅要建设，也要更好地继承。

黄雒老街石板路

第二故乡无城镇

易允燕

与"君"初相识

我与无为的缘分应该是从无为板鸭开始的，当时的我还在上大学，大学同学恰是无为人。2011年春节过后，大学同学给我们带来了家乡特产——无为板鸭，这是作为北方人的我第一次吃到正宗的无为板鸭，吃后唇齿留香，从此我便记住了无为这个地方。毕业之后，恋爱成家，爱人是无为人，我便顺理成章成为一个扎根在无为的外地媳妇。

依稀记得第一次来到无为，让我印象最深的就是到处都是水。爱人的老家在无为陡沟，一条长长的河流从村中穿行而过。而无为又临长江之畔，这和我从小生活长大的地方——怀远是截然不同的。怀远作为皖北城市，没有那么多的水，更多的是平原和一望无际的田地，而无为处处充满着鱼米之乡的江南韵味，给我平添了丝丝欢喜。

无城镇作为无为市的政治、经济、文化、交通中心，也是我们每次回家必须去逛一逛的地方。彼时无城还没有米芾广场，我们去得最多的地方是商业聚集地——西大街。逢年过节，街上熙熙攘攘，人头攒动。人们笑着闹着，吃着逛着，让我感觉人们在这里生活得幸福且富足。再之后，随着爱人回家乡工作，进入了无城镇政府，扎根在无城，我彻底成为一名新无城人。

"72变" —— 变、变、变

我最明显的转变是语言上的转变，刚来无城工作时听不懂无城话，现在我居然也能说上几句地道的无城话。在潜移默化中，我慢慢融入了无城的生活。这里的生活平静安宁，每天早晨以一份锅贴饺子加一碗撒汤开启元气满满的一天。曾经的我喜爱面食，大米吃得不多，定居在无城之后，我的饮食习惯也发生了很大变化。无城的鸡蛋煎饼、板鸭、小龙虾……许许多多的美食让我彻底爱上了无城。

从2018年到无城镇工作生活至今，已有5年多的时间，在这期间我亲眼见证了无城的快速发展。从东门到西门，从北门到南门，从城市基础设施建设到综合治理水平，从经济快速发展到人文气息增加……一样样都体现出无城在变得越来越好。我在无城镇政府组织室工作这几年，感受最大的变化就是党员坚守在基层一线，走在前面，化解纠纷；既是无城发展的"领头雁"，也是群众心中的"主心骨"。在新时代、新要求下，真的就如孙悟空的"72变"一样，不断变、变、变。今天他们可能是维护群众生命安全的志愿者，明天他们可能是纠纷调解员，后天又可能是关心关爱困难群众的"新亲戚"（无为市在全市开展党员干部"走亲戚"活动）。党员干部不断创新工作方法，精益求精，用实际行动诠释着基层干部应有的使命与担当。

始终不变的是那为民的初心

虽然时代在变，但是基层干部服务群众的本质没有变。悠悠万事，民生为大。经济发展，社会转型，一路走来，基层干部功不可没。他们牢记党的宗旨，恪守党的纪律，数十年如一日坚守在一线，带领群众发家致富，服务群众，不分昼夜，既是政策宣传员，也是民事调解员，更是困难帮扶员……他们始终把联系、服务群众当作一份义不容辞的责任，一种矢志不渝的追求。

基层干部艰苦朴素的品质始终不变。随着经济社会发展，人们物质生活日趋富裕，面对微薄的工资，基层干部无怨无悔，埋头苦干，淡泊名利，勤俭节约，不懈进取。

无城故事

基层干部对群众的感情始终不变。基层事务繁杂，面对变革过程中的新现象、新问题，基层干部不骄不躁，把群众当亲人，把群众的事当成自家的事，积极主动、细致深入、倾情而为，以坚韧的意志扎根基层，与群众建立深情厚谊，在乡村振兴的主战场、城市基层治理的"最后一公里"，践行自己的初心与使命。

广场舞龙彩带表演

梦幻无城

钱　海

　　镶嵌在无为市"心脏"位置的无城镇是无为的政治、经济、文化中心。表姐嫁到了三面环水、花香四溢的无城。每一寸土地的精彩演奏，都是表姐心底吟唱千遍也不厌倦的歌。

　　30多岁的表姐嫁到了几千里之外的无城，人杰地灵的无城让表姐脱了胎、换了骨。为了一家人的生活，表姐把自己和家人的未来，都抵押在朋友转让来的水果摊上。

　　华灯初上，无城的夜晚变得充满诱惑，霓虹与繁星共舞。清晨是被百鸟的歌声唱热闹的，是被阵阵花香和习习清风揉醒的。然而再美的景，表姐也无暇顾及。早晨和夜晚，街上都有表姐忙碌的身影。三轮车上装满苹果、菠萝、香蕉、榴莲等水果，表姐吃力地蹬着，穿行在熙熙攘攘的车流中。鲜活的画面烙在发展的册页上，定格成一道回味无穷的风景。

　　如今，表姐的生意越干越红火，曾经每日相伴的人力三轮车成了"古董"，四个轮子的长城皮卡"走马上任"。多年起早摸黑让表姐瘦了，也俏了、时尚了，爱打扮了。在表姐的思想里，自己就是一株从楚雄的偏远山区"移栽"至无城的小草。其实，早出晚归改变的不只是这棵移栽的草，还有它所生长的沃土。

　　与无城厮守20多年，对于无城的变化表姐如数家珍。刚到那阵子，街区两旁没现在绿，四周一些山峦"营养不良""毛发稀疏"，如今群山变得郁郁葱葱，成为人们茶余饭后呼吸负氧离子的乐土；农贸市场、学校、超市、银行、医院，便民的服务场所像春笋遇上甘霖，在每一个人们需要的地方安家落户；客运的车辆越来越多，公交车在村镇间穿行，出行像乘私家车一样方便。街道一条比一条宽，车子行得顺畅。女人也紧跟小镇的前进步伐，穿着越来越时尚，话语越来越温柔，动作越来越优雅。小商小铺识趣地隐藏进无城历史，高楼亢奋地显露出欲与天公试比高的豪迈，一幢比一幢高，一幢比一幢漂亮。街道旁鸟语花香，处处流淌着生态文明和经济社会经典变奏的乐章。网络支付和绿色出行成为时尚，奋发的号角响彻无城的每一个角落……

绣溪公园内洗心亭

花的海洋，鸟的天堂，这就是无城如今的模样。米公祠、墨池、黄金塔、锦绣溪……成了游客重要的打卡地。美丽的花草把无城装点得比花轿里的新娘还要妩媚，微风吹来，能闻到阵阵花香。走在无城街上的每一个角落，就像逛公园。20多年来，无城的"颜值"步步飙升，到处演绎着"女大十八变"的变化。表姐的眼里充满无城一步一步涅槃巨变的美妙故事，笑容中充满无城人民缤纷的梦想和自豪。无城变了，表姐一家的生活也变得越来越好。

每一个细微的变化，都是歌谣中一个动人的音符，都是无城人民精彩梦想中一个不可或缺的细节。无城的变奏曲让表姐信心百倍，梦想成真。

米公祠为媒

孙金霞

　　"你在哪里听闻我家乡无为的？"眉眼酷似相声演员大山的安徽籍同事惊奇地看向我。

　　"我略知无为知军米襄阳一二。"初入职场的我腼腆地回复道。

　　一群年轻同事互问家乡以作沟通，南至湖北，北至黑龙江，在交谈中升腾起袅袅炊烟和条条道路。家乡给了每个人烙刻入骨髓的山河记忆和挥之不去的绵绵乡愁。我的家乡竟然被 2000 多千米之外的同事熟知，是多么深的缘分啊！后来这个安徽籍同事看向我的眼神中，就有了金银花的鲜艳和香气，我们谈起了恋爱。他写得一手飘逸的字，很洒脱，带点书香气。谁又能说金银花没有米公祠里的墨池清澈？

　　我第一次到无为是 1996 年春节，在火车上站了 18 个小时后才到。乘客密集得像米花糖，难以分开。当时还是男女朋友的我们，在过道上不得不紧靠着，他紧紧护着我。到合肥下车后腿都肿了，接着又坐长途汽车颠簸到无城。返程时也同样奔波拥挤。不通火车的无为，来去都很曲折。抱着新生儿求医的年轻妈妈，嚷着让公交乘客不要再吸烟了。米公祠因春节放假大门紧闭，我们在米公祠白色围墙外绕走一圈后悻悻而返。他带着我穿过小巷去给长辈拜年，特意指给我看每家每户大门上的春联。春联大多是手写的，虽然有些字并不俊美，却也隐隐可见米公之风。院子里的几根毛竹挺拔青绿，表弟正在备考书法专业研究生。"他自己要考嘛，从小就爱写字。"表舅边劝菜边举杯自豪地说。谁又能说绿竹里没有米公拜石的痴迷？

我第二次到无城婆家是2008年春节，我们一家三口舒舒服服乘坐直达特快列车在合肥下车，然后坐小叔子春根的金杯车，顺畅地回到了位于无城状元桥边的两室两厅楼房。几个表哥也前后买房落户无城，相距不过一脚油的路程。小孩子们领完压岁钱就蹦跳着看《虹猫蓝兔七侠传》去了。妯娌煎好草鱼、洗好芹芽后也开始闲聊，聊学区房，聊东长西短，还聊到了远房二伯伯年前办下了低保，生活有了保障。"可找人了哦？""没，按照政策就落实了，有政策的哦。"远房二伯伯是公公的堂兄，一辈子单身，晚年有了低保就不担心生活没有保障了。小家庭幸福了，大家族才会幸福。妯娌递给我侄女的作业本，一页一页翻给我看，三年级的孩子书写蛮工整的。"领她去米公祠接受熏陶，书法圣地就在家门口，哪能错过呢？""学校很重视书写，从娃娃抓起，抓得真不错。""人杰地灵，一方水土养一方人。无城有米公祠，有文化积淀的哦。""再有文化积淀，也要有传承啊，代代传才过劲！"一家人你一言我一语说笑不停。当辞旧迎新的爆竹震天响起来时，拜年的电话打过来需要打开免提才勉强听得见。表弟读完书法博士后在咸阳一所高校任职，如今称得上是无城走出去的书法理论家了。谁又能说小康路上没有聚山阁的巍峨？

我第三次到无为是2020年春节，我们一家三口乘坐高铁仅仅5小时21分钟就到达无为站。小叔子春根开着他的小轿车喜气洋洋地载着我们回了家。他远远地指着一栋高楼说，那里有他的第二套房子，128平方米，电梯房。"不错不错，时代的春风吹到脸上了。""去米公祠早就不必走过去了，我直接送你们到门口。大金杯车也换成小轿车了。开金杯车为了生活，开小轿车为了享受，日子跟从前不一样了。"小叔子春根实实在在见证了无城的发展。道路越来越宽阔，高楼越来越密集，但是家家户户的门对子，还是手写的居多。书法教育是不会丢掉的，精气神印刻在骨子里。我们从米公祠拜访回来，公公正在呵斥婆婆："不要和邻居讲大话。谁家还没有楼房，两套房又算得了什么？"上了大学的侄女接过话头说："藏锋哦。"一句话说得全家人喜笑颜开，就像米公祠里的黄色蜡梅花般鲜艳。谁又能说幸福的生活里没有杏花泉的滋润？

　　上周老乡聚餐，我们吃着无为板鸭，嚼着无为花生米，夹着无为野生红梗藜蒿，吸溜一口无为土鸡汤，人在他乡的寂寞就消失不见了。同乡说："你们的大学毕业证都是我写的，我的字还是可以的哦。"谁又能说无城人没有米公独步天下的气势？

无城之约
——历史书笺和现代读音的完美结合

方　向

城墙还是有的，只是少了城垛、城角、城门、城檐，少了岁月写下的那些峥嵘与冷暖。绵长的城墙被拆成无数个小节，只要沿着老城走，还能读出历史的沧桑感。砖也分别了，一部分去了乡下农舍，一部分做了新城的基石。它们是无城的见证，是无城人无法忘却的一部分。无城，像中国许多古老而文明的城池一样，在近现代史的颠簸中饱经沧桑，未能逃过被枪林弹雨狂轰滥炸的厄运。1931—1945年，伤痕累累的无城在屈辱中度过了最悲哀的十四年。它也是祖国母亲的一块伤疤，同样记录着民族的磨难、抗争与崛起，到了全国解放，才真正从一片废墟上站起来。

今天，来到米公祠访古的文人骚客都知道无城是中国北宋时期，镶在长江边的一块闪光的宝石。这里遗存的人韵、古韵、诗韵，远远超过你的想象。三帖，中国书法史上独一无二的传承之宝，被米芾收入。春天，无城是一首抒情长诗。他的才华、他的用心、他的石头情结、他在无城大地上开辟的一个又一个美好春天都让人沉醉。进入米公祠，看见了长方形的木桌上依次铺开的时光，笔墨纸砚，井然有序地摆放在北宋一隅。握有春风的手指，一次次落在洁白的宣纸上，花开了、柳青了、风软了、天阔了，墨池盛着大片芳草萋萋。他一心一意书写历史赋予无城浓墨重彩的一笔风韵。沙沙沙，纸上的人生轨迹，一点点清晰起来。我这才知道，时隔千年，心怀青山绿水、苍生慈悲的大书法家并未走远，他就在墨池边的一把木椅上凝神思考。静静的墨池水，映出北宋到今朝的这一条蜿蜒曲折的无城路。

远远招手的黄金塔却是另一番景象，它站在美学里、力学里、史学里、建筑学里，打开无城的千年烟火。它是身披苍凉的哲人、诗人、赶路人、修行者，也是看惯秋月春风的老人。走近了，才知道那些砖木结构里藏着无城的风、雨、霜、雪，藏着千千万万的眼神。站在宽泛思想里，读天，读地，读滚滚而来的长江水，读生生不息的无城梦，读那些已经羽化的跋涉、颠簸。它在清晨读，在黄昏读，用青砖读，用木头读，用一只年轻布谷鸟的修辞音读，用每一缕飞身而下的阳光、月光、星光读。它不想停下来，在这绿色旋律的感召下，在红色呼唤的长音节里，它还想读读无城的初心、发展、宜居、宜游、宜业。它一定看到了有一座来自皖南山水的祠，也在孜孜不倦地读着它，听到了一双沾满相思的脚步，一步步靠近千年未解的乡愁。

无为市图书馆

今天，有幸和大片大片的灿烂一起相识欣喜，和正在飘飞的雨水从一朵月季花上经过，与北宋的才子、高僧、梵音、经声相遇。一边是古老文化的声声慢，一边是现代生活的快节奏。没有忘记那些印证历史的精妙手法留在广袤大地上的一行行精彩与深思，更没有忘记一方烟火需要拓宽思路、敢于挑战、敢于创新的奋斗精神。中国羽毛羽绒产业基地，像一颗璀璨的明珠，以其独特的人文魅力、秀美风光，引来无数喝彩与关注。在1400余年的宏伟画卷上，我愿意和18万朵欣欣向荣的月季花一同捧起幸福、获得、归属，去迎接一个又一个轰轰烈烈的美好春天。

六

无城故事

遥寄平安

谷 月

古韵芝城

　　小时候，无城于我是邮戳上古拙的字和邮包里扑鼻的香。

　　每年秋天，东北的新大米才上市，爷爷就会细细挑选出品相最好的一袋，包成四四方方的"豆腐块"，郑重其事地寄去无城。待到了年根儿，一模一样的"豆腐块"又会准时从无城寄来，成为我家年夜饭中最特殊的一道菜——马家板鸭。新年的钟声里，爷爷先品尝一口鸭头，接着将酒杯对着窗户轻轻举起，再一饮而尽。

　　少时的我不解其意，踮着脚尖问："您在看啥呀？"

　　爷爷轻轻抚着我的头发："爷爷是在看寄包裹的人啊。"

　　寄包裹的沈爷爷是爷爷的战友，两人曾是一起跨过鸭绿江保家卫国的兄弟。参加志愿军的那年，两人都是十六岁，风华正茂，同吃同住，一道训练，一起冲锋。他们相互掩护着抢救伤员，血与汗浇筑起来的情分犹胜亲生兄弟。

　　"老沈识字，又是家里的小儿子，他家经常会有信来。每回一瞧见他收到信，我就忍不住想家，偷偷掉眼泪。老沈见了，也不说别的，就只将他的信一字一字念给我听。"爷爷似乎又回到了那个年代，语调很慢很慢，"甭管是他爹写的，他娘写的，还是他哥哥写的，他从不避讳，统统都念给我听。时间久了，他的爹妈就成了我的爹妈，他们嘱咐他'多穿衣、别贪凉'

的话，就好像是对我说的一样。后来啊，我比他还盼着收到信呢。"

"每场战斗之前，指导员从来不讲什么大道理，就只跟我们说一句话："坚持不住的时候，就想想家里的亲娘，她已经做好了你最爱吃的菜，等着你回去呢！"我俩就是听着这句话硬拼到胜利的那一天的。回国的油罐车上，我问老沈："你娘给你做个啥菜迎你回家啊？"老沈想都没想就说："我娘一定做了板鸭，那是世界上最好吃的板鸭！""爷爷叹了口气，"我不识字，不会写信读信。在锦州站台上分开的时候，我俩就约定好了，我给他寄大米，他给我寄板鸭，东西能收到，就是还活着。"爷爷语气轻轻，语意却重似千钧。

和平年代成长起来的我，很多年都无法理解这种"不着一字"的情感背后是怎样的生死波澜。我只知道，这份约定两人都默默坚守了五十年，从青涩小伙儿到两鬓斑斑的老人。爷爷一点一点老去，往邮局去的脚步也越来越蹒跚。可他无论走得多慢，也一定要亲自去。虽然不识字，却一定要对着那包裹上的字反复端详……直到有一年，包裹上的字突然变成了印刷体，爷爷的眼神一瞬间就黯淡了下去。

"我往无城去封信吧？"

爷爷恍惚间似乎被我说动了，可到了邮递窗口，却又转头回家了。板鸭还是一样的芳香扑鼻，爷爷捏着酒杯的手却在发抖："我打听了，南方的邮局都这么着，铅字好，不容易出错。"我把脸埋在碗里，不敢让爷爷看到我的眼泪。我知道爷爷不是在安慰我，而是在安慰自己。一辈子顶天立地的爷爷，也有了不敢面对的事情。

两年后，爷爷也过世了。

秋天，我依照爷爷的嘱咐照旧挑新米寄去，只是在包裹里附了一封信。未及腊月，便收到了回信，写信的是沈爷爷的孙女。随信寄来的还有两张沈爷爷的照片，一张是年轻时穿军装的，一张是老人最后的标准照。照片的背面，是从前包裹上那熟悉的字迹：一张寄给老友，一张权作留念。

半个世纪的光阴瞬间倒流，爷爷念了千百次的老友，那个一直活在我想象中的老人，刹那间生动起来。我一字一句地读着沈爷爷的生平，读到最后不禁泪雨滂沱。原来，沈爷爷已经过世整整十五年了。沈姐姐在信里说：

"爷爷临终前反反复复地叮嘱，邮寄的板鸭要仔细挑，包裹要打得方方正正的，地址要按照他的笔迹写。爷爷不让我们将他去世的消息告知战友，爷爷说这板鸭是他的心意、约定，只要心意到了，他就还活着。"

马永好板鸭店

战时烽火，遥寄平安。这色香味俱佳的板鸭，成了战友间最后的惦念。

今年春节，当我站在无城镇街头，看着随处可见的板鸭摊位，不禁潸然泪下：爷爷，我又尝到了这世界上最好吃的板鸭，您见到您的战友了吗？

在米公祠听石

孙凤山

米公祠于我而言，不仅是书画大师的祠宇，更是为政清廉、勤政爱民的瞻仰胜地，此乃大美。我是跟着几朵云彩前行的，一路捡拾无城繁华喧闹的剪影。等到云朵倏然谛听杏花泉井情深、墨池流韵禅意，沉醉于拜石的心跳时，我知道，位于无城西北一隅的米公祠到了。

米公祠全景

山高不高，也许跟视角有关；林深不深，也许和大隐于市密切；祠美不美，肯定与德政相连。而米公祠习惯低调，甚至怀抱满园的人文景点也不改初衷。对，是灵动的拜石泄露了天机。这里，线装的云朵修补着天空，小巧玲珑而典雅别致的仿古园林仿佛刚从无城册页中析出，纤尘不染。站在拜石前，我内心无比平静，就连每一次呼吸，都能穿过通透多窍的灵石与时光的隧道，散发出醇厚的米芾味道。

走进米公祠，最引人瞩目的莫过于"四怪"：杏花泉井、拜石、墨池和鱼龙化石。各有千秋的景点所彰显的远不止平凡所能包容和承受的韵味，起码在游人心底构建起对米芾的景仰、对无城文旅的牵挂和欣喜，带来无限深情、寄托和美誉。尽管我想尝一尝杏花泉井水煮的粥，分享艳红杏花的光彩，尽管我想把红鲤放进墨池，静待"红鲤变黑鲤"的奇诵，尽管我想在宝晋斋品味160余方晋唐以来历代名家的碑帖，一饱中国书法简史眼福，但我更想在奇山阁看奇石，领略其"瘦、透、隙"风骨之美、风情之浓、风味之特。这些奇石有血有肉，像坚韧的母亲，守着孤独里的亲切和惊羡里的目光，挺立在米公祠，为无城谱写出米芾爱石的传奇。难怪在米公祠，钟情最是大师情，浪漫最是奇石坚。

美丽不一定在远处，它常常就在我们的身旁。墨池之北有一尊周身多孔、形同人立、老态端庄的石丈，又名拜石。据史料记载，米芾任无为州通判时，初入州署，发现院内立着一块一人多高的太湖石，通透多窍，形状奇特，颇像人形，口、鼻、双臂齐全。米芾非常喜爱，每日政事之前袍笏拜石一次，从不间断。米芾拜起石来更是如痴如醉，甚至与石称兄道弟，获得绰号"米颠"，还留下了"米颠拜石"典故。

壮美感动着人，优美痴迷着人，美会在凝视者的眼睛里。拜石拥有足够的仰望，所指方向则是勤政为民方向。迷恋米公祠的深邃，足以盛满无为山清水秀的盛情，折射吴越文化的兼容并蓄，凸显奇石文化的鬼斧神工和观赏价值。拜石高大伟岸，它用宽阔的胸怀、顽强的生命、紧密的团结、坚韧的秉性，坚守着米公祠初心，呵护着自然，美化着无城，感化着人们。

美的事物在人心中唤起的那种感觉，类似于我们在亲爱的人面前洋溢的喜悦。每一尊奇石之上都住着人间大爱，都是一个安静的发光体。米公祠以低调的身姿，点燃了爱民如子的忠贞，挑战了狂风暴雨和沧桑巨变，继而挑战归隐的万木和怀有初心的奇石。沿着条石铺就的小径，走进雅致的世外桃源。古色古香的楼阁通往幸福的深处，有郁郁葱葱的绿树竹林、圣洁的荷莲。争先恐后远观拜石，近听泉水叮咚，细看碑刻钩沉……每一尊奇石的使命，不允许山河沉寂、星辰黯然。米芾任无为知军时，廉洁奉公、勤政为民，受到人们爱戴，试举一例为证。当时无为遭遇特大蝗灾，人们手足无措，唯有烧香拜佛。米芾不以为意，带人全天候驱赶蝗虫，使蝗灾得到控制。拜石似乎向我们敲响"只争朝夕"的警钟：把握现在，通往未来！人的一生也是一样，最重要的事情是当下的事情，最重要的时间是当下的时间。

美是永恒的喜悦。美的东西总是与人生持久的幸福和欢愉相连。岁月经过无城，总要留下美，奇石也是。借奇石说出米公祠，"祠"修身成拜石，那坚贞不渝的意志，依然石破天惊。

米公祠的奇石，灵与肉都是百里挑一的，都是勤政爱民与真理的完美结合。比如拜石逶迤着展翅飞翔的风度，比如奇山阁那吴越文化与红色文化的照耀，比如碑刻的博大精深，在这闹中取静的绝响中，墨池、亭台、楼榭，若隐若现。这是一种美学，我行奇石间，穷得兜里掏不出一个新鲜的词语。

在无城买草莓

王加月

又到了草莓成熟时，无城水果市场的草莓鲜美清香、红嫩多汁。好山好水，孕育出了这款难得的"水果皇后"。

亲近无城山水，不负美好时光；走进山水无城，心享恬静美好。游玩过如诗如画的无城之后，我打算带点草莓回家，让家人也尝尝这新鲜的美味。

果然如同想象中的一样，在距离水果摊大老远的地方，就能闻到飘浮在空气里的香气。那是草莓特有的味道，叫人垂涎三尺、为之倾倒。

卖草莓的老板是一位中年男子，他热情地给我介绍他的草莓：品质很好，色泽鲜艳，红嫩美丽。但是当老板得知我计划三天后才离开无城时，他建议我推迟两天再买草莓，最好是离开当天买。他说并不是因为他的草莓品质不好，而是这样更能保持草莓原有的水分和新鲜的味道。其实，其中的道理我也懂，那天我只不过先看看而已。

令我震惊和感动的是，卖草莓的老板并不是想方设法地催促我买下他的草莓，而是跟我说了些掏心窝子的话。三天后我不一定能来买他的草莓，他完全可以糊弄我先买下来，至于后来的味道和新鲜程度，对他来说已经无关紧要了，只要我付钱买草莓就行。但是这位老板并没有那样做，就冲他以诚相待的态度和行为，我立即就决定了，买10斤，不！应该买30斤，草莓一定来这里买，其他地方的再好、再便宜我也不买。

听说我一次性要买30斤草莓，卖草莓的老板有点不相信，他小心翼翼地问我："您说的数量是真的吗？我还有点怀疑呢！"我几乎拍着胸膛向他保证：一定来买，而且一定是30斤！老板仍然半信半疑，30斤虽然不多，但对他而言也不算少。我有点急了，随即掏出钱，说："这是20元押金，三天后的下午两点还在这个地方，我会准时来买草莓，我是三点的车，等买完草莓直接去汽车站乘车回家。"

卖草莓的老板看起来有点不好意思了："我不是这个意思，您没有必要先付押金，您也知道，现在做点小生意也不容易，利润不高，主要是30斤草莓也不少，我得提前准备好啊。如果您到时候不来买的话……"他的意思我完全明白，这也是我给押金的初衷，彼此有个约束。最后，在我的说服下，老板勉强收下了押金，他打趣地说："您就不怕我不来吗？您对我如此信任？"我怎么会不信任他呢？我就是看准他不是一个言而无信的人。

可是，我的感觉竟然出错了，三天后的下午两点我如期到达那个地方，但不见装草莓的流动小车和中年男子的身影。我一下子不敢相信眼前的突发状况，难道我看错人了？真后悔告诉他我是三点的车，他估计是故意错过这个时间段避开我吧！唉，人与人之间怎么连最基本的信任都没有呢？

就在我心灰意冷打算去汽车站时，一位老奶奶匆匆忙忙地跑过来。看到我，立即向我不停地招手，还大声喊道："你就是买30斤草莓的外地人吗？快过来！"什么情况？我有点纳闷了，自然而然地迎了上去。

老奶奶满脸皱纹，瘪着嘴说："我来迟了。"说着，老奶奶放下背着的口袋，打开之后，一个个硕大的草莓跃入我的眼帘，还散发着诱人的香味。这又是什么情况啊？我被搞糊涂了。老奶奶擦了擦额头上的汗珠，连忙和我解释起来。

原来，这位老奶奶是卖草莓老板的母亲，就在两点之前老板的父亲犯了病，不得不送去医院治疗。尽管情况很危急，但是他没有忘记和我的约定，叮嘱他的母亲一定要赶过来，一定要找到我……

我按照实际斤两付完余额，正准备安慰一下，老奶奶急促地说："没时间了，既然任务完成，我得去医院了。我们家从来不做昧良心的事，答应别人的事一定会做到。"

看着消失在茫茫人海中的老奶奶，我心里有种莫名的敬意。

无城故事

311

重回凤河村

许丽雯

　　我的童年是在无城北郊的凤河村外公外婆身边度过的。那里四面环水，水资源充沛，物产丰富。巢湖支流西河横穿村里的塔顶圩、牛婆圩两大圩口，村里土地肥沃，农作物以水稻、小麦、油菜、棉花为主。

　　那里山清水秀，民风淳朴。在村中沿着东面行走，看到西河后，在河畔便会见到那座始建于宋代的古塔——黄金塔。外公说黄金塔是安徽省现存年代最早的古塔。

　　河旁边还有油菜田，小时候的我喜欢躺在里面，仿佛什么都忘了，只觉得打心眼里舒服。小时候的我还喜欢趴在河畔，看水面的静、水底的清、水中黄金塔与岸边树木枝叶交错的倒影。

　　记忆中还难忘农闲时外公带着我去河边用碎瓦片打水漂，难忘与外公登黄金塔游玩。黄金塔是一座六角仿木楼阁式砖塔，一共有9层，塔内设有上折式台阶，可以盘旋登顶，但每级台阶都挺高的，攀登起来难度不小，但我小时候不知道累，总是超过外公爬在前面。

　　爬累了，我们就从小书包里拿出外婆为我们准备的糍粑，喜滋滋地吃起来。登顶后，看着无城的房子和古城墙，我总会兴奋地大叫，外公就在旁边看着我微笑。

　　风吹起塔顶檐角的风铃，好听极了。

村里的河水依旧干净清澈，平缓。河岸边多是繁茂树木，水里常有鱼儿跃出水面。

夏日的傍晚，有不少孩童沿着水边戏耍。他们或是用脚踩水，溅起高高的水花，或是卷起裤腿，拿家里的淘米筲箕在河沟里找螃蟹。

童年的我，午睡后会把西瓜泡在冰凉的河水里。卖冰棍的人路过院子时，会笃笃敲响木板。黄昏时，再用水和盐煮上一大篮子花生。吃完晚饭，总会抱着竹床放到河边乘凉。夜空繁星，密密麻麻，我们就这样躺在河边的竹床上看星星。

无城是稻米之乡，很多美食都是由大米做成的。小时候的我，最爱吃外公用大米做成的米饼。米饼在刚出炉的时候品尝口感最佳，软糯喷香。和米饼最好的搭配，是用从西河里捞的小河蟹制成的蟹酱。又香又鲜的蟹酱抹在脆脆的米饼上，真是人间美味啊！

那时候，凤河村的河岸边是最热闹的地方，有来来往往挑水、做活儿的男人们，淘米、洗菜、洗衣服的女人们，欢呼雀跃的孩童们。

到了上小学的年龄，我就被在江西工作的爸妈接回了身边。再后来，外公年龄大了，也过来同我们一起生活。虽然家里没啥要愁的，但我知道，比起现在的高楼大厦、商场林立，我们都很想念凤河村的生活。

去年中秋前，天气渐渐凉爽后，我们陪着外公回到无城镇，去凤河村看了看。

进入村子，只见白墙黛瓦农家小院一字排开。树林浓荫，村中央新修的水泥路通向各家各户。

外公边走边说："认不得啦，认不得啦。"村里焕然一新，大家都过上了走平坦路、喝自来水、上卫生厕、用洁净能源的生活。小水沟变成生态景观河，低洼处变成人工湿地，泥土路变成彩砖铺就的步行道……

外公遇见相熟的邻居，很高兴地聊起天来。乡亲们说，无城镇全面推行河长制，河水明显改善，变得"河畅、水清、岸绿、景美"。

黄金塔依然耸立在西河之畔，当我再次登上塔顶时，看见的是绿树映蓝天，清流绕村郭的美景。再眺望不远处的无城镇，已是高楼林立、万象更新。

傍晚凉风习习，我们看见外公站在村里的河岸边举目眺望，一副若有所思的样子。外公应该又想起了在凤河村度过的那段美好时光吧……

无城故事

313

文明之风在同心

李光明

走进无城镇北面，在新力大道和金塔路之间有一个新的社区——同心社区。原先它是一张"白纸"，在同心人多年的耕耘下，现在这里高楼林立，商业繁荣，文明之花在这片土地上盛开。

"多一些花香"，这是同心人的共识。据了解，同心社区20多年前还是一片荒芜之地。在安德利购物中心、酒店、广场等商贸综合体建成后，董桥村的西南侧建起了同心住宅小区。一期、二期、三期、四期、五期……2008年同心社区应运而生。因居委会设在同心小区，由此得名。无论是来到同心小区、御景苑，还是秀水花园、学府春天，你都会有这样一种感觉：绿茵茵的香樟树散发出诱人的馨香，即使在炎热的夏天也能感到怡人的清凉。小鸟在不时歌唱，歌唱新时代的美好生活。马路上看不到垃圾，你可以拥抱大自然，在此住家的人们对周边环境赞不绝口。

"多一点健康"，这是同心人的追求。傍晚时分，街头广场健身方式多样。大妈们挥动着手中的红绸扇子，年轻人则踏着节拍跳健美操。在安德利广场边城市书房里，喧闹被甩在一边，取而代之的是娴雅与悠然。"别样年华艺术表演队"是社区的一大文明特色。据社区同志介绍，该表演队伍由文艺代表张步根同志组织创办，以忠诚党的事业为引领，服从同心社区党总支的组织安排。他们自编自排各种精彩的歌舞，分批走进各个小区。节目多以

314

歌咏党、歌咏伟大的祖国为主题，采取歌舞、乐器演奏等形式，宣传党的政策，弘扬文明新风，深受群众的欢迎。每当《我的祖国》音乐响起来的时候，社区群众的自豪感油然而生。

"多一些爱心"，这是同心人的邀约。为把同心人聚集起来，让同心人的爱心洒向社区，这里建起了文体活动中心、翰墨轩、演艺坊、童趣苑、健身美体房等文体活动阵地，每天对外开放。有相同爱好的群众聚在一起，在交流中增进友谊，把爱绘成最美的风景，让大家体会生活的精彩。群众还主动与辖区内市财政局、地方税务局、住房和城乡建设局、市场监督管理局、烟草专卖局、融媒体中心、广播电视总台等单位联系，建立起一支综合志愿服务队伍。哪里有困难，哪里就有志愿服务队伍。只要群众一个电话，社区的志愿者15分钟就会到达，这是一个庄重的承诺。

同心社区"垃圾不落地，春光更美丽"志愿活动

"多一份正能量"，这是同心人的导向。同心人在积极创新、弘扬先进的大道上勇往直前。40岁的李剑是一位有着20多年装修经验的生意人，他诚实守信，无论哪家，只要一个电话，他都乐意上门服务，从不多收一分钱，而且保证质量。在社区大力推荐下，李剑被评为无为好人。社区居民李秀芳是一位退休教师，她乐于帮助社区的老人，免费为社区的小孩辅导作业，并

315

帮他们树立正确的价值观。李秀芳被评为无为孝老爱亲好人。社区居民姚瑶是一位"80后"青年，在丰源无为药厂车间工作，不怕苦、不怕累，年年被公司评为先进个人，经社区推荐，被评为无为市爱岗敬业道德模范。如今，三位先进模范成立了"青青草好人工作室"，经常被作为社区道德讲堂的典型宣传。就是这样，通过身边的事，弘扬正能量，感召并教育着身边的人。

古语云，人无礼，则无以立。望着社区办公室的"安徽省文明社区"荣誉匾额，我的钦佩感油然而生。这份荣誉不但说明社区人居环境好，而且说明社区居民文明知礼、精神面貌好，是物质文明、精神文明双丰收的最好体现。

"家门口上班"真幸福

袁凯恒

　　直到年初二夜里，我还是没等到姑妈的电话。往年正月初二，姑妈都会叫上亲戚聚一聚。想着往年一大群人其乐融融的热闹气氛，我多少还是觉得有点失落。

　　由于姑父、表哥、表嫂都在长三角打工，每年正月初六前后就要离家了，只留姑妈和三岁的小外侄在家，所以我们都会在他们走之前，聚在一起，聊聊天、叙叙旧。

　　年初九这天，忽然接到姑妈的电话："恒仔，明天记得带大家过来聚一聚哦。"我喜出望外，笑着说："好，姑妈，拜年礼都买好了，随时出发！"放下电话，心里顿生疑惑：今年姑父他们不去长三角打工了吗，怎么有空在家里聚餐？

　　年初十这天，所有亲戚坐在一起，谈天说地，把酒言欢，气氛很融洽。席间，看到表哥，我迫不及待地问："表哥，你们公司今年什么时候开工呀？怎么现在还有空在家里？"

　　表哥说："我们年初七就上班啦，哈哈。"

　　"那……你们昨天又从长三角跑回来了？"

　　表哥一听，丈二和尚摸不着头脑："我春节期间一直都在无城镇呀，为啥跑去长三角？"

这样一说，倒是让我一头雾水了："这……你们公司不是在长三角吗？"

"我们三个现在在无城镇企业上班了。近几年，工业园建设如火如荼，投资建设了很多产业转移项目，新增了不少现代化的流水生产线，为无城提供了很多优质的就业岗位。家门口有工作，我何必背井离乡，颠沛流离呢？在家乡工作，有空还可以和亲戚朋友喝喝茶，吃吃夜宵，多幸福！"

"但这些都是小厂，待遇没有长三角的好吧？"

"在无城投资的都是知名企业呀，像我现在上班的公司是高端智能制造企业。我以前在长三角七千多一个月，现在在无城镇五千多一个月。长三角生活成本高，租房、坐车都贵，我和你表嫂在无城镇一年总收入加起来有十几万，生活过得比在长三角好得多。"

我惊叹不已："想不到这几年无城镇发展这么快啊！"

"小时候我就是一名留守儿童，伤心的记忆一直挥之不去。现在我的孩子四岁了，我希望能留在他身边陪着他，不想让他和我小时候一样。"说完，表哥松了一口气。

无为羽毛羽绒产业园

我的思绪回到了十几年前。小时候，最怕春节过后的别离，爸妈要去外地打工，一去就是一年。春节过后，无城镇的乡村到处上演催泪的一幕，孩子们被爷爷奶奶死死拽住，哭得撕心裂肺，爸妈背着行囊一边走一边抹泪，头也不敢回。记得有一次，我追着父母的摩托车歇斯底里地哭着跑了几公里路，最后累得瘫软在地上，那种无助，至今无法忘怀。

我深有感触，连声附和："甘蔗没有两头甜，现实生活有万般无奈。以前无城镇没有太多就业机会，农村人只能远离家乡，去大城市寻找机会。但孩子正是需要呵护、需要陪伴、需要安全感的时候，不到万不得已，谁也不想……不过现在好了。感谢党和国家！现在在家门口上班，收入高、福利好，还能照顾老人和孩子，真幸福！"

刚好此时电视里播放起《万疆》："红日升在东方，其大道满霞光，我何其幸，生于你怀，承一脉血流淌……"

表哥把酒杯高高举起："来，各位亲朋好友，今天是个好日子。让我们举杯同庆，为生在这个美好时代干杯，为祖国繁荣昌盛干杯，祝无城镇越来越好！"

大家也附声道："好好好！为祖国繁荣昌盛干杯，祝无城镇人民的日子越来越红火！"

米芾官像

七

无城精英

王之道

赵同峰

王之道（1093—1169），字彦猷，无城人。曾任滁州通判、信阳知州、湖南运判等职，宋钦宗靖康初，调和州历阳县丞。我国宋代杰出的诗人、军事家和政治家。在中国文化和军事发展史上，有着卓绝的贡献。

兄长王之义、弟弟王之深，宣和六年（1124）同科考中进士，三兄弟同时金榜题名，成为广为流传的佳话。他们读书的地方，名为"三桂堂"。王蔺（？—1204），字谦仲，王之道第六子，《宋史》有传，乾道五年（1169）中进士。王之道被封魏国公，王蔺被封开国公，家乡人因有父子"二公"而自豪，故将其故居所在地命名为"二公"自然村。

金兵南侵，杀人如麻。王之道率领无为百姓，在境内胡避山武装自卫，抗击金兵。

靖康二年（1127），王之道跟随宋室南渡。以宋高宗赵构、宰相秦桧为首的投降派，却于绍兴十一年（1141）向金求和。南宋对金称臣，把淮河以北的土地也划归金统治，还要每年进贡很多银、绢等。

当时，王之道上书朝廷，认为求和使北方民众陷于水深火热之中，违背民心，希望宋高宗亲自率兵抗金，恢复中原，结果遭到了秦桧的迫害，罢官回乡，隐居在巢湖南岸相山下，闲居二十年，仍然心系国家。

秦桧死后，他才被任用为信阳知州。绍兴三十一年（1161）七月到任，即献御敌之策。他以独特的军事眼光敏锐地剖析敌情，为朝廷提供翔实可行的攻防战略。无奈年近七十，他向高宗表白，自己"虽穷且老，益坚益壮"。他始终相信民心所向，抗金必胜，是一位不屈不挠的爱国诗人，于宋孝宗乾道五年（1169）去世。

他在相山闲居二十年间，爱上相山，自号相山居士。他精通文学，其诗词雅致，意境深远，为人真诚，忠心爱国，著有《相山集》，闻名遐迩。《宋史·艺文志》作"相山集二十五卷，又相山长短句二卷"；《四库提要》载，"《宝祐濡须志》《宝祐濡须续志》俱作四十卷"；《文献通考》卷二三九记载《相山集》二十六卷；《文献通考》卷二四六又载相山居士词一卷；《直斋书录解题》卷十八记《相山集》二十六卷；《直斋书录解题》卷二十一又记相山居士词一卷；《四库提要》作《相山集》三十卷。

《〈相山集〉点校》书影

王之道《相山集》中，词三卷，文十二卷，诗十五卷。他的词多刻画人情、物态，抒写离情别绪，语言精妙、婉转细腻，属于婉约派风格。文则以制、表、札子等政论文形式，有不少为一时匡正规劝之作。但言事论政，针砭时弊，剖明是非得失，情理并重。四库馆臣很推崇，《中国散文史》评价其文"激品慷慨，很有生气"。他的八百一十九首诗歌中，律诗、绝句等类型均有，内容丰富，形式多样。他追求平易自然之风，创作出许多清新、活泼、明快、流畅的好作品。

王之道为人慷慨，有气节。南渡之后，虽然罢官闲居，但在他的诗词中，流露出强烈的爱国主义色彩。作为一位士大夫阶层的知识分子，忠君爱国思想在他的诗词中也表露无遗。

王之道的《朝中措·和孔倅郡斋新栽竹》写的是词人罢官闲居家中之时，在庭院中书斋前栽下了新竹。原词如下：

君心节直更心虚，移植并庭除。好在红蕖相映，卷帘如见吴姝。

清风明月，君无我弃，我不君疏。况有骚人墨客，时来同醉兵厨。

竹子不惧严寒酷暑，四季常青，挺拔俊秀，虽然不粗壮，却很直。竹子也因为这些特点，而被人们赋予了美好的寓意。自古以来，竹就是君子的象征，和梅、兰、菊并称为"四君子"。

词作表达"君心节直更心虚"，是说竹子挺拔，中空而直。将竹子说成"君心"，是在说竹子的正直和虚怀。词人的言外之意是说在庭院中种竹子的人，也具有这种品德。

在这二十年中，王之道忠君爱国的抱负一刻也没有淡忘。虽然赋闲在家，但是他时时刻刻惦记着国家大事。读书写作，自然而然地抒发出忠爱精神。这是一种强烈的爱国情怀，具有特殊意义。

他渴望得到朝廷再次起用，为国家事业贡献力量的这种精神，值得我们学习和发扬。

无城精英

杨 杰

刘晓明　李俊平

　　《四库全书》中，收录了一部北宋杨杰的诗文集——《无为集》，作者杨杰是一位无为的名士。

　　杨杰，字次公，号无为子。北宋仁宗嘉祐四年（1059）考中进士，宋神宗元丰年间（1078—1085）任太常，宋哲宗元祐（1086—1094）、绍圣（1094—1098）年间任礼部员外郎、润州（镇江）州官、无为知军，卒于任上，享年70岁。他的一生创作非常丰富，但大多数作品散落丢失了。南宋高宗绍兴年间（1131—1162），无为知军赵世粲仰慕杨杰文才，"积两岁之力"搜集他的作品，整理成《无为集》，使之传世千古。清乾隆四十四年（1779），《无为集》被《四库全书》收入集部之中的别集。《无为集》共15卷，其中分赋2卷（古律赋、律赋共13篇）、诗5卷（古诗、律诗、绝句共162首）、文8卷（序、记、杂文、表启、碑志、墓志、行状、表述、奏议共92篇）。

　　从《无为集》中我们可以看出杨杰在公务之余花大量时间，与青山为友，与绿水结亲，"在家头陀无为子，久与青山为弟昆"（苏轼《介亭饯杨杰次公》）。他曾西登皖西天柱山，南临江南桃花潭，东游牛渚（采石矶）水府洞，北渡浩渺巢湖，还曾远涉嘉兴、太湖、南粤惠州、东岳泰山。丰富的游历，充实了他的诗赋。他的文学作品，立意广阔，色调明快，语言形象生动，感情真挚奔放。如他描写惠州的《丰湖歌》：

昔年霹雳轰蓬莱，六鳌踉跄海面开。

一峰崒屼九霄落，万里怒涛推拥来。

……

近闻更有丰湖好，环匝亭台映洲岛。

野叟忘机鸥鹭闲，寒潭无浪蛟龙老。

他在诗中赞美山之突兀神奇，水之妩媚多姿。如《沧浪亭》：

沧浪之歌因屈平，子美为立沧浪亭。

亭中学士逐日醉，泽畔大夫千古醒。

醉醒今古彼自异，苏诗不愧《离骚》经。

《太白桃花潭》：

桃花潭似武陵溪，太白仙舟去路迷。

岸上踏歌人不见，年年空有鹧鸪啼。

他对家乡充满爱意，笔端之下洋溢热情。如他写家乡无为的《秀溪寒食》，将绣溪公园里的楼台亭阁、绣水芝山描绘得淋漓尽致：

十里喧阗锦绣川，秋千人健趁飞鸢。

花明柳暗丹青国，日薄云浓水墨天。

游女践成芳草径，画船冲散碧溪烟。

武陵谩说桃源好，屈指如今几百年。

杨杰曾在礼部任职，他敢说能干，精通乐律，亲自谱曲，为朝廷大典之用；他不惧权贵，为维护封建礼仪道德而奋力争辩。我们在《无为集》中还可以看出杨杰的工作业绩，如《上言大乐七事》《堂上钟磬议》等。《宋史杨杰传》称其为"一时礼乐之事，皆予讨论"。

《无为集》中，还有许多他与当时名人王安石、苏轼、欧阳修等的唱和之作，可见他们交往甚密，如诗《和酬子瞻内翰赠行长篇》：

云涛拥开沧海门，鼓鼙万叠鸣江村。

仙翁引我峰顶望，耳目惊骇难穷源。

《无为集》书影

黄金铸鲸为酒樽，桂浆透彻水雪盆。

吴歌楚舞屏不用，夹道青玉排云根。

经纶事业重家世，昔闻父子今季昆。

九丹炼就鼎灶温，刀圭足以齐乾坤。

我行欲别湖山去，为我索笔书长言。

照乘不假明月珠，自有光焰生轺轩。

杨杰辗转仕途，正是王安石变法之时。朝廷的党派斗争激烈，政局反复无常，这使他十分无奈与厌倦。为了远离政治漩涡，他醉心自然，爱好山水，自高清静无为，因此以"无为子"为号而自诩。

杨杰与米芾同为当时名士，兴趣、爱好相近，仕途坎坷相似，大有英雄惜英雄的情感，不时相互也有些照顾。米芾痴爱奇石，曾有"私而忘公"之嫌，遭同行嫉妒告发。《宋稗类钞》载，米芾守涟水知军，涟水地接灵璧，蓄石丰富，米芾一一品鉴后，沉溺其中，终日不出画室。

又《竹波诗话》载，米芾酷爱收古帖，一生求索。但是，他只要见到古帖，"好摹易他人书画"，不论字画，必定临摹，然后还给主人赝本，自己则悄悄留下真本。杨杰也曾以此拿他打趣，因此发生一起河豚赝本的故事。当时，杨杰守丹阳（今镇江），米芾过郡留住数日。杨杰作羹以饭之，曰"今日为君作河豚"，其实是其他鱼，不是河豚，但吃无妨。米芾遂疑惑而不敢食，杨杰笑曰"公可无疑，此赝本尔"，因以讥之。其行，送之以诗，有"淮海声名二十秋"之句，丹阳前任林中子见之，责怪杨杰戏弄米芾。杨杰笑着解释道："二十年来，天下何处不知有米颠子耶？"

季步骕

何章宝　李俊平

　　明末清初，无城仓头望族季氏有一位颇负盛名的诗人，叫季步骕（1581—1650）。他目睹危艰时局，饱经乱世流离，无意功名富贵，辗转大江南北，饮酒赋诗，放浪形骸，轻财重诺，义薄云天。有诗集《懒蚕居士遗稿》流传于世，其一股不可磨灭之气，尽情抒发于诗中，缠绵悱恻，感慨悲凉，诗名与同宗族的侄子季孟莲并重一时。本文将结合他描绘无为胜迹的诗作欣赏，来介绍这位乡贤人物。

　　饮酒孔山园。孔山又名张家山，在今西环城路老年大学一带，明末无城乡贤张克佳购得此山，筑园建亭，遂成览胜之所。《无为州志》所录季步骕的诗《饮孔山园亭》，在他的遗稿里题作《饮张玉华园》，玉华是张克佳的号，他是受到张克佳的邀请来此饮酒赋诗的。季步骕豪饮，酒过数巡，诸酒人"三杯一饮醉之乎，出门一歪多者也"，他却在此时拈髯选句，一边喝酒，一边作诗，酒场称雄。诗执牛耳，通宵达旦，不觉疲倦。他的《饮孔山园亭》与张克佳《孔山云留阁》依韵而作。诗曰：

　　　　小阁重亭昼不关，居然城郭见深山。

　　　　芙蓉木末三秋冷，明月松间五夜闲。

　　　　接岸板桥扶醉渡，穿花石路觅诗还。

　　　　谢公雅兴围棋墅，邱壑风流未可删。

诗中描绘了孔山当时的景象：建有云留阁、问天亭，植有木芙蓉、苍松，间以花草，曲径通幽，不远处还有一座木桥。"谢公雅兴围棋墅"一句，用了晋代谢安"围棋赌墅"的典故：当时，符坚率百万大军进攻东晋，驻扎在淮河一带，京师震恐，皇帝封谢安为征讨大都督。谢安的侄子谢玄来问计策，谢安神色安然，毫无惧色，只说"我另有办法"，就不再说什么了。随后谢安来到乡间的别墅中，和谢玄下围棋，以别墅做赌注。平时谢安棋力不如谢玄，但此时谢玄心有所惧，输给了谢安。谢安回头对外甥羊昙说："这别墅就给你吧！"这典故常被用来形容人从容镇定。邱壑，指隐者居住之地，季步骐用这一典故，与"邱壑风流"联系在一起，表达了对孔山园主人雅兴风华、隐居于此的称颂。

斋居延福寺。季步骐的佛学造诣颇深，经常坐禅，阐释教义睿智深邃，禅悟水平如同高僧，有居士之称。他有不少僧友，其中一位了然禅师，起初不戒酒肉，在季步骐规劝下戒绝酒肉，苦修禅功，圆寂后得以塑金身，受膜拜。季步骐喜欢游览深山名刹，本地佛教名胜双泉寺、南汰寺、半山庵等，他多有寻访并作诗记之，去得比较多的当属延福寺，他曾在此斋居读书。

在无城正南方向十五里处，有一座地王阁庙，这就是《无为州志》记载的延福寺。延福寺历史悠久，始建于唐朝贞观年间，宋、明、清历代高僧曾多次募修；占地七余亩，有大雄宝殿、观音殿、天王殿等，殿内佛像俱全，另有两座千佛灯和一座高三米的铁塔。相传新罗国（今朝鲜半岛）王子金乔觉（地藏王）曾来此地留宿一个多月，后人为纪念地藏王，改庙名为地王阁。

在季步骐的诗集中，写延福寺的诗有多首，《无为州志》选录了《延福寺斋居》，诗曰：

花气侵窗日影移，幽人耽卧起迟迟。

山禽有意来惊梦，野草生情欲上诗。

几度郊行寻酒伴，隔年人约失春期。

摊书静向虚斋坐，落尽瓶花满砚池。

这首诗尽得斋居之真、闲适之美。首联写的是悠闲。花香透过窗帘，日影移到床边，诗人睡到自然醒，终于起床了。颔联写的是清静。这里用了移情手法，赋予动植物以人的情感，无人惊扰，只有山禽故意来打搅"我"的美梦，野草痴情地希望进入"我"的诗篇。颈联写的是望尘。诗人在这里笔锋一转，描述自己几次出去寻找酒伴喝酒，与人约定春天相聚却耽误了时期。这有没有冲破题旨呢？没有。这里写出了真实的诗人，他喜欢喝酒，有向往尘世烟火的一面；同时，这也反衬了斋居生活的清苦。尾联写的是归真。还是回到斋居苦读的正轨，面壁静坐，刻苦用功，时间很长很长，瓶里的花都凋谢了，落在洗砚池里，满池尽是。全诗四联，描绘他斋居苦读的生活，也可以用四个字概括，即闲、幽、苦、久，起承转合，勾连无隙。

孝悌多义举。陈廷乐《懒蚕居士传》里，记载了几个故事，赞扬季步骕的孝悌节义。小时候，母亲生病了，他暗自来到佛寺里，向神灵祈求减自己寿命增母亲寿命。之后家中遭遇变故，家产尽失，由长兄掌管生计，他得以从容地在外面结社、游学、以诗会友；后来分家立业，他服侍长兄如父，一生没有不和之言。他对朋友亦是忠肝义胆，交情深厚，常与三五友人游历四方；即使是年轻人，只要有才华，也与其成为忘年交。季步骕与福建人赖元履交往颇深，多有诗词酬和。赖元履在寿春有一朋友陈某，因为明朝灭亡而死难，留下遗孤陈奎，赖元履远行不便，将其托孤藏匿在季步骕家中。他尽心尽力地教养陈奎长大成人，尔后辗转送回寿春老家。时人称赞他，犹如春秋时期的程婴、公孙杵臼。

论诗行天下。季步骕才华横溢，学养深厚。明代崇祯和清代顺治年间，被聘请参与了州志编纂事务，为乾隆版、嘉庆版州志的编写奠定了坚实基础。他为季氏家族写出了极富文采的谱序。但他最有成就、最使族人感到骄傲的，还是作诗。他也曾上书当政者，但不为所用，郁郁不得志；其为人慷慨，不修边幅，"乱头粗服，佳致翩翩"。

文学上他敬慕司马迁，诗风初似元（缜）白（居易），晓畅平易，后来随着阅历增长，渐渐接近于韩愈和杜甫，显得沉郁顿挫。爱情诗中，往往隐藏着对艰危时世的关切忧虑；流亡逃难途中的诗作，更是蒿目时艰，直面现实。季步骕游历很广，曾与二三知己顺江溯源，纵览瞿塘、滟滪、黄牛三峡的奇观，流连忘返。至于无城附近山水，更是足迹所至，诗韵绵长。在品评人物方面，眼光独到，不苟于世。对于那些放荡不羁的书生，人人皆言可

无城精英

杀，他却认为瑕不掩瑜，更加以礼待之。

季步骊，字子尾，号尾孙，五十岁后别号懒蚕居士。为什么取"懒蚕"为号呢？"龙蛇之蛰，以存身也"，这是告诉自己要学会退让、忍受，以安身立命。其时正值朝代更迭，江山易主，他的全身之道，既是智慧，亦属无奈，当含酸楚，更显悲情！

季孟莲

何章宝　李俊平

季孟莲（1597—1644），字叔房，号石莲，明末无城仓头人。据说，他出生前夕，其母梦到家中池塘产莲数支，家人甚喜，以为青莲（李白号青莲）转世，于是命名梦莲，后来因避家讳，易名孟莲。带着"李白转世"美誉的季孟莲，自小就聪颖好学，才气过人。五六岁即能诵读，私塾先生教他唐诗，他就能够理解诗中大概意思。稍长，其诗文在州郡颇负盛名；十五岁时，补弟子员。他博览群书，以诗、词、古文推重于世；虽文采斐然，但生逢乱世，报国无门，郁郁不得志，只能寄情山水，漫游天下，壮览名胜，广集图书，以诗会友。

他诗名远播，跻身"八大家"。季孟莲在游历大江南北之时，结识了很多名家，相互酬唱，诗名远播。崇祯六年（1633），湖北石首人夏四云根据当时诗人的不同风格，遴选八家作品，合为一集，这就是颇具影响力的《八大家诗选》，重刻于清康熙二十二年（1683）。所称"崇祯八大家"分别为季孟莲、董其昌、李明睿、陈继儒、曹学佺、王思任、杨文骢、谭元春。

在这八大家之中，季孟莲以其"时运不足，则奋发而为诗"的出色成就排序第一。其余各位诗人，都是当时诗坛的精英。季孟莲和杨文骢同年出生，最为年少。晚明时期的文坛精英，自然不止这八人。但季孟莲的诗作能够比肩其余七人，被誉为"旷世奇才，有竹林风范"，足以证明他诗风独特，具有不同凡响的影响力。

名家作序，才华蕴风流。根据资料，季孟莲诗集的两篇序文，其中一篇是王思任应季孟莲请求所作。当时王思任至江州任职，和他在南昌李明睿家里相处了一个多月，天天在一起喝酒、吟诗。季孟莲特别豪爽善饮，喝多了流露真性情，在比他年长21岁的王思任看来，显得十分可爱。有一天，他特意添了螃蟹、田螺等美味，置酒数斗，痛饮之后就向王思任请求作序。在序文中，王思任叙述了与他相识的过程，高度评价了他的诗才："自古言诗人，诗从人出也，果其人而诗也。"他的诗境高于唐代大历时期的清雅飘逸；他的小词软曲水平很高，即使是苏轼、黄庭坚、周邦彦、秦观等人看了也会点头称赞。序文的落款是"山阴老友王思任拜题"，这位堪称前辈的忘年之交，用谦虚之态，表达了对季孟莲的敬佩之情。

另一篇序文是河南黎阳人王在晋所作的《月当楼诗稿原序》。王在晋，万历二十年（1592）进士，官至太子太保兼兵部尚书。序文中，王在晋叙述了经李明睿介绍而结识季孟莲的情况，含有相见恨晚之意；然后用精妙华丽的辞章评价他的诗才，认为"叔房之诗，得远游而益著；叔房之游，得太史而益彰"。序文落款是"黎阳弟王在晋题"。王在晋是进士出身、朝廷重臣，比季孟莲年长29岁，中进士时，季孟莲还没有出生。这样一位德高望重的长者，屈尊俯就为其作序，态度谦恭，很明显，欣赏的正是季孟莲过人的才华。

交接诗友，行状显品节。在与多位诗人结交酬和之中，季孟莲和王思任最为相得，他们的相识也颇有戏剧性。一天，季孟莲经过蛟矶庙准备渡江，留宿在僧人吉祥处，登矶远眺，颇多感慨，于是在墙壁上题诗一首，其中有一联是：才子何妨今世杀，美人当取一人怜。王思任当时任职芜湖，这位踏遍了名山大刹的诗人恰巧也在此游历，见了题诗，就询问寺僧，得知是季孟莲所作时，就拽着寺僧寻找他。季孟莲看到有前呼后拥的官员经过，不愿意接近，正准备躲避，王思任大声说："季先生为何目中无人呢？"于是握手相见，十分高兴，以宾主之礼相待。王思任立即向季孟莲索要诗稿，读了他的《隅爽轩集》，拍案叫绝，赠诗曰："临川舌上青莲子，摘于无为季叔房。"

李明睿在请假省亲经过芜湖的时候，拜访王思任，读到了季孟莲的诗稿，心里十分佩服，诚恳地邀请他到自己府上做先生，待之如贵客。董其昌在王、李二人那里听到对季孟莲的赞誉，迫切地想和他见面，打听到他在江上游览，遂追去与他谈诗论道。两人相谈十分欢洽，结为知己。许多诗人都愿意和他结交，在一起畅谈诗文，如果季孟莲没有赶到，就虚坐以待之。

把酒临风，卧吟月当楼。季孟莲虽然才华横溢，但对于科举应试却常铩羽而归。四十岁左右，他早已无意于功名，倦游归来，自建月当楼，广集各类书籍。在月当楼上，评诵不辍，饮酒赋诗，自娱其意。

《无为州志》选录了季孟莲的《北汰寺书楼》一诗：

鹿豕堪为伴，招提可当家。

蛛丝粘燕子，蝉响下槐花。

隐几风翻纸，浇铛雨点茶。

羲皇知曷似，聊以谢嚣华。

北汰寺距离月当楼很近，诗中描写亲近自然、晨钟暮鼓、闲观燕飞花落、坐听雨点风微的情景，契合他恬淡无营、悠闲隐居的心态，正是他在月当楼中的生活写照。

无城精英

335

董 曾

何章宝　李俊平

　　绍兴俊杰董曾，字贯道，绍兴路新昌雪溪人，擅书画，通经史。元末方国珍起事，占据了新昌县城，招董曾为官，他没有答应，反而为躲避方国珍，隐居东阳山中。后来朱元璋至金华，对他以礼相待，让他住进礼贤馆，请他纵谈天下大事。君臣愉悦，授无为知州，其时当在1360年之后。

　　从近年发现的资料看，董曾最令人称道的是他所作的《天姥山赋》一文，对李白著名诗篇《梦游天姥吟留别》中天姥山具体位置做了精准的考证。他详细介绍了"表乎东南实为新昌"的天姥山的地理位置、山水风光和风土人情，展示了它的历史内涵和文化底蕴。这篇文章沉睡600多年后，被董族后人董必时先生整理出来，具有很高的文化、旅游、考古实用价值和学术价值。他和安徽当涂名士陶安十分亲近，多有诗词酬赠。陶安律诗《寄董贯道》前四句写得情意深切：

　　　　十年不见董贯道，一书忽到金陵城。

　　　　越山带雨生秀色，江月照人知此情。

　　陶安另外一首《寄董贯道》从内容看，极有可能是董曾担任无为州守时写给他的，后四句是：

　　　　淮邑士民求世治，湖田蟹稻得年丰。

　　　　有才且莫哦松下，赘力经营早进功。

沉江死节。董曾接替夏君祥担任无为州守，表现出了治理郡县出色的一面，《明高祖实录·卷十二》记载："曾之守无为也，招集流亡，使各复业，州民安之。"

他担任无为州守为期不长的时间，正值陈友谅和朱元璋决一雌雄的关键时期。1363年4月24日，陈友谅亲率大军，以楼船之利围攻南昌，遭到了守将朱文正、赵德胜的顽强抵抗，历时85天，未有寸土之功。在进攻南昌期间，陈友谅见一时难取，便暂时休兵，派兵顺江而下，吉安、临江、无为州相继被攻下。

无为州失守，董曾被擒。陈友谅部下对他软硬兼施，希望他投降。但是他忠贞不屈，骂不绝口，至正二十三年（1363）端午节当天，被沉江杀害。《无为州志》记载："世传泥汊口即曾遇害处。"他在无为州所写《濡须坞》既有雄心，又含悲情，似乎"一诗成谶"，像是他的绝笔。诗文如下：

> 龙虎相争志不侔，濡须旧坞使人愁。
>
> 丈夫不学曹孟德，生子当如孙仲谋。
>
> 七宝山开红树晓，巢湖水共白云秋。
>
> 登临不尽英雄恨，万里长江天际流。

诗中的"七宝山"在今天石涧境内，旧时谓之西关，与东关濡须山相对。他在诗中借称赞孙权的英雄业绩，抒发了光阴易逝、壮志难酬的感慨。

刘秉璋

汪祥贵　李俊平　刘尧明

　　无城米公祠碑馆，有一副楹联："小楼刻烛听春雨，白昼垂帘看落花"，这是明代礼部尚书董其昌所作。该馆现为文物所，藏有清末四川总督刘秉璋从全国各地搜罗的历代名家碑刻130余方，馆内建有"碑廊"，供游人欣赏。社会不稳定时期，为防止珍贵文物遭破坏，馆中人员将其移嵌在屋内墙壁上，涂以石灰泥，封存严密，始得保全，现为文物所一绝。

刘秉璋

　　刘秉璋（1826—1905），字仲良，庐江矾山镇砖桥人，出身书香门第。咸丰十年（1860）中进士，选为庶吉士，授编修。

　　同治元年（1862）入淮军赴上海。初，曾国藩见刘秉璋，大器之。授江苏按察使、山西布政使（未到任）、江西布政使。光绪元年（1875）任江西巡抚，光绪四年（1878）以赡养老母为由辞职回家专事农桑。

　　光绪八年（1882）又被起用，任浙江巡抚。当法军侵占越南，继而侵犯我国东南沿海时，他于宁波设立海防营务处，加强统一调遣，布置沿海防务。光绪十一年（1885）三月，法舰突入鲛门，他命守备发巨炮，击伤法舰两艘，法舰败逃金塘山。几天后，法舰又进犯虎蹲山北，他再痛击之，火炮击中要舰，法将迷禄当即毙命，法舰仓皇驰逃，不敢再犯。但法军贼心不死，又以小轮窜犯宝山口，他命守将选勇突起击之，法军伤亡惨重。镇海之役，计击沉法舰一艘，重创三艘，火轮、小船多只，给侵略者以沉重的打击。镇海之役取得了中国近代反侵略战争史上海岸战役的全面胜利，维护了国家的尊严。

在浙江巡抚任上，刘秉璋自题巡抚衙署公堂的对联，足见其书生意气：

> 堂上都是过中人，十数年辛苦风檐，敢忘畴昔；
>
> 阶下岂无天下士，诸君子飞腾云路，莫负科名。

光绪十二年（1886），刘秉璋任四川总督，查办遗留的"重庆教案"。因美、英教会强行占地建教堂，民众反对，教会组织武装杀伤30余人，激起公愤。民众反教会，焚毁教堂，散发传单，揭露美、英帮助日本侵略中国的罪行，使美、英教会更为不满，他们关押、杀害儿童和民众。洋人践踏中国主权，激起川西11县民众奋起反教会。刘秉璋在查处中，处死杀人凶手和闹事首领，未镇压群众。美、英传教士纷纷致电清政府，要求惩办刘秉璋。清政府迫于英、美、法公使要挟，将刘秉璋罢官归里。他在《归田自述》中不无感慨地写道：

> 元龙意气昔何如，荏苒光阴付子虚。
>
> 政绩不登循吏传，文章岂有茂陵书。
>
> 死犹腐草萤光点，生比寒花蝶梦苏。
>
> 壮不如人今老矣，片帆东去啖鲈鱼。
>
> 望见蓬庐喜欲颠，弟兄慰问笑喧阗。
>
> 豪赀富拥书千卷，醉态狂歌诗一篇。
>
> 清白差堪贻子姓，烧丹何必学神仙。
>
> 兴来沽酒招朋好，斫脍烹雌足俸钱。

刘秉璋归里，家居十载。光绪三十一年（1905）七月二十三日，刘秉璋过完八十寿辰，溘然长逝。逝后，由于两江总督周馥的疏奏，清廷准其"复官，予优恤，建祠"，谥号"文庄"。刘秉璋葬于庐江万山镇，为群山环抱，绿树掩映。他以翰林而将兵，讲经史而切用，虽然屡建奇勋，而不废讲学著述。

刘秉璋曾于1868年左右，在无城购徐姓屋居住。原有一楼，悬挂榜额

"远混天碧"，因此称之为"远碧楼"，专为藏书之所。刘秉璋生平不置产业，唯喜读书，藏书非常丰富。他常常说："我在淮军中，爵禄皆不如人，独家中藏书数万卷，自信他人无有，可称第一。"刘秉璋不但藏书丰富，而且著述繁多，有奏稿、函稿、电稿、批牍、诗文、小品、笔记、日记及政典、礼典、方舆等，计24种，共190多卷。其《刘文庄公奏议》《刘文庄公文集》均传世。他一生淡泊名利，十分重视教育，曾会同吴长庆、潘鼎新等人，为家乡捐建了三乐堂书院、南京庐江试馆，还在庐阳书院、敬敷书院、崇文书院设立助学金，培养了一大批有用之才。

特别值得一书的是，刘秉璋回故乡，安居无城。其时，带回了晋唐以后的历代名家书法碑刻100多方，现存于米公祠内。其中，有宋徽宗、黄庭坚、董其昌等众多名家书刻。无为市文物管理所对部分碑刻进行编纂，先后出版了数卷《宝晋斋碑帖选》，为宣传无为历史文化增光添彩。

刘秉璋收集的历代名家碑刻

金全才

耿松林

2008 年 11 月 2 日，中共党员，著名戏剧家、评论家、教育家金芝（本名金全才），因病在合肥逝世，享年 81 岁。对于这位文艺界泰斗级人物的突然离世，亲友和同事、同行们感到震惊和悲痛，连称这是安徽戏剧界的重大损失。

1927 年 9 月 1 日，金全才出生于无城南园，先后在绣溪小学、杏花泉中心小学读书。幼时即喜爱文学与绘画，中学时代就有多篇文学作品在报刊上发表。1948 年毕业于安庆师专（现安庆师范大学）艺术科，当年创作反映旧社会教师生活的大型话剧《快乐不在明天》，并组织了演出。1949 年元月参加工作后，历任无为县绣溪小学教师，杏花泉小学教师、教导主任。由于文笔出众，1951 年秋调巢湖行署（后合并为芜湖行政公署）文教科任文化干事，1953 年元月调安徽省文化局从事专业戏剧创作

金全才

和研究工作。先后任安徽省文化局创作组副组长、安徽省剧目编审室秘书、安徽省文艺创研室文学组负责人、安徽省艺术研究所戏剧文学研究室主任。1981 年起兼任《安徽新戏》副主编、主编，1987 年任安徽省艺术研究所副

所长兼省剧目工作室副主任，被评为一级编剧。先后成为中国戏曲学会理事、中国戏曲家协会会员、安徽省剧协常务理事、安徽省黄梅戏艺术发展基金会理事。1992年起，享受国务院政府特殊津贴。

金全才总结自己的人生时，认为他的一生是走三条路过来的。

第一条走的是戏曲创作之路。他的笔名有金芝、劲芝、金芒、曦文等，前后共参与创作40多部戏剧作品。1951年金全才被调入文化部门之初，即根据无为尚礼乡土改积极分子、贫农代表黄宗发夫妇被害事件，写出了大型歌剧《不是自杀》，剧本被选为安徽省首届文代会展览作品。调入省文化局之后，其戏剧创作一发不可收。1953年，他根据庐剧老艺人王本银、王业明、张金柱等人口述内容，成功整理改写了庐剧传统小戏《讨学钱》《打芦花》《打面缸》等作品，还与别人合作《双锁柜》《双丝带》等作品，成为当时广泛演出的保留剧目。1959年后，他又为黄梅戏及其他剧种编写了一些有影响力的剧本，如电影剧本《牛郎织女》（与人合作），经与香港电影公司合作拍成彩色影片后，在国内外广泛放映，深受观众喜爱。《罗帕记》（与人合作）成为新中国成立10周年献礼作品，并为扬剧、粤剧等剧种移植演出，与《天仙配》《女驸马》一起，并称"黄梅三绝"。1986年参加中国首届莎士比亚戏剧节（上海）演出的改编喜剧《无事生非》，受到英国首相撒切尔夫人、国际莎士比亚研究中心主任布鲁克和中国戏剧家协会主席曹禺及广大中外观众的好评。随后，黄梅戏《梁山伯与祝英台》《袁璞与荆凤》《徽商胡雪岩》、徽剧《刘铭传》、泗州戏《结婚之前》、电影《牛郎织女》《生死擂》及黄梅戏连续剧《秋》《啼笑因缘》《二月》《朝霞满天》《潘张玉良》《祝福》等，佳作迭出，多次荣获戏剧"文华奖""曹禺剧目奖""五个一工程"奖，电影"华表奖""金鸡奖"，电视"金鹰奖""飞天奖"等20多个国家级奖项。在安徽的戏曲舞台上，金全才有着太多"出世"后一直"活跃"着的作品。这些作品许多年来，戏被反复上演，曲被广为传唱，剧中的一个个舞台形象，以其鲜明的个性，已经深深地扎根于新老观众的心中。留得住，传得开，是金全才对好作品的判定标准，他的大部分戏曲作品，就是这样的好作品。

第二条走的是戏曲理论研究之路。金全才发表过200多篇戏曲理论文章，出版有《当代剧坛沉思录》《编剧丛谭》《惜花·育花·品花》等三部戏剧理论文集，获得过理论研究"金菊奖"，先后担任《程长庚研究文丛》主编、《当代中国戏曲》统稿兼撰稿人、《中国戏曲志·安徽卷》副主编。金全才认为，站得越高才能看得越远，一个好编剧应该具备精湛的理论修养。他自觉地用戏曲理论指导自己的工作实践，比如他在改编名著方面尽显身手，无论是20世纪80年代将莎士比亚的《无事生非》改编成大型黄梅戏舞台剧，还是90年代将巴金的《秋》改编成黄梅戏音乐电视剧，以及对《啼笑因缘》《二月》《朝霞满天》《潘张玉良》《祝福》等名著的改编，都取得了巨大的成功。他认为，改编是为名著与当前时代搭建一座桥梁，其中正确对待名著有三个层次，分别为尊重、理解、感悟，他追求在名著与黄梅戏之间寻找一个最佳结合点；最大限度地利用黄梅戏的剧种特点，准确表达名著的精神内涵；在不削弱原著思想深度的前提下，将黄梅戏的"情"与"美"发挥到极致。

第三条走的是艺术教育与探索之路。在繁忙的创作之余，他热心于戏剧创作的组织与辅导，常常直接参与安徽省内一些重点剧目的加工与修改工作，为这些剧目质量的提高作出了重要贡献。与此同时，这样的理论研究和戏曲实践良性互动，又起到了相互促进的作用。安徽省著名黄梅戏演员黄新德在他去世之后，饱含深情地说："他是我的恩师啊！他工作认真，经常提携年轻后辈，……深入排练场与演员交流，任何意见都认真倾听，一遍遍地改戏，一个字一个字地改。""他是一个为戏而生的人，戏曲是他的魂，观众是他的根，剧团和演员是他的亲人，……金老是民族艺术的耕耘者、守卫者、弘扬者和传承者。"金全才在兼任安徽艺术学校、合肥师范学院教师期间，自编教材，为编剧班、导演班、编剧研究班主讲编剧课，培养了安徽省第一代大学本科戏剧创作人才。他还为中国艺术研究院研究生部、中国戏曲学院导演研究班、甘肃联合大学编导班、安徽艺术学校大专班等进行戏剧方面的系统教学。他在主持《安徽新戏》的12年中，为扶植安徽戏曲新人，发挥了重要作用。

他的传略，被收录于《中国戏曲·曲艺辞典》《中国文学家辞典》《中国艺术家辞典》等多种辞书中，并被英国国际传记中心收入《成功者》第17

卷。深圳"天下名人馆"，还设有他的作品展藏专柜。

一生只做一件事，他将自己的能量尽情地释放在艺术探索与创造上，这对金全才本人，对全社会，都是很有意义的事情。

古韵芝城

卢 强

陈 飞

卢强，著名电气工程科学家、教育家，现代电力系统非线性控制学科的开拓者和奠基人，中国科学院院士，清华大学电机工程与应用电子技术系教授。2022年12月23日3时52分卢强教授因病医治无效在北京逝世，享年86岁。

卢强教授在电力系统线性和非线性最优控制、电力系统灾变防治、数字电力系统、压缩空气储能等方面，均取得举世瞩目的开创性成果，出版了多部经典学术专著。他倾注毕生心血教书育人，培养了一大批电气工程专业人才，为我国电力科学技术进步和电力工业的迅速发展做出了不可磨灭的贡献。

卢 强

卢强教授1936年5月19日出生于安徽无为，小学就读于杏花泉中心小学。2010年10月21日，阔别母校60多年的卢教授在百忙之中抽出宝贵时间重返母校。

在得知老校友将返校的消息后，全校师生无不欢欣鼓舞。那天，一辆小汽车缓缓地停在杏花泉中心小学的门口，一位穿着浅灰色西服、白色衬衫，精神矍铄、面容和善的儒雅老人款款地走下车。他一下车，便伸出双手与等

345

候在校门口的学校领导一一握手。这位70多岁却依然充满活力的老人便是杏花泉中心小学的老校友——卢强教授。

在众人的陪伴下，老校友缓步走进美丽的校园。他好奇且激动地四处张望，可是眼前的一切却是那样的陌生。老校友一方面是欣喜的，昔日破旧简陋的母校已经成为一所现代化的学校；但另一方面又是失落的，何处去寻觅童年的点点滴滴呢？

就在此时，老校友卢强教授被金汇楼前的一株白丁香所吸引，久久注视，若有所思。学校领导走上前介绍说："听老先生们说，这株丁香是建校时（1924）所植。"这株白丁香枝叶繁茂，约有三米高，嶙峋的枝干记录了岁月的沧桑。每至仲春，它便傲然盛开，一树如雪，香盈满园。"是哦，是哦……"老校友小声地念叨着，他轻抚枝干，眼里闪现着兴奋的光芒。半晌，老校友才回过神来，笑眯眯地对大家说道："当年我应该还在这棵树下做过游戏，拾过落花呢。"

参观完校园之后，大家来到了学校的会议室休息。老校友饶有兴致地回忆起自己在杏花泉中心小学度过的美好时光。他特别提起自己的语文老师，虽然姓名已记不清楚，但音容笑貌却清晰地刻在脑海中。当时，这位年轻的老师虽然家庭贫困，却总是自己掏钱买笔和练习本作为奖品奖励成绩优异或学习进步的学生。作为班上学习最勤奋和最优秀的学生，老校友得到的奖品最多，受到这位老师的关照也最多。虽然60多年过去了，但老师的教诲之恩依然让他感慨、感动。

即将离开之时，学校领导拿来纸笔请老校友题词留念。老校友欣然为母校题词"桃李杏花香满园"。这句话里，想来不仅有他对杏花泉中心小学的感恩，也饱含了他对母校学子的殷切希望。

2024年，杏花泉中心小学即将迎来百年校庆。学校领导本打算借此契机再邀请老校友回母校走走、看看，可谁曾想2022年岁末却传来噩耗，中国电力行业痛失"巨星"。老校友，杰出的卢强教授，为国家作出巨大贡献的院士，我们永远怀念您。

齐丹九

叶悟松

齐丹九（1901—1984），安徽无为无城人，出生于富裕家庭。青年时代就追求进步、向往光明。追随孙中山，拥护"联俄、联共、扶助农工"三大政策，加入国民党，为国民革命奔走。齐丹九曾担任国民党无为县党部书记长，后因私自释放中共地下党员，被国民党开除党籍。

1939年，因参加抗日活动，遭国民党无为县政府通缉。在地下党组织新四军掩护下，转至淮南解放区。齐丹九耳闻目睹国民党当局消极抗日、专门对付共产党、不顾民众死活的丑恶行径，对国民党当局失望至极。他认定：只有共产党才能救中国。从此，齐丹九参加革命队伍，在中国共产党领导下，投入抗日斗争和解放战争，为人民民主和民族解放事业作出了贡献，表现出一位民主人士坚决跟共产党走的碧血丹心。

1942年7月，无为县参议会在恍城召开。应代表要求，改名为皖中参议会，齐丹九被选为参议员。

10月8日，皖中地区黄丝滩退建工程委员会成立，齐丹九任副主任，协助行署主任吕惠生实施黄丝滩大堤退建工程。齐丹九学过水利，是水利建设的专家，他与同事们一起，为工程建设建言献策，为黄丝滩江堤的顺利完工作出了贡献。

1943年，齐丹九任皖江行署公学产管理委员会主任，认真负责地管理好

347

用于根据地教育事业的每一分资产，使公产得到合理使用。

3月17日，日军扫荡皖中根据地，皖中参议会参议员陈可亭、叶玑珩等遇难。齐丹九幸得群众掩护脱险。

1945年9月，皖江区委、行署，新四军第七师奉命北撤。齐丹九不顾劳累，长途跋涉随军北撤。齐丹九的内弟，皖江行署主任吕惠生因病乘船北上，被伪军截获遭逮捕，押解至南京。其间，齐丹九奉党组织之命，化装去南京，通过南京地下党营救吕惠生，但未获成功，只接回了吕夫人和几个幼小的孩子。不久，吕惠生被敌人杀害于南京六郎桥。

北撤后，在苏北解放区齐丹九被聘为苏皖边区参议会参议员。

1946年，齐丹九在山东被编入苏皖边区政府黄河大队。

同年，国民党反动派发动内战，大举进攻解放区，齐丹九随部队四处征战，辗转苏、鲁、豫，直至南下回皖。

1946年4月，合肥解放，齐丹九返回安徽。先在皖北行署工作，负责交通建设。安徽省人民政府成立后，齐丹九进入省政府工作。齐丹九还曾担任过四届省政协委员。

晚年，齐丹九在安徽省人民政府参事室担任参事，为安徽省的各项建设事业建言献策，为开展爱国统一战线工作发挥积极作用。

齐丹九从一位国民党的县党部书记长，转变为坚决跟随中国共产党干革命的民主人士，从事革命斗争40余年，不怕牺牲，勇往直前。在日寇的围困、国民党反动派的追捕中，历尽险境，都始终坚持革命信念，与敌人周旋。在新四军北撤的战斗岁月里，齐丹九随军北上南下，转战千里，不畏艰险，不辞劳苦，为中华民族的解放事业努力奋斗。

齐丹九无论在战争年代，还是在建设时期，在改造客观世界的同时自觉改造主观世界。他始终把跟共产党走作为自己的毕生信念，胸怀坦荡，为人正直，生活简朴，受到党内外同志的尊重。

1984年8月3日齐丹九因病医治无效在合肥逝世，享年83岁。

赵　定

叶悟松

赵定（原名赵家才），1922年2月3日出生于安徽无为无城。家境贫寒，祖父教私塾，父亲提篮小卖，走街串巷，维持一家生计。赵定是家中长子，有幸进入学校读书。1937年初，他就读于无为县立中学的春季义务班。

在校期间，因赵定文笔很好，曾在无为县石印报纸《濡声日报》上发表多篇诗歌与散文，平时又有抗日救国的言论，学校里的共产党外围组织便召集赵定参加会议，决定办一个刊物，宣传抗日救国。该刊物由赵定取名为《吼狮》，寓意中国是一个从沉睡中觉醒的雄狮，重振雄风。这本油印32开的小册子中，第一首刊头诗作者就是赵定，刊登的内容都是宣传爱国救国，唤醒学生、市民的各类文章和文艺作品。在学校地下党组织的领导和教育下，赵定积极参加革命活动。

1937年夏，卢沟桥事变后，抗日战争全面爆发。赵定在芜湖参加考试后返回无为县。正在此时，华北学生救亡团的大学生们来到无为县，他们在绣溪公园的空地上搭台演戏，唱着《流亡三部曲》和《大刀进行曲》等抗日救国歌曲。演出揭露日寇侵略践踏我们国土、残杀我们同胞的戏剧，鼓舞了无为人民的抗战热情。救亡团的抗日宣传，也激发了赵定的爱国情怀，他十分佩服这些宣传抗日的大学生们，想像他们一样投入抗日救国的行列。

1937年冬，战争的主战场从华北移到了长江流域。赵定因病无法上学，办了退学。此时的无城笼罩在战争的恐怖气氛中，日本鬼子三次轰炸无城，赵定的三外祖父在轰炸中身亡。赵定一家与城里的市民逃难下乡，在西乡赵家墩亲戚家避难。

1938年8月初，城里形势稍缓，赵定与家人回到无城。8月11日，日本鬼子又轰炸无城，赵定的二妹被炮弹炸伤，父亲让赵定带妹妹去一个小诊所治伤。医生取出了妹妹伤口中的小弹片并敷药包扎。正在这时，外面有人高喊："鬼子来了！"赵定背起妹妹，随着人群跑到南门外姨奶奶家暂避风头。

同年8月13日，赵定与妹妹告别姨奶奶一家，返回无城。在回城的途中，偶遇参加了新四军的同学胡斯华和陈以彬。看到参军的同学，赵定欣喜万分，得知他们是新四军第四支队政治部战地服务团的战士，赵定立即表示自己也要参加新四军。两位同学高兴地答应了他的请求，欢迎赵定加入抗日队伍，负责介绍他参加新四军。

赵定回到家中，告知家人自己参加新四军的愿望，祖父母和父母亲都一致反对，但赵定主意已定，坚决参加新四军。次日，赵定告别家人，与胡、陈到达无为西南乡襄安镇。该镇有救亡组织，接待他们三人食宿。第二天他们又去泉塘镇，找到新四军第四支队政治部战地服务团驻地。

1938年8月15日，在无为泉塘镇，年仅16岁的赵定正式参加了新四军，开始了抗日救国的战斗生活。让赵定难忘的是服务团的副团长汪道涵同志给他办理了入伍手续，并亲切地和他谈话，进行新兵入伍教育。其他同志纷纷送给他日常生活用品，赵定从入伍的第一天起就深切地感受到了革命大家庭的温暖。

小小年纪的赵定生性活泼，又有扎实的文化底子，在服务团里做文艺宣传工作积极主动，自编自演的小节目很受群众欢迎，团里便推选他为救亡室戏剧股股长。他导演和演出了不少广受欢迎的节目。

1938年冬天，赵定随战地服务团在皖中、皖西转战了四五个月后，驻进舒城东休整，由何伟同志给大家上课。1939年2月19日是大年初一，日本鬼子突袭新四军驻地。在第十五团的拼死反击和掩护下，服务团冲出了敌人的包围圈，赵定第一次经受了战火的考验。

1940年春，在整个津浦路东，除敌伪占领区外，中国共产党相继领导建立了八个县级政权，有条件的地方还建立了区、乡联保政权，成立了以方毅为主任、汪道涵为副主任的"津浦路东八县联防办事处"。赵定参军以后，一直在津浦路东一带工作，对该地区比较熟悉，党组织把他从部队调到六合县，担任五区民运队队长，主要工作任务是发动群众、组织群众参加抗日斗争，还要做上层人物的统战工作。同年7月，赵定担任八区民运队队长。赵定带领队员们走村串户，开展减租减息试点工作，成立了各种抗日民众团体，如农抗会、青抗会、妇抗会、儿童团等，又组织了一个区的抗敌协会联合会，赵定担任区抗联主任。

1940年10月，赵定跟随刘少奇前往盐城，参与建立和建设苏北抗日根据地。到达盐城后，他被中共华中局派往各产粮区征集军粮。

1941年初，皖南事变突发，中共中央命令重建新四军，在盐城成立了新的新四军军部。盐城县委成立民运总队，下设三个区队，赵定担任第二区队队长（即中队长），盐城成为苏北抗日根据地中心区。

赵定在盐城做了一段时间民运工作后，县委通知他回县里接受新的工作任务，安排他去盐城亭湖中学担任工作组组长。亭湖中学是当地爱国民主人士宋泽夫先生创办的一所私立学校，在当地有较大的影响。宋先生任董事长，他的长子、北京大学文学系毕业的宋我真任校长。赵定去学校的任务，是以亭湖中学为试点，继续在全县开展学生工作，培养一批学生骨干作为全县推开学生运动的火种。到学校后，他在师生中做抗日救国和革命理想的宣传教育工作，建立学生救国会组织，吸收一批积极分子，利用寒假组成工作队，组织青年学生骨干去农村开展群众工作。

1941年赵定担任盐城县第三民运干部训练班班主任兼政治指导员期间，积极培养民运干部。在区委宣传部部长曹荻秋的关怀下，又派来四位政治理论教员，即尹阿根（后任杭州市委副书记，现名邢子陶）和他的夫人杜晓蓉，以及刘扬生（后任南通地委书记、浙江省纪委书记）、王彤舜（后为中央党校政治经济学教研室负责人），组成高水平的教学队伍。五六十名各地选送的青年积极分子参加学习，实行军事化管理。两个月的训练生活中，大部分学员加入了中国共产党。训练班于1941年5月结束，学员中的优秀骨干，后来都成为党的中高级干部。

1980年，赵定调任中共江苏省委党史工作委员会委员、主任级专员至离休，行政12级，享受副省级待遇。2011年9月5日赵定在南京逝世，享年89岁。

　　赵定在抗日烽火中参加革命，在几十年的风风雨雨中，信念坚定，对党忠诚，乐观豁达。他出生于无城，从20世纪40年代初到新四军军部所在的盐阜抗日根据地以后，足迹从未离开过江苏，江苏成了他的第二故乡。从黄海之滨到钟山之麓，辗转南北，兢兢业业工作，熟悉他的人无不称赞他是位可亲可敬的好同志。

钱光胜

叶悟松

钱光胜（1910—1957），安徽无为无城人，出生在一个地主家庭。少年时，在无城私立中学读书，在校期间，受到马克思列宁主义和苏联十月革命思想的影响，开始向进步组织靠拢，参加了共产党领导的学生会，在地下党的领导下参加学生运动，反对国民党的反动统治。

钱光胜

1929年，钱光胜在安庆东南中学读书时，加入中国共产党。同年，中共芜湖中心县委遭到敌人破坏，国民党反动军警疯狂捕杀共产党和进步人士。反动军警闯入学校搜查，在钱光胜宿舍的床铺下搜出几本进步书籍，遂抓走了钱光胜，关押在安庆监狱。在狱中敌人严刑拷打钱光胜，让他提供中共地下党的秘密。钱光胜宁死不屈，不吐一字，敌人将他打得遍体鳞伤，却一无所获。

1942年，钱光胜担任中共领导的无为苏塘区政府副区长、区长。在艰苦卓绝的抗战岁月里，钱光胜与敌伪斗智斗勇，在敌人的全城大搜捕中逃脱虎口。一次，他秘密潜入无城执行任务，被伪军当成新四军抓起来关进炮楼，城内地下党得知后，化装成修炮楼的民工把他救出来，送到他的老宅钱家大院隐藏起来。他装病躺在床上，搜捕的鬼子闯入钱家，正要进屋时，扮成佣

无城精英

353

人的警卫员掀翻屋里的马桶，顿时臭气熏天，两个鬼子捂着鼻子跑了出去，他这才躲过一劫。

1948 年，钱光胜随军参加了淮海战役。胜利后，年底他又随大军南下，回到故乡无为，担任无南办事处（无南县）主任（县长）兼泥汊段渡江战役支前总指挥。当时，三野第 27 军驻泥汊，准备渡江。钱光胜全力以赴，组织领导渡江战役的支前工作，筹备大军粮草柴薪，征集渡江船只，动员操舟船工、支前民工等。

1949 年 4 月 20 日夜，万船齐发，打响了渡江战役，由无为泥汊出发的船工张孝华，驾驶着载有解放军指战员的船只，冒着敌人的炮火，奋勇前进，率先抵达江南荻港板子矶，被称为"渡江第一船"。该船现陈列于北京的国家博物馆三楼，供世人参观。作为"渡江第一船"出发地的支前负责人，钱光胜为渡江战役的胜利立下了汗马功劳。

渡江战役胜利后，钱光胜被任命为合肥三河市（县级市）市长。1949 年 12 月，钱光胜调任含山县县长。

1949 年底，新中国刚成立不久，经历战火的皖东大地满目疮痍，百废待兴。作为新任人民政府县长，钱光胜为建立和巩固人民民主政权日夜操劳。他对妄图颠覆新生人民政权的反革命分子、潜伏特务、反动会道门等反动势力予以严厉打击，铲除反动余孽，还人民群众一个明朗的天空。钱光胜兼任含山县人民法庭审判长，用法律的铁拳彻底砸烂旧社会遗留下的黑势力。

钱光胜大部分时间都在基层，他走进工厂、农村、山区等调研，心系民生。一天夜晚，他在山区农家院外的野地上点起篝火，召集当地农民骨干开会，商量农业生产的工作安排。正在开会时，警卫员发现周围有动静，定神一看，有一只狼在盯着众人。警卫员赶忙捡起一根木棒，横扫过去，把狼吓跑了。钱光胜依旧镇定自若，继续与大家交谈。他为群众办实事，为含山的经济文化建设谋篇布局，走遍了含山的山山水水，磨破了多少双布鞋，流下了多少辛劳的汗水，含山人民永远铭记这位人民县长。

1957 年初，中共安徽省委调钱光胜去马鞍山筹备建市工作。他一头扎进工作中，事无巨细，与筹备组的同志们一道，尽力完成马鞍山的建市任务。马鞍山市成立后，钱光胜担任马鞍山市副市长。

1957 年 7 月 5 日，钱光胜因积劳成疾，旧病复发，经医治无效，不幸逝世于南京鼓楼医院，终年 47 岁。从他调到马鞍山开始，直到他去世，他都没来得及给夫人和孩子们写封信。

　　钱光胜是一位在第一次国内革命战争后期参加革命的同志，一位坚定的革命者。在他的革命生涯中，经历了一次次的严峻考验，但他始终坚守信仰、矢志革命，诠释了一名共产党员的初心。他出身地主家庭，却奋不顾身地投入革命事业。1929 年被敌人逮捕关押，受尽酷刑，仍坚贞不屈，三年后被党组织营救出狱。三年的狱中经历，客观上对钱光胜的革命生涯带来了一定的影响，但他始终相信党组织会调查清楚，会给他一个公正的结果。他毫无怨言，埋头工作，体现了一位共产党员的博大胸怀。

　　钱光胜同志在狱中受尽了严刑拷打，没有屈服。在狱中参加地下党领导的斗争。敌人给他加上 20 多斤的镣铐，但他自始至终没有暴露党员身份。没有自首，没有破坏组织，没有损害同志[1]。1957 年 10 月 3 日，经中共安徽省委批准，追认钱光胜为革命烈士。

　　钱光胜的夫人何为凤出身无城大户人家，于 1946 年在苏北参加革命。在严酷的战争环境下，他们的两个孩子先后夭折。新中国成立后，她一边工作，一边照顾孩子和家庭，使钱光胜心无旁骛，一心扑在工作上，是钱光胜的好战友和革命伴侣。1980 年 8 月逝世，她曾留下遗言与丈夫同穴而葬。

　　钱光胜烈士安葬于无为市烈士陵园，名字镌刻于烈士陵园正门内汉白玉烈士名录碑上。我们永远怀念他。

无城精英

---

　　① 钱宗明：《百年英烈：一生清贫，家书烁金》。https://tyjr.sh.gov.cn/dsxxjy_bnyl/20210423/960e288c6c9a4ba1b7d4150549640c64.html。

卢仲农

叶悟松

卢仲农

卢仲农（1877—1942），名光浩，安徽无为无城人。出身名门，父亲卢乐三，光绪年间授予县"孝廉方正"，县首届劝学所所长。母亲朱氏出身书香门第，读书识理，是芜湖第二女子中学创始人之一。其妻潘氏，是芜湖海关道潘赞化的姐姐，在卢仲农的帮助与支持下，创办了无为县第一所女子小学并担任校长，为无为妇女接受教育寻求解放作出了贡献。

卢仲农家学渊源，从小就热爱读书学习。1899年，考入南京陆师学堂，不久去日本求学，就读于著名的东京早稻田大学。

1902年底，卢仲农从日本回国，在湖南高等学堂任教师。在校期间，结识了该校历史老师李光炯。李光炯是安徽桐城人，与卢仲农一样都有反清革命思想，二人志向一致，即成为志同道合的好朋友。

1904年3月，为方便在湖南求学的安徽学子读书学习，卢仲农与李光炯等在长沙共同创办了安徽旅湘公学，卢仲农主持校务。开学后，因宣传反清革命思想，组织华兴会，学校遭到清政府迫害，在长沙难以维持，于是1904年底学校迁至安徽芜湖二街留春园米捐巷，更名为安徽公学。

古韵芝城

安徽公学开课后，国内名师如刘师培、谢无量、苏曼殊、柏文蔚、陶成章、俞子夷等都先后应聘在公学执教或讲学。

1910年初，卢仲农与李光炯相商，将安徽公学改为私立甲种农业学校。1914年，学校改为公办，并改名为安徽省立第二甲种农业学校，简称"二农"。

1922年，芜湖二农校首先成立了中国共产主义青年团组织，它是安徽建立最早的团组织之一。

七七事变后，卢仲农加入了抗日行列，赴立煌县（现金寨县，时为安徽省政府临时驻地），在安徽省临时参议会担任驻会参议员。

1939年，国共合作形势逆转，波及无为地区。无为著名爱国人士胡竺冰被列入黑名单。卢仲农得知后，立即派人通知胡竺冰等人迅速转移，免遭敌手。

3月22日，国民党安徽省保安二支队司令吴绍礼部在无为县刘家渡，无故扣押从皖南渡江抵达北岸的新四军参谋长、江北指挥部指挥张云逸的夫人和儿子，同时扣押过江的新四军三支队政治部主任唐绍铭等一行20余人，并无理扣押他们携带的新四军军饷7万元。事发后，新四军江北游击纵队派参谋田丰前来无为和吴绍礼谈判，责令吴绍礼部立即释放被无故扣押的人员并返还扣押的军饷，吴绍礼不得不释放张云逸的夫人和儿子，但将田丰和警卫员强行关押。数日后，惨无人道地命部下将田丰、警卫员和开城区区长朱麻（朱志范）三人秘密活埋于无城张家山。

吴绍礼还经常派部队对石涧、严桥一带新四军抗日根据地进行扫荡，纵容官兵抢劫农民财物，残杀无辜农民群众与我方战士和家属。7月22日，日军进犯无为，吴绍礼与县长赵鉴书不放一枪，率部逃跑，日军不费一枪一弹占领了无为地区。

卢仲农身在立煌，十分关注家乡的形势，对吴绍礼与县长赵鉴书之流积极反共、破坏抗日的丑恶行径十分气愤。在省临时参议会第三次大会期间，他邀集参议员邢元伟等7人，联合向大会提交议案："请彻查擅弃无为县城之吴绍礼、赵鉴书，以肃纲纪。"此案由卢仲农口述，朱子帆笔录整理，送请其他参与提案的参议员签名，然后送交大会秘书处。此提案经大会审议获通过，并全文刊登于《皖报》。

卢仲农在立煌时，身体多病，肺部疾病日益加重，眼睛又患白内障，视力下降接近失明，但他的革命热情丝毫不因疾病而减退，仍然坚持读报听广播，关心抗日斗争的进程。他的学生朱子帆常去看望，把国内外大事传达给卢仲农，二人常常畅谈时事、废寝忘食。他还常邀集志同道合的至交好友议论时局，抨击时弊。因子女不在身边，为了照顾好卢仲农，朱子帆特地安排卢先生的族孙卢德威任参议会文书，以便陪伴卢仲农，照料其生活起居，侍奉汤药。卢仲农虽还在病中，但仍关心国家局势，听卢德威读报，口授各地来函书信的复函。

1942年初，卢仲农病重，治疗无效，在立煌逝世，终年65岁。因抗战形势所迫，卢仲农遗体无法运回老家无为安葬，好友相商，暂葬于省临时参议会办公楼后面桂家湾山上。

卢仲农先生是一位坚定的爱国者，为国为民呕心沥血，终生致力于教育事业，是安徽省最早创办新式中等专业学校的开拓者之一，是身体力行的教育家，为安徽省培养了一大批工农业技术人才，为中国共产党、人民军队培养了一批有知识的将领和军事人才。他拥护中国共产党的抗日主张，对积极反共、消极抗日的国民党当局深恶痛绝，敢于揭露抨击。他的爱国情怀将被后人永远铭记。

卢光楼

叶悟松

卢光楼，又名卢迪生（1904—1927），安徽无为无城人。1922年考入北京交通大学，1923年加入中国共产党，是无为县加入中国共产党最早的党员。

卢光楼曾参加北伐战争，担任国民革命军第四军宣传科长。1927年，蒋介石叛变革命，卢光楼在江西九江遭国民党军伏击牺牲。

卢光楼在校期间，思想进步，工作积极，学习成绩优异，在同学中有很高的威信，具有号召力与亲和力，被推举为北京交通大学学生会主席。

此时，无为县进步青年吕惠生就读于北京农业大学，在校际活动中与卢光楼相识，两人既是老乡，又志趣相投，成了无话不谈的好朋友。卢光楼的进步思想、革命激情影响着向往光明与进步的吕惠生，为吕惠生以后成长为一名坚定的无产阶级革命战士，奠定了坚实的基础。

1924年暑假期间，卢光楼回到故乡无为，与从其他高校回无为的学生季庶仁、高莫适和无城的青年教师倪茂芬、王应文等人组织成立了"暑假青年读书会"。读书会面向市民，特别是青年学生，在无为县第二国民小学（现鼓楼小学）举办演讲会和暑假义务补习班，通过讲故事、说笑话等群众喜闻乐见的形式，讲解时事政治，介绍进步刊物，启发群众和青年学生的觉悟。

卢光楼给群众和青年学生演讲时，把他在北京的上学经历和所见所闻、社会上的不公、统治阶级的丑态、帝国主义分子在中国的横行霸道等社会现实，像讲故事一样，通俗易懂地讲给听众。卢光楼的演讲，给无为的群众和青年学生打开了一扇通向世界的大门，向往光明和摒弃黑暗的道理，如一股清泉，滋润着人们的心田，一些浅显的革命思想，就这样润物细无声地深入无为群众和青年学生的心中。这些演讲会、义务补习班是无为最早有组织的群众性思想启蒙活动。

同年，卢光楼与进步青年高士林、王应文、邓养之、高莫适、朱立余、丁亚凡、季庶仁、卢淑云、倪茂芬、倪昌玉等十余人商定，为家乡的新文化运动做贡献，决定自筹资金创办一所私立学校。同时成立了"青年读书会"，利用寒暑假给中小学生补课。

卢光楼等人在进步人士、有"党外布尔什维克"之称的青年革命家胡竺冰的帮助下，创办了一所私立小学，名称定为"毅悟小学"，即有坚毅与觉悟的寓意。后因国民党无为县政府对校名反感，只得改名为"义务小学"。

义务小学的校址，设在宋代无为知军、大书画家米芾故居宝晋斋东侧。此地名曰杏花泉，因自古有一股常年流溢的清泉，泉畔植有一株百年古杏树，每逢早春，满树杏花，泉水流溢，景致极美而得名。

义务小学设立了董事会，校长和管理人员由选举产生。办学经费由董事会成员自筹。学校实行义务教育，面向贫苦家庭招生，不收学杂费，免费提供教材和簿本。卢光楼等人不拿薪水，完全尽义务。

学校初办，校舍和设备简陋。1926年，卢光楼、胡竺冰等人决定新建校舍，添置设备，改善学校的办学条件。胡竺冰率先捐出可观资金，卢光楼等人也倾其所有，踊跃捐款。很快十几间新校舍建成，同时购置了一大批新教具，学校面貌焕然一新。

1927年3月，北伐军一部到达无为。北伐军宣传队进入义务小学，又察看了附近的宝晋斋和杏花泉，宣传队的官兵们文兴大发，建议将"义务小学"更名为"杏花泉小学"，卢光楼和同事们欣然应允。从此，以景名冠校名，颇具诗意的杏花泉小学便诞生在无为大地上。

杏花泉小学在卢光楼等一批共产党员和进步人士的操办经营下，成为无为县党的活动基地。1927年，中共无为特支就在杏花泉小学发展党员。青年教师王应文、朱麻、高士林、邓养之等都在杏花泉小学加入了中国共产党。1927年，校内成立了共青团支部。校园里充满了积极向上的革命气氛，师生们潜移默化地受到了革命思想的熏陶。

1926年夏，先后在各地加入国民党组织的卢光楼（以共产党员的身份加入国民党）、胡竺冰、高士林、王应文、季庶仁、高莫适等30余人，在义务小学秘密集会，商讨成立国民党无为县党部。会后，高莫适等人去武汉报请国民党安徽省党部批准。1926年底，拥护"联俄、联共、扶助农工"三大政策的"国民党安徽省无为县党部"在无城正式秘密成立。胡竺冰任书记长，卢光楼等为党部委员。

1927年3月，军阀县长刘朝纲的卫兵在东乡枪杀无辜青年邢学年，引起社会公愤。被害者亲属将邢学年的尸体抬到无城老衙口哭诉。国民党县党部就此组织群众集会游行，要求惩办凶手，但县政府置之不理，驱散示威群众。

届时，北伐军一部东征路经无为，胡竺冰、卢光楼、吕惠生、高莫适等人以国民党县党部名义，在无城老衙口召开军民联欢会，庆祝北伐胜利，欢迎北伐军到达无为。会上，群众控诉前任县长刘朝纲制造"邢学年惨案"的罪行，要求现任县长高寿恒惩治凶手。高寿恒非但不予追究，还偷偷送走刘朝纲及凶手，并派民团武力相拒。消息传到会场，胡竺冰、卢光楼等带领群众冲进县府，与县长高寿恒说理斗争。北伐军应群众请求，立即封锁街道，全城戒严，扣留高寿恒，责令交出县印。

随后，在北伐军主持下，经各界群众推荐，由胡竺冰、卢光楼、吕惠生、高莫适等人组成无为县临时行政委员会，代行无为县政府职权。卢光楼、吕惠生等人担任政府有关部门的负责人。

4月中旬，北伐军撤离无为，反动势力东山再起，发动政变，强行解散无为县临时行政委员会，释放高寿恒，使其重新出任县长。高寿恒立即以叛乱罪逮捕国民党县党支部成员邓养之、王应文等人，并下令通缉胡竺冰、卢光楼、吕惠生、高莫适等人。胡竺冰携县印潜回白茆家中，后赴江西。至此，无为县临时行政委员会解体。

4月底，以高寿恒为代表的反动势力，打出"拥护南京政府、坚决反共"

的旗号，进行"反共清党"，无为县的革命同志遭到打击迫害。不久，国民党右派成立了"无为县清党委员会"，积极清党，常以共产党嫌疑为名，捕杀进步人士，制造白色恐怖。

卢光楼遭通缉后，立即奔赴武汉，加入北伐军，任国民革命军第四军宣传科长。不久，北伐军内也开始清党，卢光楼被列入国民党右派军人的黑名单。卢光楼遂与无为同乡战友，担任国民革命军第61军连指导员、团助理员的蒋其孝一道离队，两人同赴江西南昌，追赶八一南昌起义的部队。卢光楼在九江遭国民党军伏击，不幸中弹，当场牺牲，蒋其孝负伤，侥幸逃脱。卢光楼牺牲后，国民党军残忍地砍下他的头颅，挂在九江城楼上示众。

卢光楼短暂的人生之路，是向往进步、充满革命激情的辉煌之路。他在觉醒年代播撒革命的种子，是我们无为人民的骄傲，让我们永远铭记这位无为县最早的共产党员。

最后，我们以卢光楼烈士的外孙萧园纪念外公的一首诗来作为结束语。诗曰：

籍贯无为县，多经表上填。

听闻从少小，到访迎中年。

坚毅外公志，凄然我母言。

父乡何处望，日暮大江边。

朱子帆

童毅之　邢朝庆

朱子帆（1898—1967），曾用名朱国华，1898年出生于无为六锦瞳乡。1918年考入安徽省立第一中学，次年被选为省学生联合会成员，参与领导全省学生反帝爱国运动。朱子帆1926年加入中国共产党，担任北伐军第二方面军秘书处秘书兼机要科科长。抗日战争时期，积极参与抗战工作。淮海战役后，他在国民党军队96军起义、动员各县县长掩护共产党组织、保护资源、迎接解放军，以及协助在芜湖建立秘密电台等方面发挥了积极作用。

经过五四运动的洗礼，朱子帆成为安徽省学生运动中的积极分子，参加反对新军阀的斗争。当时统治安徽省的是北洋军阀倪嗣冲，他为了巩固自己的军政大权，多年来一直控制着省议会，大多数议员都是通过贿赂选出的，一片乌烟瘴气。

无为县的议员选举，开始于1920年。各县的选举，由省统一派员组织。选举监督，由知县李懋延兼任。李懋延利用这个机会，贪赃枉法，与卢幼能、丁小侯勾结起来，营私舞弊。卢幼能、丁小侯二人均是有名的大地主，卢幼能每年仅收租就有6000多担粮食（每担150斤），丁小侯是无为西乡最有权势的大地主，在东乡六洲还占有1000多亩土地。那时无为县的每一位县长上任前都要拜谒他们。但卢幼能、丁小侯二人不满足现状，想伺机步入仕途。他们两人共拿出10多万银圆，恳求李懋延想方设法，帮他们当选议

无城精英

363

员。李懋延收钱后，即通过多报人口、伪造选举册、不公布或少公布选民榜等方法欺上瞒下，试图蒙混过关。不久，事情败露，人们自然十分愤怒。

为此，安徽省各界组织了"澄清选举团"，反对军阀贿选。当时省议员选举法第八十三条第二款规定：省议会的选举在全省只要有一县选举无效，全省应视作无效。安徽省学联抓住这一点，选派学生到各县调查选举舞弊情况，朱子帆和其他同学被派回到无为调查。无为各界人士面对李懋延等人贿选的事实，一致要求揭榜上诉。那时，选民榜在无为城乡贴了几十张，无城西门夫子庙门口墙上贴出的一张有好几米长。朱子帆等人先用水洒在选民榜上，等到湿透后再慢慢揭下。这张被揭下的选名榜，漏洞百出，弊端丛生。榜上选民录甚至将死亡者、未成年者、精神病患者和当时没有选举权的妇女写成有效选民，还有一人双名，或一名双报的现象。李懋延的"逆行"，令无为县社会各界深恶痛绝。

朱子帆等人持榜，联名上诉到芜湖地方审判厅。虽然他们想官官相护，掩盖真相，但在事实面前，历经芜湖地方审判厅初审，安徽省高等审判厅于1922年1月最终判决无为县实属贿选，选举无效。继而舒城、桐城、六安等县先后循例判决选举无效。最终迫使省政府根据省议员选举法第四十四、四十五、四十六条之规定，宣布此次选举无效。朱子帆领导的无为县反贿选斗争胜利，唤起了全省民众觉醒，为以后的反压迫斗争积累了成功的经验。

新中国成立后，朱子帆先后担任芜湖德安中学校长、皖南行署委员、皖南政治协商会议副主席、华东军政委员会委员、华东行政委员会委员、安徽省人民委员会委员、民革安徽省委员会副主任委员、安徽省政协常委等职。1967年6月，朱子帆因病医治无效，在合肥逝世，享年69岁。

陈作霖

叶悟松

陈作霖（1923—2015），曾用名龙建平、胡斌，安徽无为无城人。高中文化，1941年2月加入中国共产党并参加革命工作。中共第十一届、十二届中央候补委员，第七届、八届全国人民代表大会监察和司法委员会委员。

陈作霖

陈作霖一生从事过敌工、情报、机要交通、抗日游击斗争、地方武装斗争工作；先后担任敌工委秘书、敌工大站专职副站长、工委书记、解放军警备团及军分区政委、县委书记、地委书记、省农学院院长、省委副书记兼常务副省长、省纪委书记、中纪委副书记等。他清心、达观、平和、仁义、忠诚，一心向党，一身正气，一生光明，一世清静。

陈作霖早年参加革命，从事敌工工作，组织机要交通联络，搜集情报，购买并运送武器弹药、电台，出生入死。他瓦解敌军，打通新四军与苏浙军区、皖南游击区的联系。面对叛徒出卖、敌伪包围，他临危不惧，大智大勇。他放手发动群众，组织壮大革命武装力量，争取"大刀会"，策反国民党保警队。他坚持皖南敌后武装斗争，多次粉碎敌人"清剿"，协助解放军百万大军渡江，胜利完成作战任务。

新中国成立后，陈作霖曾先后在安徽9个地区担任领导职务，时刻把"息息从省身克已而出，事事皆关注党誉民生"作为为人民服务的座右铭。

1953年12月，陈作霖任中共芜湖地委副书记，后任芜湖地委书记兼芜湖军分区政委。

1975年到浙江工作，任温州地委第一书记期间，依靠广大党员、工人、干部群众，拨乱反正，大力整顿软弱涣散的领导班子，依法打击和惩处地痞流氓、煤霸等犯罪团伙，迅速恢复和发展生产，解决了老百姓吃饭、烧煤等民生问题，很快稳定了当地经济社会秩序，得到中央、省委的好评和社会赞誉。

1983年，陈作霖任浙江省纪委书记，1985年担任中纪委副书记，以对党和人民高度负责的精神，既严肃执纪，又确保干部不受冤屈。在主管中央纪委案件审理工作中，要求审理工作人员依法、依纪、依规审理违纪案件，不放过一个腐败分子，也不要冤枉一名党员干部，把好问题审理定性关。

陈作霖一生勤于学习，善于思考，特别是善于从马克思主义哲学角度考虑党的建设问题。从1988年5月起，享受中央国家机关正部长级待遇。

2015年4月12日，陈作霖因病医治无效在北京逝世，享年92岁。

在长达70多年的革命生涯中，陈作霖始终忠诚于党、忠诚于人民。一生历经坎坷，经受住了各种锻炼和考验，百折不挠，奋斗不息，为中国革命、建设和改革开放事业作出了重要贡献。

为人清白，为民清净，为政清廉，两袖清风存后世；坚持正义，坚定正道，坚持正直，一生正派著文章。

章长东

耿松林

　　章长东，我国著名机电专家，1924 年 12 月 23 日出生于无城西大街的一个教育世家。父亲章心平，人称章六爷，毕业于日本北海道大学，曾任无为县初级中学（现无为中学）、无为简易师范学校（现无为县教师进修学校）校长多年。祖母和姑母也是多年的老教育工作者。章长东初中毕业时，抗日战争已经全面爆发。国家兴亡，匹夫有责，为了将来能够报效国家，章长东决定继续深造。1939 年夏天，他和同学一起，用毛竹扁担挑着行李徒步五六天，来到皖西舒城县晓天镇，报考安徽省第七临时中学，并以优异成绩入学。1942 年 7 月，章长东毕业于第七临时中学高中部，并参加了全省抗战后的第一届高中会考，以第一名的成绩被安徽省教育厅保送到西北工学院就读。

　　西北工学院当时设在陕西省城固县，地处秦岭和大巴山两山之间的谷地，物资紧缺，生活艰苦。好在章长东习惯了这样的艰苦生活，糙米小菜，一样甘之如饴。他夜以继日，刻苦学习，成绩总是名列前茅。大学期间，章长东担任电机系学生会干部，积极参加各种社会活动。学校里的古路坝大教堂德国神父常仗势欺人、为非作歹。为制止其继续作恶，章长东侦察发现该教堂藏有枪支和无线电台时，立即组织学生将德国神父逐出教堂，并交汉中市警备司令部处理，大长了学生的志气。

367

　　1945 年抗战胜利后，西北工学院迁至天津，更名北洋大学（现天津大学）。章长东于 1947 年 7 月毕业，是该校抗战胜利后的第一届毕业生之一，且成绩名列第一，北洋大学将他留校任助教。次年 3 月，北洋大学校友林继庸任联合国善后救济总署下属的中国农机公司总经理，需要工作助手。经北洋大学推荐，章长东去上海中国农机公司任职，开始了他作为中国电机事业奠基人之一的人生旅程。1950 年，章长东调到上海电机厂任工程师。1953 年，又奉命调到位于杭州的第一机械工业部第二设计院，历任电气组组长、动力科副科长、科长，院咨询委员会副主任，院工程技术咨询公司副总经理，院务委员会委员，后为教授级高级工程师、首批享受国务院政府特殊津贴的专家。同时，章长东兼任上海电机工程学会委员，中国电工技术学会工业与民用应用委员会委员兼学术部副部长、华东分区副主任委员兼学术部部长。他还担任浙江、上海电工技术学会和电气工程设计研究会的顾问等。

　　章长东在上海电机厂担任旋转电机设计师时，曾设计了当时最大容量的 2000 马力电动机。实践证明，该电动机运行一直良好。为减少投资，便于加工，他又提出双跃式线圈新方案，获创造发明奖。到杭州工作后，上海、哈尔滨和东方汽轮机等国内大型骨干动力工厂的供电设计，均由章长东定方案。他还先后担任广西桂林、浙江新昌、吉林辽源等发电厂的总设计师。泰国、印度尼西亚等国也有章长东的电力设计成果。机械工业部的第一批大型电子计算机房的设计与建立，如上海发电设备成套设计研究所和杭州汽轮机厂的计算机房，均由他担任总设计师，负责与美国 IBM 公司、CPC 公司，德国西门子公司谈判，选定计算机种，进行计算机系统和站房的设计，并参加施工监督与验收。

《工业与民用电气安全》书影

　　章长东不断进取，善于总结，开发了燃气轮机计算机控制系统等新技术，培养出一支电子计算机控制工程、电机动力设计专业队伍。1963 年以来，先后有《接地和接零》《电机工程师手册》《工业企业电工手册》《工业与民用电气安全》《农村电气化》《电的世界》《农村电站及电力网》等专著问世，还翻译出版了《城市低压电网的架空线路》《商用建筑电气设计》《电工技术手册》《电磁离合器》《架定线路》等著作，对推动新技术发展、新理论应用等，作出了非常重要的贡献。

季 鸿

邢朝庆　童毅之

季鸿，1922 年 2 月出生于安徽无为无城黄闸村的一个农民家庭。父亲季占春，半农半商，思想开朗、生性文静，深得乡人称道。母亲陈氏，为人正直，常用"二十四孝"、岳飞"精忠报国"之类的故事教育孩子们。父母育有三子一女，季鸿居长。季鸿从 6 岁至 11 岁，断断续续上了五年私塾，内心迫切向往去县城洋学堂读书。

季鸿于 14 岁时靠母亲借贷考入县立夫子庙小学读书，后又进入稻孙楼小学读书。他刻苦学习，课余时间爱听岳飞传，爱看侠义小说。岳飞的精忠报国，《水浒传》里的英雄好汉反贪官、杀富济贫的行为，给他留下了深刻的印象。他看到距家百米的社后井（通往县城大道上的小村）经常有带着刑具的人被押解上县城，在城里也见过从囚牢绑赴刑场而被枪决的人，极为钦佩其中从容不迫高呼"共产党万岁"而倒下的英雄，并把他们当作书上的英雄侠客而景仰、崇敬。

在县城上学见闻多，季鸿更多地了解到自九一八事变以来，日寇对中国贪得无厌的侵略事实，加深了对日寇的仇恨。同时，在城内读书的一年半时间，季鸿经历了西安事变和七七事变。当时在校承包食堂的共产党员杨其财告诉季鸿等同学，共产党是真心抗日的，国民党"攘外必先安内"是置国家危亡而不顾的反动行为，同学们因而对共产党产生了景仰之情。

1938 年元月，季鸿和同学张能甫步行十千米，来到石涧埠找到新四军。部队首长问明他的来历、出身后，说他年龄小，个子不高，部队多是夜晚行军打仗，怕他吃不了这苦，劝他暂时回家，一年后再来当兵，实际上拒绝了他。虽然高兴而来，败兴而归，但新四军给他留下了极好的印象：纪律严明，买卖公平，不滋事，不扰民。更让他崇敬的是，国民党军后退，新四军却毅然向敌后开进，这极大地鼓舞了人民，也更坚定了他投奔共产党、参加革命的决心。

参加革命后，季鸿努力工作，严守纪律，深得领导的信任，很快加入了中国共产党，并成为当地游击队队长，惩治了汉奸郑老五。他在自传《我从扛枪打仗走过来——八十七岁自述》中说道："我领导的这支队伍，在一次战斗中截获日军十几艘运粮船，缴获大米 30 余万斤，这次对敌作战行动，不仅扩大了我们在当地人民群众中的影响，而且吸引了大批青壮年踊跃参加革命。"

《我从扛枪打仗走过来
——八十七岁自述》书影

抗日战争进入相持阶段，季鸿担任无为县石涧区委组织部部长。当时他身患肺结核，却一直带病坚持工作。他抱着"不靠天，不靠地，靠自己奋斗，争取早日回到部队"的顽强信念，虽多次遭遇险情，但毫不动摇，政治信念坚定，不怕流血牺牲，坚持抗战到底。

新中国成立后，季鸿历任中国人民解放军空军十五师参谋长、副师长、师长，空军第四军副参谋长，南京军区空军工程部部长，南京军区空军副参谋长等职。他参加了抗美援朝战争，国土防空作战，以及中国人民解放军革命化、正规化、现代化建设工作，为保卫祖国、创建现代化人民空军作出了积极贡献。

在历次战役中，他作战英勇，指挥果断，充分发扬了"一不怕苦，二不怕死"的革命英雄主义精神，曾三次负伤，并留下终身残疾。季鸿先后获国家颁发的三级独立自由勋章、三级解放勋章、独立自由功勋荣誉勋章和朝鲜民主主义人民共和国颁发的二级自由独立勋章。季鸿一贯爱憎分明，廉洁奉

无城精英

公，为人正直。在戎马倥偬的几十年革命生涯中，他从未忘记家乡和人民的养育之恩，曾多次与夫人共同为希望小学捐款。2006年，在得知家乡黄雏中学教室不足的情况后，他们夫妇将毕生节俭积蓄的43万元捐助家乡学校，建成了一座面积为780平方米的教学楼和一个运动场，为家乡的教育事业贡献力量。

2009年，季鸿在87岁高龄时撰写了《我从扛枪打仗走过来——八十七岁自述》一书，在序言中，他这样写道："半夜醒来，卧听窗外的风声雨声，我终于拧开灯，坐起来，回忆往事，并把它原原本本地写下来，留给我的子孙后代和二十一世纪的年轻人。我用笔杆子总结我的枪杠子生涯，也是老年一乐。"

2014年5月，季鸿将军逝世，享年92岁。

谢立惠

邢朝庆　童毅之

谢立惠，曾用名谢柳民、谢伯坚，1907 年 4 月 23 日出生于安徽无为无城。祖母是小学校长，父亲谢季翔是中学生物教员，三伯父谢叔骞、二舅父卢仲农早年加入孙中山先生领导的同盟会，其中一人与陈独秀十分熟识，这对他后来走上科学救国道路、参加民族解放斗争有很大的影响。

谢立惠

谢立惠 7 岁入私塾，13 岁插班考入芜湖南岸小学高年级。1921 年考入南京高等师范学校附属中学。1927 年考入中央大学数学系，二年级时转入物理系。他以全校安徽籍学生前 20 名的优秀成绩，每学期均获得安徽省政府的奖学金。同时，他还在校图书馆做清洁工，三年级开始在附近的私立五卅学校兼授数学课，半工半读解决学费和生活费问题。

1931 年，谢立惠在中央大学物理系毕业后，留校任中央大学附属中学数理化教员，积极参加了九一八事变后的抗日救亡学生运动。1932 年被迫离开南京到合肥六中任教。同年，经顾衡（中央大学同班同学，1935 年牺牲）介绍加入中国共产党，主要从事交通联络工作，同时，组织进步学生成立"朝曦读书会",在学生中发展地下党员，宣传抗日爱国民主思想。这个读书会大部分成员后来到延安走上了革命道路。

　　1944年，自然科学座谈会在周恩来的领导下，积极团结更多的科学工作者，着手组织公开的进步学术团体，拟订《组织中国科学工作者协会缘起》的文件，分别在国民党统区各大城市征求科技工作者的意见，发起成立"中国科学工作者协会"，很快就得到了著名科学家竺可桢、李四光、任鸿隽、丁燮林（即丁西林）、严济慈等100多人的响应。1945年，"中国科学工作者协会"在重庆成立了。第一届理事长为竺可桢，监事长为李四光，总干事为涂长望。谢立惠担任组织干事，负责联络会员及会议组织等工作，曾多次参与组织中国科学工作者协会举办的学术活动及讲座，并开展关于"雷达的原理及功能"的讲座。

　　1940年，受第二次世界大战的影响，为了防止空军袭击，英国科学家发明了一种探测器，这就是雷达。1944年，有关雷达的消息传到我国，重庆国民政府军令部军事技术无线电组开始研究雷达。当得悉该部门聘请专家参加研制雷达后，自然科学座谈会讨论推荐谢立惠为适当人选，重庆地下党负责人为了尽早了解国民党的先进武器技术，立即同意派谢立惠到该部门兼任研究员，参与研制雷达工作。

　　当时，雷达技术是保密的，科研人员只知道用无线电探空的方法来探测飞行物，但具体的原理知道的不多。谢立惠当时负责雷达的总体设计工作，他认为雷达的原理与电离层探测设备的主要原理类似，都是利用无线电波的反射来测定目标物的距离。

　　在研制过程中，由于缺乏必要的元器件和研制设备，并且技术室需要迁移，最终雷达研制工作没有全部完成。后来谢立惠买到两本由英国人编写的论述雷达原理和技术的书，上面阐述的内容与他在无线电组设想的雷达原理和结构大致相同。他顿时大悟，试制的雏形雷达没有完成，是因为物质基础达不到，而思路没有错。但谢立惠研制的雷达拼机接收设备显示的灵敏度符合当时的标准，堪称我国第一部雷达。

　　1958年春，谢立惠调到建院不到两年的成都电讯工程学院任院长。他重视学院教学工作，深入各系进行调查研究，强调加强基础理论和实践能力的培养，始终狠抓基础课和实验课的教学质量，鼓励教师实施启发式教学，积极组织和推动教学改革，促进良好校风的形成。1983年，谢立惠任院长顾问，被评为一级教授。其间，他率中国电子学会在职教育考察团赴美考察一个月。回国后他认为，盛行于西方的继续教育体系很值得我们借鉴，并提出了办好继续教育的意见和建议，发表了《要充分认识继续教育的重要性》的论文。

谢立惠曾任第一、二、三届全国人大代表，第五届全国政协委员，第六、七届全国政协常委，成都市人大常委会副主任，成都市政协副主席，九三学社中央常委，四川省科协主席，四川省物理学会理事长，中国电子学会理事，电子学会教育工作委员会副主任，四川省自然辩证法研究会理事长，九三学社中央参议委员会副主任等。

为了表彰谢立惠的光辉业绩，1982年，中国物理学会颁发给他在物理教学及科研方面辛勤工作50年荣誉证书；1986年，四川省人民政府授予他从事科技工作50年荣誉证书；1988年，国防科工委因他从事国防科技工作30年，授予他献身国防科技事业荣誉证书；1990年，国务院为表彰他为我国高等教育事业作出的突出贡献，首批批准他享受政府特殊津贴。

1987年4月，在谢立惠从教56周年暨80寿辰时，四川省科协送给他的对联题词是：

科坛兴协会寰宇率先飞贤士，学者探雷达神州电子立新篇。

九三学社成都分社赠给他的横幅题诗是：

民主斗士，科学初倡；忧国忧民，不馁恶伤。

教坛巨擘，业精技良；诲而不倦，桃李芬芳。

建社元勋，统战益扬；默然应命，有功却藏。

耄耋愈壮，耕耘如常；松鹤遐龄，为颂为皇。

1997年7月，谢立惠因病逝世，享年90岁。

无城精英

卢 鋈

童毅之　邢朝庆

卢鋈（1911—1994），又名前鋈、温甫，安徽无为无城人，其祖父卢茂林与无城清末举人卢秋浦是胞兄弟。卢鋈在小学和中学读书期间，就少年英俊，才气不凡。1934年毕业于南京国立中央大学地理系，毕业后经学校介绍进入国立中央研究院气象研究所，初任气象观察员，从事天气预报研究工作，后被提升为助理研究员、研究员。

全面抗战爆发后，南京很快沦陷，国立中央研究院气象研究所被迫西迁至重庆。时任研究所所长的竺可桢任命卢鋈由重庆北碚前往广西宜山担任武汉头等测候所所长，其夫人曾广琼担任测候员。由于日寇不断进逼广西，武汉头等测候所被迫于1940年2月迁至800多千米外的贵州遵义。卢鋈等人颠沛流离到达遵义后，由于遵义老城煤市临时办公处附近的场地过于狭小，不适合观测之用，竺可桢发来电报要求武汉头等测候所改迁至距遵义城东72千米的湄潭。几经周折，武汉头等测候所在玉皇阁新址开始恢复观测工作，当时编制职员5人，卢鋈任主任。

武汉头等测候所在卢鋈的率领下，一迁湖南衡阳，二迁广西桂林，三迁广西宜山，四迁贵州遵义的湄潭，费时1年零8个月，行程达1900多千米，终于在湄潭落户定居下来，并在此进行了长达6年半的观测和科研工作。

当时湄潭物资条件极为艰苦，卢鋈和其他工作人员住在玉皇阁狭小的房间里，在微弱的煤油灯下坚持工作，每天24小时连续观测，每小时实测1次。天气预报先是通过发报传至重庆的国立中央研究院气象研究所，后又采用电报形式传送。发黄的牛皮纸上这样写道："1943年4月22日，马厂、牛场等九个乡冰雹如卵，继以旋风，民房受损。""1944年7月3日，湄潭大雨滂沱，测候所在县域实测雨量196.3毫米，洪水为患，湄江桥被冲垮，沿河房屋、田禾多被淹没……"一张张牛皮纸上记录着的气象数据，见证了测候所员工们的辛勤劳动。

玉皇阁围墙外，有一大片茂盛的竹林。每年春天，这里会长出一些竹笋，成为卢鋈一家及其他测候所职员们佐餐的美味佳肴。除此以外，这里的蛇、鼠特别多，经常有蛇盘卧在书柜上、书籍里，甚至床上、被褥里，这些时常成为他们大饱口福的"山珍"，足见当时生活的艰难。

最初，卢鋈除了担任湄潭武汉头等测候所主任外，还在浙江大学担任气象学讲师并兼授气象学课程。1942年3月，卢鋈正式任浙江大学副教授。日本投降后，国民党中央政府由重庆搬回南京前夕，卢鋈奉命接手上海外滩气象台工作，后被任命为该台台长。1948年6月，卢鋈加入九三学社，不久，调任南京中央气象总台台长，兼任中央大学教授。中华人民共和国成立后，卢鋈先后任北京师范大学气象系教授、中央军委气象局副局长、中国气象局副局长，主管全国气象业务工

《中国气候总论》书影

作，对我国气象台站的建设和气象科学技术的管理作出了重要贡献。他著有《中国气候总论》《天气预告学》《关于夏秋时期台风的论述》等书。

卢鋈生性豁达大度，风流洒脱，说话幽默、诙谐，因此，亲朋故旧都乐于和他接触，大家往往谈至深夜还欢声笑语不断，不忍歇息。卢鋈常常振振有词，趣言迭出，引得在座的人哄堂大笑，其人格魅力可见一斑。

无城精英

王鹤天

王惠舟

王鹤天（1879—1943），安徽无为无城人，其父王鼎臣，以塾师为业，为人憨厚，受人尊敬。王鹤天自幼聪颖过人，随父启蒙，学业优秀，及至成年，即拜汉学大师方六岳为师，悉心研学，受到六岳先生道德、学问的指点与熏陶，奠定了学识与品格上厚实的基础。在此，他结识了同窗好友李辛白。

1905 年，王鹤天与李辛白一同东渡日本，就读于东京早稻田大学。此时，正值伟大的民主革命先行者孙中山在日本成立中国同盟会，宣扬"驱除鞑虏，恢复中华，建立民国，平均地权"的革命思想。王鹤天深受影响，积极响应，归国后，毅然投身于推翻清王朝的革命活动中。

黑暗腐败的清王朝终于被推翻，中华民国成立了。王鹤天赴南昌与友人合作办报，抨击军阀，针砭时弊，并大力提倡白话文，宣传新文化。此举深得新文化运动骁将、同窗好友李辛白的极力赞赏。李辛白特以《寄王鹤天·南昌》为题作诗一首予以鼓励：

书来知已及南昌，短鬓轻衫狂坛场。

斫地狂歌动江水，弥天四海一王郎。

很快，当局注意到王鹤天的进步言行，欲加害于他。得到风声后，王鹤天只好化装潜行，回到故乡无城。他跨进家门，见到老母病卧在榻，即决定留家侍奉，以尽孝意。

不久，安徽军阀倪嗣冲为扩大势力，延揽人才，得知久已慕名的王鹤天赋闲在家，于是派员到无城登门给王鹤天送礼，诚邀他加盟。但是，王鹤天早就知道他在安徽欺压民众，横征暴敛，称霸一方的累累罪行，当然耻与为伍，于是以母亲病重，需要照看为由，婉辞不就，倪嗣冲手下只好灰溜溜地告退离去。王鹤天心怀正义，敢不给反动军阀脸面这件事，一时在远近传为佳话。

1918年春，无为县县长关云龙在城乡低价买入穷苦百姓的土地，再高价卖出，敛收大量财产，群众怨声载道，恨之入骨。王鹤天得知后，怒火中烧，激于义愤，决心为民除害。他先是多方了解情况，掌握了关云龙的罪恶事实，然后秘密组织百余民众，于一天拂晓，带领众人冲进县衙；睡得正香的关云龙听到人声鼎沸，知道大事不好，慌忙躲到床下；愤怒的民众踹开房门，把躲在床下的关云龙拖出。王鹤天以木制假手枪抵住关云龙的后脑壳，喝令其跪下，命其立即交出县衙大印，众人同时喊杀助威。关云龙吓得胆战心惊，浑身发抖，大呼"饶命饶命"，并很快交出了县印，即抱头逃窜。

接下来，让人扬眉吐气的场面出现了。王鹤天在众人拥戴下，端坐大堂，宣布关云龙的罪状，废除非法占地买卖，所涉契约全部作废，取消一切苛捐杂税。上述决策，立即布告周知，以安民心。同时，还释放了被关押的无辜平民。消息迅速传遍全县，大快人心，人们欢呼：王大人敢作敢为，做了一件大好事。

无为近代史上一件有趣又十分有意义的事是：王鹤天在群众的拥护下，当起了无为县县长，掌起了县衙大印。

时近百日，王鹤天领导众平民赶跑关云龙并当县长一事，被告密到省城安庆。军阀倪嗣冲早就对王鹤天怀恨在心，于是派军队前来镇压。王鹤天收到信息，立马离开县衙。不料县城劣绅奸商闻风先动，纠集地痞流氓数十人来到县衙。王鹤天走出县衙时，他们一哄而上围堵殴打。幸亏身边人员奋力救护，王鹤天才冲出重围，得以脱险。至此，王鹤天一百天的县长生涯结束，后被人称为"百日平民县长"。

此后，王鹤天被迫离乡流亡宁、沪。他幼年勤习古代书法名家碑帖，功底深厚，行笔以中锋为主，灵动刚健，秀气四溢，很受人们喜爱。流亡期间，他卖字为生，竟获宁、沪一带行家赏识和重视，因而小有名气。1929年，南京中山陵建成后，王鹤天应邀书写孙中山先生的《告诫党员演说词》，并被镌刻在一块大理石护壁上。中山陵附近灵谷寺烈士纪念塔建成后，其内壁上刻的铭文，亦出自王鹤天之手。据传此铭文一千多字，王鹤天得到每字一元银币的润笔。当年的这两处书法作品，如今已成了宝贵的文物，这是对王鹤天书法成就的充分肯定。

1931年九一八事变后，日寇侵占了东北，举国为之愤慨。胸怀爱国之心的王鹤天意识到国难当头，常年卖字为生，与国无助。时年已53岁的他毅然返乡，从事培养年轻一代的教育工作。王鹤天在无城北门私宅开设国学馆，招收有一定文学基础的青年学生入学，授业传道。他知识渊博，阅历丰富，语言风趣，又关心学生，深得学生好评和爱戴，名传遐迩。邻县青年人仰慕其道德涵养，也纷纷登门拜师求学。王鹤天的学馆坚持数年，培养了很多的学生，其中有相当一批人学成离校，走上抗日前线，这也是王鹤天为救亡图存伟大事业作出的贡献。

颇为有趣的是，每年春节，王鹤天学馆大门上，必贴有其亲撰亲书、嵌有"鹤天"二字的春联，而且年年相异。每年正月初一，县城读书人都喜欢前往王宅门前驻足欣赏，甚至描摹笔法，熟读传诵，以致成为新春街边独特一景。

抗战爆发后，日军飞机轰炸无城，学馆被迫停办，王鹤天逃至乡下避难。1940年日寇占领无城，频频下乡扫荡，乡间也不得安宁，他不得不回城居住。此时，王鹤天眼患白内障又得不到治疗，因而双目失明。两个儿子远在大西南，无法归来照料，日常生活只能靠学生马祯等人殷勤侍奉。王鹤天垂暮之年，困守日寇铁蹄下的家中，真是一日三惊，悲愤国难，痛苦不已，终至染病不治，于1943年春饮恨辞世，享年64岁。

金稚石

耿松林

金稚石，又名金性畲，1888 年 8 月 6 日出生于无城一个书香之家，父亲金城是清末无为县的最后一个举人。孩童时他进入父亲任教的私塾，饱读四书五经、八股文、试帖诗等，打下了扎实的语文基础。1906 年就读于无为简易师范学校，次年进入芜湖皖江中学学习。

金稚石

辛亥革命爆发后，淮上起义军进军无为，金稚石不顾父亲的反对，积极参加迎接活动，父子间发生了争执。金稚石来到上海担任家庭教师，自谋生路。1912 年考入安庆江淮大学，就读于法律别科。

五四运动时期，金稚石通过接触《新青年》《觉悟》等进步报刊，开阔了眼界，思想也发生了变化。他认为要使民主得到发展，普及教育为先，遂决定终身从事教育事业。20 世纪 20 年代至 30 年代初，他先后在无为县光明小学、陡沟王村小学、无为县立中学任教。其间，他经常与卢仲农、倪仲坦、朱子帆、胡竺冰等一批进步知识分子聚集在无城北园私立学堂，研究社会，讨论时事和新文化，成为当时无为新派人物。1928 年，金稚石又应聘为《安徽警刊》编辑。

无城精英

1933年徐庭瑶被任命为保定行营主任兼国民革命军第17军军长，邀请金稚石到军司令部担任秘书。他赴任不久，因看不惯军中逞凶压榨等腐败现象，加上眷恋教育工作，遂辞职回乡。后他被聘请在无城徐家私立图书馆——拨云楼担任馆长（位于今无为市人民医院内）。

抗日战争爆发后，金稚石离开徐家私立图书馆，决心把自己的全部知识运用到抗日救国中，再次来到无为中学任教，同时在无城北园王试之家私立学堂任教，在北园学堂开设了新文学、数学、自然等课程，并指导学生阅读《拓荒者》《向导》《狂人日记》《女神》等进步书刊，重点启发学生的爱国意识，激发学生的抗日救亡热情。

1940年6月，日军攻陷无城。金稚石和家人逃往城外，后来定居在东乡王村，住的是临时搭起的泥草屋，睡的是土坯垒起的床，衣食不全，生活艰苦。他因陋就简，借用人家堆放杂物的旧草房，于1941年办起了一所新型学校——王村学堂，为皖中抗日根据地培养输送了一批又一批干部。金先生当年的学生，后任福州教育学院领导的王春生回忆说："金先生对人民教育家陶行知的'生活即教育，社会是课堂'的教育理论，注入了新观念，增加了新内容。"新就新在他认为当时最重要的"生活"就是抗战，最新的社会就是中国共产党、新四军领导的抗日民主根据地。

金先生让每个学生准备一条扁担、一个算盘、一支笔，教学之余，和同学们一道劳动，赤脚挑东西。对于"先生不像先生，学生不像学生"的嘲讽，金先生处之泰然，将须自得其乐。金先生编了几首歌谣，让学生传唱。其中一首扁担歌如下：

　　小小扁担不简单，百斤重物它承担；

　　吃苦求学不忘本，头枕扁担读书忙。

金先生挂在嘴边的一句话就是："吃苦是做人的秘诀，苦到哪里做人进步到哪里。"

抗战时期无为县流传的"文学金稚石，武学戴安澜"，就是无为人民将二人并列，作为乡梓学习楷模的生动写照。金先生当年的学生，后任南京市老干部局局长的王绪仓回忆道："经他教育的近百名学生一批又一批地参加革命。在抗日战争、解放战争和新中国成立后的社会主义建设时期，全国许多地区的党、政、军和教育部门都有他的学生。其中在军队中担任师级以上职务、在地方上担任厅局领导、在教育界担任大学领导的就有好几十位。"

当无为大堤黄丝滩新堤落成后，金先生在参议会上提出："吕惠生为皖江行署主任，政绩卓著，为大堤建成呕心沥血，功劳很大。我提议把大堤命名为'惠生堤'。同时'惠生'二字含有惠及民生的意义。"这个建议得到大会一致通过，并报七师党委同意。从此"惠生堤"这个名称一直沿用至今。

金先生和无为许多进步人士是好友。早在1926年就和吕惠生结为志同道合的挚友。1945年新四军北撤，他和吕惠生分水陆两路分头撤退，以后再也没有见面。1946年4月金先生在淮阴才得知吕惠生壮烈牺牲的消息，顿时老泪纵横，执笔写下了一副挽联表示哀悼：

扬子咽涛声，千古皖江遗恨在；

民主溯功烈，史书首页让君先。

新中国成立后，金先生被选为皖北行署委员，先后担任合肥女中、合肥第二初级中学校长。1953年调省文史馆，1954年当选为省人民代表，1955年被推选为省政协常委，1956年任省博物馆副馆长，1958年起任省政府参事室主任。

1965年9月23日，金稚石先生因病在合肥省立医院去世。在9月26日的追悼会上，挚友郑曰仁在祭文中评价道："从一个民主主义者转变成为一个共产主义者，他所走的道路也就是中国革命知识分子的道路。"在金先生一百周年诞辰暨兴办王村学堂50周年时，当年的王村学堂学生王春生、王绪仓、王绪奇、杨阜民等写了怀念文章。当年的学生之一，中共安徽省委党校原副校长、省新四军历史研究会副会长卫道行，在《无私奉献的一生——怀念金稚石先生》一文中指出："金稚石的一生，是追随革命、追求光明、从事教育的一生，也是他为人民无私奉献的一生。"

无城精英

束家鑫

耿松林

　　束家鑫，又名束涧，男，汉族，1920 年 3 月出生于安徽无为无城上新街。1945 年毕业于浙江大学地理系，曾任南京中央气象局观测员、预报员。新中国成立后，历任上海气象台副台长，上海气象局副处长、工程师、局总工程师、研究员级高级工程师。1954 年 4 月，他加入了中国共产党。1960 年以后，在他的带领下，上海地区率先开创了数值天气预报、云天观测台风等研究课题。他对云的研究有独到见解，并通过文字、图片和科教影片等，诠释了云形变化与天气的关系，成为观云测天、料云如神的领军人物，对我国的气象学发展作出了突出贡献。他先后担任全国气象科学基金会台风评审组组长、华东师范大学地理系兼职教授、中国气象学会常务理事、上海气象学会名誉理事长、上海市地球物理学会副理事长、上海市科普创作协会副理事长等。2012 年 9 月，束家鑫在上海去世，享年 92 岁。

　　1931 年发生了长江全流域性大水，淹没了 290 个县，被淹的耕地达到了1.27 亿亩。淮河一带洪水越过淮河北堤，漫过津浦铁路，横扫里下河地区，直泻江苏省。长江沿岸城乡，包括南京市都浸泡在水中，上海市区也广泛进水。束家鑫家的房屋东侧，是无城古城墙，洪水淹至仓埠门一带的城墙垛，人们坐在城墙上可以洗脚。十来岁的束家鑫望着浓云密布的天空和到处漂浮的破碎的屋架、淹死的牲畜等，感到十分痛心。他立志发奋学习，报效祖

384

国，将来能够在气象学研究领域闯出一片天地。

1935年，束家鑫考入安徽省立第七中学（芜湖一中前身）。淞沪会战后，随学校初中部迁入贵池分校。1938年学校解散，他渡江回到无城。不久与同学结伴，又渡江再步行到东至县，考入安徽省立第四临时中学。日军占领安庆后，他随校经祁门、休宁、屯溪等地，穿越浙江、江西，经株洲抵达长沙，又步行经过桃园、沅陵等地，最后坐船到会同县的洪江镇，进入国立安徽第一中学，也就是后来名传史册的国立第八中学（朱镕基1944—1946年曾在该校就读）。

在洪江镇，束家鑫先后拜访了徐庭瑶、王先沂和戴安澜等无为同乡，戴将军请他吃了一餐饭，并勉励他不要辜负家乡父老期望，努力学习以报效国家。那时国立八中的校歌里有这么一句："八皖父母帮，弦歌重振在沅湘。诚与毅，立身立国本，念念慎勿忘！"20多年后，在一次饭桌上，束家鑫用中文背诵都德的《最后一课》。当年艰苦的求学环境和前赴后继为国捐躯的先烈们慷慨赴死的不屈形象，仿佛历历在目，与《最后一课》产生了共鸣，束家鑫的眼泪汩汩流出，打湿了衣衫。

1941年，束家鑫考入内迁到贵州遵义的浙江大学地理系。1945年起，他任浙江大学助教兼天气观测员，受到著名气象学家竺可桢的指导，学术水平也明显上了一个台阶。

抗日战争胜利后，束家鑫担任中国气象局预报员。从1948年9月到1949年5月下旬，束家鑫对长江流域中下游地带分段作中期天气预报，为中国人民解放军渡江作战提供气象支持。

后来他从上海气象台调到上海气象局，从一般技术人员成长为享誉中外的气象学家。他持之以恒精心研究，带领团队扩大云天观测范围，在数值天气预报和中国台风研究探索等方面，取得了累累硕果。

中国的华东沿海地区，历来苦于遭受台风的袭击，往往船毁人亡或墙倒屋塌。1947年，束家鑫测得台风将袭击台湾和福建沿海，但因为当时没有灾害性气象预报发布平台，他只好将该预报存入档案，痛失大好的防灾减灾机会。1951年，束家鑫认真制定出台风预警办法，并通过广播发布台风信息，使浙江等地在1956年8月遭受百年一遇强台风天气时实现了无一人死亡的目

无城精英

385

标，同时有效降低了台风过境的损失。

数值天气预报，是通过研究天气演变过程中流体力学和热力学的变化，预测未来一定时段天气现象的方法。1955年，我国开始了这方面的科学探索，但一直没有建立真正意义上的数值天气预报业务体系。在束家鑫的带领下，上海气象局开创性地开展数值天气预报工作。1965年正式开始此项预报，真正拓宽了气象研究领域。后来这一气象软件被移植到泰国气象厅计算机系统，为中国气象预报攀登世界高峰，全面扩大国际影响力，作出了贡献。

鉴于1987年12月10日上海陆家嘴大雾事件的沉痛教训，经过上海市科学技术委员会同意，1988年开始了"上海城市雾的科学研究与应用"课题研究。这是上海自1843年11月开埠以来，对雾开展综合研究的第一次探索，在课题组成员的共同努力下，此项专题研究很快结题，科研成果也得到了快速转化运用。作为领衔研究的专家，束家鑫对此感到十分欣慰。

《雷雨》书影

受导师竺可桢的影响，束家鑫十分关注云形变化与天气之间的关系。早在1945年晚秋，在浙江大学做气象观测员时，束家鑫连续观测到20多天的层积云。竺可桢和束家鑫师生二人，对观测资料进行了认真的分析比对，展开了深入的研究。在导师的引导和启发下，束家鑫利用1942—1945年遵义地区的云、雨记录材料，写成了《遵义的气候》一文。此后，他的《东风扰动暴雨的云天分析》《台风的云天分析》《春夏过渡季节云系演变与降水的关系》等系列论文，先后发表。其代表性著作《云》《台风》《雷雨》《气象学》等，立论严谨，是有开拓创新性质的科学专著。他观云测天的成果，得到充分肯定，获得1985年国家科技进步奖三等奖。

束家鑫长期担任《辞海》《少年自然百科辞典》气象分科的主编及《气象学词典》的主编。他十分重视气象的科普宣传，是《十万个为什么》气象分科的撰稿人，并著有《少年气象学家》等10多本科普专著。他还主编了

《台风常识》等，发表了《臭氧的追踪》等科普文章 300 多篇。

束家鑫对云形尤其关注，著有《台风》《云天奇观》等 10 多部科教片的脚本，形象地展示云与天气的因果关系，其科教片多次在国内外获得奖项。

1995 年出版的《中国云天》，不仅展示了在空中和地面拍摄的积云、积雨云、层云的各种图片，以及雷雨前的日出云系、雷雨冰雹云系、台风云系、梅雨云系、寒潮云系等系列图片，还展示了气象卫星云图与雷达探测的对流云系回波图，并且用文字阐述了各类云系的外貌、结构、特征、形成和演变过程，探索了台风、寒潮、暴雨等代表性云系的活动规律，成为中国云系研究的集大成之作。2004 年，束家鑫获得中国首批"科普编创学科带头人"称号。

无城精英

胡世寿

王惠舟

胡世寿（1928—2019），安徽无为无城黄闸村人，出生于贫农家庭，年少时曾以给地主和富农放牛糊口为生。1941年5月参加新四军，入编第七师无为县政府警卫连游击队任战士。1943年入党，先后参加了抗日战争和解放战争。曾任中国人民解放军七十师副师长、警卫三师师长、北京卫戍区司令部副参谋长兼预备役第二师师长。

胡世寿

胡世寿总是勇敢作战，一不怕苦，二不怕死。他回忆时说道："刚入伍时，连队只发给我两枚手榴弹、一把马刀。第一次战斗是在抗日战争中，去敌占区夺物资。根据情报，有日本商人用两条船装了大米、油、盐、鸡蛋，由黄雒河向芜湖市运。日本商人只有两支枪，即一支步枪和一支手枪。我们一个班拂晓前约三点钟到达陡沟坝河拐弯处，埋伏三个多小时。两条船摇摇晃晃地从上游过来，班长命令他们靠岸检查，他们却不服从继续前行。我们五六支枪同时开火，他们不得已靠岸投降。这次共缴获了一支日本三八式步枪、一支手枪（日本商人用的）、几桶油、几筐鸡蛋、一些盐、几千斤大米。我们很高兴，既增添了装备，又改善了连队生活。还有一次战斗，是参加皖南支队独立大队护送一百多名民工挑着银圆、布匹等物品送往军部的任务，途经安徽和县，经过铁路时遭日伪军伏击。那时是凌晨三四点钟，下着小雨，日本鬼子没有打枪，突然冲向我们行军纵队，我看见穿黄衣服的鬼子，就赶紧喊我们连长。这时日本鬼子端着刺刀刺向机枪射手蒋玉发，连长下令要二排占领有利地形掩护，主力继续护送物资。进到一个村庄后天亮了，在二师六旅十六团的支援下，我们将一百多名日伪军全部消灭掉了。我们连伤亡十几名战士，其中一名叫朱子和的战士，右耳被鬼子的刀劈耷下来了。因为下雨我们衣服都被淋湿了，跑了几里路才休息。烧火烤衣服时，还是别人看到的，问朱子和耳朵怎么耷拉下来了，此时他才有反应，立即倒下了。保健员（即连卫生员）胡仁恒跑来，将他包扎好后送往医院。另一名叫胡德荣的战士被鬼子刺中七八刀，跑了几里路才倒下，被群众抢救后送到解放区医院。我在跳沟渠时，日本鬼子的指挥刀将我的背包劈成两半，跑了几里路后休息时才发现两肩上只有背包带，被子、雨衣、鞋全都没有了。若不是平时节约省下的两双鞋、两套衣服装在包里，挡住了敌人的刀锋，我的身体可能被劈成两半。后来我们连到二师师部藕塘镇休整时补发了服装，一个月后返回江南解放区。”

在朝鲜战场，胡世寿已经是营指挥员。他把握战机，正确指挥，战功显赫。

“板门店谈判美国一拖再拖，停战协定迟迟无进展。为打击美军的嚣张气焰，促成停战协定，中国人民志愿军于 1953 年 7 月中旬发动了夏季反击战役。

“7 月 13 日黄昏，我所在营最先进入 537.7 高地，面对着的是虎视眈眈的美三师和李承晚伪军第九师二十八团一个营，他们驻扎在杨地村南山诸高地。在对各方面情况进行综合分析后，我作为营长，带领各连连长作了实地侦察，接着下达了任务，即九连担任右翼主攻，直插杨地村南山主峰；八连向左翼进攻，并派一个排从敌侧后迂回攻击，切断敌人退路，配合营主力行动；七连为营二梯队，随时准备从九连右翼进入战斗，向纵深展开进攻。我要求各连秘密地在敌障碍物中开辟 1—2 条通道。随后，在距离敌军铁丝网 50～100 米处构筑猫耳洞隐蔽，待命攻击。此时，我发现敌人火力由时猛时

无城精英

弱转为零零星星，火力密度也越打越小。根据征候判断，敌军可能在我军全线反击下，企图逃跑。因此，我果断下定决心，乘敌人动摇的有利时机，提前发起攻击。团首长在未接到上级（七十二师）指示的情况下，立即同意了我营决定。我们全营各连于14日21时，在团火力掩护下，向杨地村南山发起冲击。此时，一、二营正从武圣山西北向前开进途中，全团尚未完成展开部署。团指挥所首先组织炮火对该高地实施压制射击，支援了我们战斗。团后勤给我们营补充了弹药和其他物资，营属机炮连封锁新发现的暗火力点支援步兵攻击。经过30多分钟激战突破了敌人防御前沿。前后一个半小时攻占了整个杨地村南山阵地，歼敌约一个排。敌主力被我营击溃仓皇逃跑时，我营以火力和八连三排从侧后拦击，又杀伤敌人百余人。同时该排在友邻协同下粉碎了敌人一个连的反冲击，俘虏了一个黑人（经审讯，得知是土耳其旅的，因跑错了方向，被我营活捉），缴获卡宾枪6支、美造8发步枪5支、轻机枪1挺、大倍望远镜1具，还有炮弹、手榴弹、地雷、电话线等大批作战物资。一营在我三营发起进攻后，由行进转入战斗，采取先到先攻击的措施，迅速向迎面之敌发起攻击。二连一举攻下凤尾北山，取得了预想的胜利。"

在抗美援朝战场上，胡世寿首次参战的是海岸防御战。在进行平康阵地防御战和执行山地阵地防御任务时，与美军打了数次仗。他打垮了美军一个坦克连的进攻，摧毁6辆坦克，击伤2辆坦克，取得了巩固阵地的防御战的胜利，受到上级的高度赞扬。1953年7月，胡世寿奉命参加志愿军总部组织的夏季反击战，这是他戎马生涯13年的最后一战。

在长期战斗中，胡世寿负伤多次，其中较重的有两次。

第一次负伤是在郓城阻击战中，为保障华东野战军主力，在沙土集地区歼灭国民党第五十七师，他两处负伤，脖子中了弹片。为了继续作战，他坚持不去医院做手术，自己动手忍痛拔出了弹片。左膀中的枪弹，因没有及时手术，后化脓流了出来，为了不给部队和战友添麻烦，他毫无怨言，继续作战。

第二次负伤是在淮海战役的第8天，攻打前黄滩战斗时，胡世寿的右手被敌方的机枪打断了三根手指头，血流不止。当时他用泥土包扎，止住了流血。战友们劝他赶紧去医院。他做了两次手术，都未能扎住血管，止住流血，最后硬是凭着坚强的意志，坚持到了渡江战役，长达数月后才自然愈合。受伤未愈期间，由于组织的要求和部队的需要，他带伤参加了蚌埠固镇北阻击战。阻击战虽打得很艰苦，但挫败了国民党李弥、孙元良两个兵团解救杜聿明（国民党徐州战区司令）的企图。国民党以失败而告终，杜聿明成了俘虏。徐州解放了，淮海战役以我军的完全胜利而结束。

　　胡世寿一生征战南北，战功显赫，先后立功五次，其中二等功一次、三等功二次、四等功二次，获独立自由奖章一枚，解放奖章一枚，睢杞、淮海、渡江战役胜利纪念章各一枚，中国人民解放军独立功勋荣誉章一枚，朝鲜民主主义人民共和国勋章一枚。

刘质文

叶悟松

刘质文（1899—1968），安徽无为无城名医。他行医送药，治病救人，充满了传奇色彩。

刘质文自幼家境贫困，曾随父母逃荒至南京。十三岁时，经人介绍去一家轮船公司做小工。他聪明伶俐，干活从来不偷懒。轮船公司经理认为这个孩子很优秀，自己的独生女在上海读书无人陪伴照顾，便让刘质文陪同小姐读书，这对刘质文来说是个千载难逢的机会。刘质文和小姐在上海同仁护士学校同读了四年，拿到了护士学校的毕业文凭。

随后，刘质文在上海的一家医院当护士，工作严谨勤奋，得到医护人员和病人的一致好评。一位军阀在住院治疗时，由于刘质文精心护理，很快病情就得以好转，不久便痊愈了。这位军阀对刘质文十分感谢和欣赏，便有心帮助他。军阀调至北京任职时，带刘质文去北京发展。到北京后，刘质文开阔了眼界，觉得自己必须深造，提升自己的医学水平，以精湛的医术救死扶伤，才能造福于人。在这位军阀的资助下，刘质文报考北京协和医学院，并以优异的成绩被录取。协和医学院是一所外国人开办的教会学校，全程用英语教学。入学后，首先必须闯过语言关。刘质文刻苦学习外语，虚心向老师和同学们学习口语、专业用语，很快具备了外语能力，跟上了同学们的学习步伐。

在北京协和医学院，刘质文勤奋学习七年，获得了学士、硕士、博士学位。因为学习成绩优异，学校又公派他去日本留学深造。四年学业完成后，他回到了祖国。

回国后，刘质文继续在协和医学院工作，并和徐庭瑶的外甥女张氏结婚。因夫人不适应北方生活，刘质文便回到南京，在鼓楼医院当外科医生。

七七事变后，日本鬼子直击南京，刘质文夫妇携全家逃难回到故乡无城。国民党将军徐庭瑶对外甥女婿十分关心，教导他在家乡行医，帮助他在无城开办一所医院，请无城的几位中医合作，共同为家乡父老服务。自此，无城有了西医。老人们说，是刘质文给无城带来了西医。

刘质文医者仁心，医院里病人不断，乡邻都来看病。富有的病人诊金收足，贫困者尤其是农村的病人，少收或不收诊金。遇到特别困难的病人，刘质文不但尽心尽力诊疗，不收费，还留饭送药给他们。

刘质文医术精湛，疑难杂症患者找到他往往能得以治愈。无城一宋老的孙子高烧不退，其他医院诊断为脑炎，但治疗无果。抬到刘质文面前，他细致检查问询，确诊为蛔虫感染，药到病除。

刘质文还在无城开创了剖腹产手术的先例，救了很多难产妇女和婴儿的生命。

无城丁某鼻子流血不止，经诊治仍无好转，找到刘质文，刘质文命人将明矾研末，敷入鼻腔，很快止住了流血，使丁某脱离了危险，后经治疗痊愈。这样的病例还有很多。

刘质文开创了无城医疗事业的多个第一：成立第一所中西医结合的私立医院；将西医带进无城第一人；第一位拥有博士学位的全科医生；第一位使用剖腹产手术挽救难产妇女的医生……

刘质文还是共产党的朋友。胡治平是中国共产党地下情报工作负责人，由于坏人告密，被国民党伪县长胡正纲抓捕，关在县政府监狱。刘质文得知情况后，便想办法营救。他秘密往监狱里送去一包泻药，胡治平喝下后腹泻不止。胡正纲派人请刘质文治疗，刘质文看了一眼说这人不行了，赶紧放了，在监狱里死了会有麻烦。胡正纲不想惹麻烦，说："你刘先生做个保，送你那里好了。"刘质文一口应允，抬回胡治平，顺利地救出了这位共产

无城精英

党员。

渡江战役支前时，刘质文带着医生护士，积极救治解放军伤员，他以高超的外科技术，拯救了许多解放军指战员的生命。在一次去石涧救治伤员的途中，刘质文不慎从马上摔下来，跌成重伤，这个伤带来的痛苦一直伴随他到去世。

在无城工作的一些老革命家如张凯帆、彭醒梦、胡治平、周骏等都是他的朋友。

刘质文带头建立了鼓楼医院，他是首任院长，实行中西医结合为无城人民服务。他的医术医德，受到无城广大人民群众的称赞与尊重。他被选为县人大代表、县政协委员。在无城镇，提到刘质文，老一辈人都会竖起大拇指。

1968 年 9 月，一代名医刘质文因伤病复发逝世，享年 69 岁。经刘质文接好腿骨并收养的一条爱犬，在他逝世后，不吃不喝追随主人而去。

邢容钦

王惠舟

邢容钦（1922—1989），祖居无城小东门街，是一位普普通通的中学教师，以数十年的执教生涯，创造了平凡中的卓越。他七次获得县级表彰，两次获得省级表彰；先后当选为安徽省第四届政协委员和无为县第三、四、五、六届政协常委，第八届县人大代表，是新中国成立以来，作为历史名人立传载入《无为县志》的唯一一位人民教师。

邢容钦

1989年4月8日，邢容钦病逝。无为一中在讣告中说，邢容钦"为教育事业奉献了自己毕生的精力"，"受过他教育的学生无不敬佩之至"，"在全县教育界乃至社会各界享有盛望"，"是全县中小学教师公认的楷模"。

1951年初秋，邢容钦进入无为初级乡村师范任教，直至以后初师改为初中、完中（无为一中），工作到退休。

邢容钦的语文教得很好。他总是面带微笑走上讲台，底气十足地以洪亮的声音、精辟的分析、生动的描述，适时地插入一些实例、典故等，把语文课上得有滋有味。他教鲁迅的《故乡》，通过深刻形象的话语，简直把少年活泼、壮年早衰、木讷的闰土和"豆腐西施""圆规"杨二嫂两个人物讲"活了"，学生都爱上邢老师的语文课。

邢容钦老师对课文烂熟于心。只有在朗读课文时，他才打开课本，抑扬顿挫地读着。一般讲解时，他既不看书，也不看备课笔记。如果要联系课文，他会对大家说"请看课本第×页第×段"，或是"请看第×面顺数第×行"。照此查找，绝无讹错。

板书，他也是成竹在胸，随讲随写，或提纲，或列表，或图示，简明扼要，便于理解和记忆。邢老师的板书独有特点，他用右手拇指、食指、中指一齐紧捏粉笔，砰然有力地把字"钉"到黑板上，很有毛笔字的笔锋和气势。由于长期实践和钻研，邢老师对各种体裁课文的教学都独具特色，达到了炉火纯青的程度。

邢老师对学生的作文抓得很紧。即使同时教两班语文，隔周一篇作文是雷打不动的。他除了命题和写作指导外，作文批改也非常下功夫。学生的作文，他每篇都精批细改。改过的地方，还有眉批。全篇改完，肯定有一个总批，那字迹，一个字占一格，一个标点也占一格，都是正楷。随后，还要有针对性地设计作业，如造句、组词、辨义、订正错别字等，给学生增加一次练习的机会。对太差的作文，则找来学生面谈，毫不放松。每次作文改完，必然有一堂精彩的评讲课，褒奖佳作、列举欠缺、鼓励进步，并传授写作知识，既生动有趣，又极有教益。

语文之所以教得好，是因为他非常重视查找资料。他有一句名言："资料用时方恨少，平时积累莫嫌多。"在他的家里，半人高的书架、两节头衣柜、装家谱的大木箱都装满了书，案头、茶几、床边更是堆满了书。他说常年要用三分之一的工资，订阅报纸杂志和买书，而且这些书籍报刊他都看过。学生问他用什么时间看书，他说："瞎子磨稻，打夜工。"他还说："语文教学是汪洋大海，古今中外、天文地理，无所不包。真正想把语文教好，不误人子弟，只有下苦功积累，没有捷径可走啊！"

邢老师博览群书，在备课中加以运用。一次全县语文教学座谈会上，他介绍了独创的"语文备课三部曲"。这就是寒暑假备好全册课文，叫粗备；开学后，每月提前对下月备课内容作调整、充实，叫细备；每周提前对下周教学内容再认真斟酌一次，叫精备。全部备课过程的一个重要方面，就是把各种资料有机地渗入教材，使教学内容更加丰富。此外，每天早读时，他还要把当天的教学内容默讲、熟记，数十年如一日这样做，其敬业精神堪称典范。

邢老师语文教学的造诣很高，肩头的担子也就更重了。他长期担任语文教研组组长和年级备课组组长，各类公开教学、示范教学、语文教研会、教学业务讲座等，都有他的经验介绍和专题报告。1974年，无为一中增设高中部，年过半百的邢老师，首度教高中语文，仍然任备课组组长，承担起示范教学的任务。在一个春寒料峭的日子，邢老师脊背微弯，拖着不太灵便的左腿走上讲台。顷刻间，他焕发出巨大的精神活力讲起课来。他光彩满面，声音洪亮，板书"钉"得黑板"嗵嗵"作响，又是一堂受到好评的示范课。课后，有同事说想不到你讲课还是这么气力十足。邢老师长期患有便秘和筋骨痛的毛病，胃部曾经大出血，体质较差。无为县教育局委托他为全县语文教师培训班讲课，他欣然领命，精心写出了浩繁的讲稿。

邢老师对学生关心备至，学生也打心里尊重他、亲近他。尤其是每天晚自习下课后，总有些同学要到他的房间里闲聊，气氛随和、热烈。初为教师时，他当一年级班主任，每至夜阑临睡前，总要去查看学生寝室，轻声地喊着年龄小的同学："起来起来，解个手，不然小火轮又要开到芜湖去了（尿床）！"对家庭穷困的农村学生他乐于接济。多年后，遍布各地的学生们说到邢老师，仍然会回忆起桩桩件件铭心感动的事。

邢老师长期担任县政协委员和人大代表，总是积极认真地参政议政。同时，他待人真诚热情，登门求助者常年不断。不论是讨教历史、探究民俗、查找资料、借阅书刊，还是撰写文稿、斟酌文字、代拟楹联、推敲诗作、研究教学，他都鼎力相助，让来者满意。

邢老师在繁忙的工作之余，还创作了古体诗词四百多首。他牵头组建芝山诗社（现无为市诗词学会），刻印《友声吟集》诗刊多集，同时撰有无为民谚集萃八十多条。特别是他于1986年在病榻上写成了《无为旧闻琐话》书稿，是对无为史志建设的一大贡献。他在《自序》中写道："无为地方掌故，民间轶闻，夙称丰腴。而风霜兵燹，文字难以保存，前辈凋零，知情日渐稀少，若不及时抢救，行将泯灭。"又说："近因病卧床，势难赓续，而稿经两易，不忍弃置，乃复写成册。"这部《无为旧闻琐话》约10万字，分上下册，共148则。邢老师在撰稿中，探访了不少民间人士，还查阅了很多资料，其中有《纲鉴易知录》《中国古今地名大辞典》《宋史》《后汉书》《书经》《安徽文史资料》《无为州志》等。邢老师逝世十年后，在无为县政协支持下，《无为旧闻琐话》付梓、面市。

邢老师总是自策自律地拼命工作，寒暑假、其他节假日、健康和精力、生活和收入，一概交给了事业。1951年，刚进初师任教时，三十来岁的邢老师孑然一身，后来他身边有了一个十来岁的小男孩。这是因为邢老师年轻丧妻，抱了乡下外甥做养子。看到他衣食过于简单，同事建议他再娶，以便照料生活。他似乎久有所思，随口便说："不找那个麻烦了。"清寂的日月与卓越的工作，亦如他在诗作中所言：

殚精竭力为良师，愿作春蚕吐尽丝；

满苑花开堪自慰，苦辛何必让人知。

邢老师有一个桃李遍天下的壮丽人生。就我们这个一百多万人口的大县来说，邢容钦真是当之无愧的一代名师。

郑养法

王惠舟

郑养法（1939—2003），无城文景社区人。他是新中国成立以来，无为县第一位安徽省书法家协会理事、中国教育学会书法教育研究会会员、安徽省书法教育研究会常务理事和安徽省首届学生书法展览评奖委员会委员，也是第一位在师范教育中把书法教育引入课堂的人，

郑养法

其书法艺术被众多年轻学子研习和传承。他的书法作品多次在省内外参展（参评）获奖，并被载入《中国书画家》《中国艺术人才书画作品展》《楹联书法大观》《全国中原杯书画名家作品选》等大型书画作品专著。

20世纪40年代，郑养法读私塾，从老师的教诲中知道：练毛笔字，一定要从正楷入手。他描红三载，临摹数年，打好了基础，写得一手漂亮的楷书。他说楷书笔法要求严格，结体方正端庄，既有实用价值，又有艺术价值。经过长期磨炼，郑养法的楷书已经有了坚实的基础，随后向行书方面进取，书法艺术跃上新台阶。

1956年暑假，郑养法邀我陪他到县图书馆"捶帖"。一天早饭后，他交给我一卷宣纸，自己拎个放满什物的竹篮，我们按计划出发。到了图书馆，

七

无城精英

见过几位管理人员后，我们走进嵌砌着100多通古代名家书法碑刻的回廊，来到一通半人高的碑刻前，放下物件，摆开摊子。作业开始，他熟练地先用清水把石碑洗擦干净，再从上到下用湿毛巾给碑石润上一层清水。随即叫我取出一张宣纸，我俩小心翼翼地牵着纸角，平平正正地抻蒙在石碑上。只见他又用一个比巴掌大一点的圆形白色布包，轻轻地却有力度地向纸面"抵"去，从左到右，先上后下，一排挨一排，一点连一点地"抵"着。很快我发现"抵"过的地方，宣纸向字的阴文处凹进去，碑文字迹若隐若现。接下来，他向又圆又大的砚台里倒入墨汁，再拿出一根大半尺长、直径有两寸的白布卷筒，均匀地蘸上墨汁，向"抵"着宣纸的石碑既轻又快地抹去，由上而下，一次到位，不再重复。抹墨结束，整块碑上的文字，也就印到了宣纸上了，黑底白字，十分清晰。初试即成，我们非常高兴。

郑养法把一幅捶完，边做着"抵"的动作边告诉我："这就叫捶，也叫拓。拓下来的纸页叫拓片。"我们用两天半时间，在图书馆获得了数十幅捶帖拓片。

在捶帖过程中，轮到谁的碑刻，他都能三言两语道个子丑寅卯。捶宋徽宗的《唐十八大学士》时，他说这位皇帝独创了"瘦金体"。捶董其昌的名联"小楼刻烛听春雨，白昼垂帘看落花"时，他告诉我，董其昌是明朝大书法家，很多后人都以他为师，学习他的书法。在一通草书碑刻前，他摸着那重笔之后如丝如筋、虚实相间、灵动飞跃的笔画对我说，这叫"飞白"，是汉朝蔡伯喈首创。当然，他说得最多的是米芾。这些都说明，郑养法学习书法已有毕生的志向。

这次捶帖，是郑养法学习书法历程中里程碑式的一举。他曾把捶得的"宝贝"，带到华东师范大学给老师看。那位教授面对中国书法史上的大家米芾、黄庭坚、赵孟頫、唐寅、董其昌等人涵盖真、草、隶、篆各种书体和文、赋、联、诗各类体裁的杰作赞不绝口，更惊叹于一个普通县城竟然拥有这么多古代书法名家碑刻珍品。教授勉励郑养法，一定要刻苦向大师们好好学习。

在很长的时间里，郑养法对捶得的大家墨宝，一直潜心阅读，深刻领悟，不分寒暑地揣摩临写、消化吸收，几近痴迷。其态度之严谨和坚毅，实为鲜见。

郑养法经过长期的锐意追求，逐渐形成了自己的书法风格。他的楷书，深得大家真传。《中国书画家》一书所载郑养法小传云："他的楷书，学的是柳公权和董其昌，并师从书法家、华东师范大学教授叶百丰先生。"郑养法的楷书作品，真真切切与柳、董的笔法、构架、气韵有相似之处，其如一介书生，高雅端庄，清纯遒丽，同时又蕴含着一种爽朗宜人的气质，为众人所喜爱。郑养法的行书师法二王，其特点是：以学习羲之父子为核心，前取楷书之功力，后延草书之神韵，结体雅致灵动，柔中有刚，俊逸潇洒，形气和谐，耐读耐评。其成篇作品，无论字数多少，总是心照全局，下笔若定，重如千钧，轻似飘絮，或飞笔如流，或戛然而止，一气呵成，仪态华美。郑养法的楷书与行书自成风格，独树一帜。

郑养法20世纪60年代于华东师范大学毕业后，被分配到内蒙古公安厅政治部工作。他的同窗、夫人杨正方同行，并任教于内蒙古粮食学校。若干年后，郑养法和夫人由内蒙古调回家乡。他先任教于开城中学，后任县教育局人事股长、无为师范校长，其书法艺术影响愈来愈大。安徽省领导出访日本时，他的长幅小楷作品被当作礼品随行；无为籍台胞回乡省亲，以得到他的字为快，以致各类书法展览都事先向他"订字"。机关、学校写衔牌，工厂、商店写招牌，自己单位出专栏、写会衔和宣传标语，个人慕名而来请写条幅、求其写字作字帖等，他都有求必应。

郑养法因书法而辛劳，最繁忙的是每年腊月写春联。他几乎是送灶以后就"脱产加工"春联，为本单位同事写，为亲朋好友写，为社会上来人写，参加县书协组织的下乡写，为外地的好友写，实在是"提笔腊月二十三，一直写到吃年饭"。

我特别喜爱郑养法的字。早在20世纪60年代初，我的案头就张挂着他的楷书作品毛主席的《沁园春·雪》。我家春联肯定都请郑养法写，不凡的书法艺术触动着我的心弦。从1978年春节起，我每年都要收藏一副郑书春联。数年之后我对他说："待你七老八十时，我把收藏的对联再交还给你，办一个春联展，一定很有意义。"他很高兴地表示："哎哟哟，那太感谢了。"万万想不到郑养法过早故去，举办郑书春联展览成了无法弥补的

无城精英

遗憾。

郑养法把书法教育引进了课堂，在无为县师范教育中尚属首创，他对师范教育和培养书法人才作出了突出贡献。20世纪80年代初他任无为师范校长，同学们看到学校宣传栏张贴着郑养法书写的各项文字材料，就爱上了他的书法，很想向他学写字，于是郑养法开设起了书法课。

郑养法的书法课很受学生欢迎。他还指导学生写好粉笔字，组织学生参与各种书法展览和竞赛活动。他对学生说："做一个人民教师，要面对无数学生，写好字是很重要的，字如其人，好的字就是给学生做出了好的榜样。"

得益于郑养法的教育培养，无为县书法界涌现了一批成功人士。他们或是中国书法家协会会员，或是安徽省书法家协会会员，在各类书法赛事中频频获奖。

郑养法数十年对书法倾力、倾心，与其谦和、正直、高尚的人品相融，终于成为矗立笔峰墨海的书法家。

2003年10月10日，郑养法因病溘然长逝，亲友、学生和各界人士都深感悲痛。著名书法家丁以任深情地写道：

驰骋书坛四十年，兰序妙境入机玄。

瘗碑处处人何在，德艺双馨满大千。

2011年，在无为县人大、县委宣传部主要负责同志的重视和支持下，我和倪胜编辑的《郑养法书法作品选集》出版，受到各方面的欢迎和珍藏。20多年过去了，郑养法的墨迹如今在街面、厅堂依然可见，依然是人们的至爱，有心人依然在寻觅着流散于社会上的郑书，而网络世界中有关郑书的交流更显骄人的价值。

绣溪地灵，濡须人杰，无为古老而年轻的历史长卷因此而壮美和璀璨。郑养法卓越的书法艺术，理所当然地在其中闪耀着光彩。

古韵芝城

郑养法书法作品

无城精英

刘正国

王惠舟

刘正国，无城花荫塘人。1982 年暑假，刘正国以优异成绩从安徽师范大学音乐系笛子专业毕业，他被分配到安徽省艺术研究所，从事民间音乐调研整理和音乐集成理论工作。在此期间，他参与编写了《中国戏剧音乐集成·安徽卷》《安徽文化史》，创作了多首笛子独奏曲和歌曲。他首创了中国竹笛"咔奏双声"新技法，使竹笛演奏的表现力大大提升，此法至今仍是海内独有。

刘正国

他曾去安徽师范大学看望恩师洪安宁教授，学习并掌握了民间吹管乐器"筹"少见的"斜吹"技法。后来，刘正国竟创造性地卷起一个小纸筒，一手持纸筒放在唇边呈 45° 角斜吹，另一只手在纸筒下端控制气流，吹奏出动听的乐曲，妙不可言。他称此创为"空管吹律"，后来受到国内外听众的极力称赞。

1986 年 5 月—1987 年 6 月，中国音乐考古界发生了一件震惊世界音乐界的大事：在河南省舞阳县贾湖村，发掘出 20 多支用鹤类尺骨制成的两端通的骨管吹器。管身开有 4~8 个不等的音孔，还有两支管身无孔。其精美规范的制作，已属完全意义上的乐器形态。经测定，它们是距今 8000 多年的文物。经吹奏测音分析，近乎七声音阶齐备。这个重大发现，将人类音乐音阶的形成年代，前移了数千年。音乐界和史学家为它冠名：贾湖骨笛。

刘正国研究认为，有关"笛"的记载，最早只可以追溯到两千年前的汉代，是两端闭塞，管身有吹孔、膜孔和音孔的竹质单管横吹乐器。但是贾湖骨管是两端皆通的中空骨质乐管，管身根本没有吹孔与膜孔，而且只能在管端斜吹，这就与笛在形制上大有区别。贾湖骨管，绝不是"笛"！刘正国对"骨笛"之名不敢苟同，决心要给这些宝贝，确定一个合理的名分，甚至唤醒它们的生命。经过艰辛的研究，刘正国断言：如此显赫数千年的吹管乐器非龠莫属。因为龠一直以顽强的生命力，生活在民间，以至八千年未泯。贾湖古骨管，"龠"理所当然是它的名称，刘正国成为现代中国真正读懂龠的第一人。

刘正国赴河南目睹了那批古骨龠，他仔细审视之后，肯定这些无音孔骨龠，是随葬品中的极品，是可以演奏的乐器。刘正国用斜吹技法，吹奏的音响令人惊喜，音域、音阶乃至音色，都地道极了。刘正国成为唤醒八千年前古龠生命的中国第一人。

刘正国把古龠考古研究成果写成论文，又根据古龠原理，发明了九孔龠。古龠新生了，被音乐界称为国乐吹管绝无仅有的新声源。

1995 年 8 月，刘正国带着两件在我国民族音乐史上划时代的作品进京：一是论文《笛乎 筹乎 龠乎——为贾湖遗址出土的骨质斜吹乐管考名》；二是他创制的"九孔龠"。

在中国音乐家协会音乐研究所主办的权威刊物《音乐研究》编辑部，刘正国的论文颇受青睐并予发表。两年后，他的"九孔龠"，获得了国家专利证书。同时，他受邀担任国家"七五"重点研究项目《中国音乐文物大系》总编辑部副主任直至圆满完成任务。

刘正国的《笛乎 筹乎 龠乎——为贾湖遗址出土的骨质斜吹乐管考名》论文一经发表，中国音乐学院、中央音乐学院、上海音乐学院、天津音乐学院、澳门理工学院艺术高等学校、安徽师范大学音乐学院等，先后邀请刘正国给相关专业师生作骨龠考古研究学术讲座和九孔龠独奏表演，反响热烈。

1998 年 8 月，刘正国的《笛乎 筹乎 龠乎——为贾湖遗址出土的骨质斜吹乐管考名》论文，荣获安徽省社会科学优秀成果奖。

无城精英

405

2001 年 5 月 30 日，安徽省文联等单位，联合举办刘正国古龠演奏会。担任节目主讲的时白林先生激动地说："古龠重辉来之不易啊，这是我们安徽的骄傲。"

香港中乐团于 2000 年 7 月致函刘正国："决定于 2001 年 2 月 23、24 日在香港大会堂音乐厅举办的古管乐器——龠为主题的音乐会'回响八千年'，诚邀您担任客席独奏。"刘正国如期到达，把古龠文化首次展现于香港舞台。他的绝活"空管吹律"更让人大为惊叹，全场轰动。香港 TVB（电视台），就骨龠考古等一系列专题，为刘正国拍摄了题为《在淹没的边缘》专题片。

2001 年 7 月 23 日，刘正国应邀前往中国科学技术大学，对师生赴河南贾湖村现场考古发掘刚出土的骨龠，进行实物测音采样吹奏。采录音响近百分钟，揭示了贾湖骨龠实际存在的音阶、音响奥妙及音乐表现的奇特性能，成为国内古龠考古唯一实器乐曲吹奏的有声档案。

2003 年，刘正国作为引进人才调入上海师范大学音乐学院任教。他对龠继续作深入研究，写出了一批有分量的论文。其中有：

《贾湖遗址二批出土的骨龠测音采样吹奏报告》（中科大古龠测音采样总结），荣获 2008 年上海市第九届哲学社会科学优秀成果奖一等奖，这是上海音乐界首次获此殊荣。

《论当代辞书史著对"龠"的错误定说》，被评为 2010 年上海市第十届哲学社会科学优秀成果奖三等奖。

《"樂"之本义与祖灵（葫芦）崇拜》，2012 年获得上海市第十一届哲学社会科学优秀成果奖二等奖。如此连续三届获上海市政府大奖，在上海高等音乐院校和音乐艺术界亦为仅见。

刘正国所创"空管吹律"，在 2009 年上海市科技节开幕式上现场表演。所有人都被惊得瞠目结舌，掌声四起。在场的上海市负责同志决定：邀请刘正国到世博会上展示。在这一年上海市总工会评定的首批 8 项全市职工岗位绝技绝招中，刘正国的"空管吹律"名列榜首。

随之，刘正国的古龠研究进入了国家层面的科研计划，他先后承担文化部科技项目"中国古龠乐器研究与开发"、教育部人文社科项目"中国上古乐史综论"等。他的《中国古龠考论》一书获第八届高校科学研究优秀成果奖二等奖。中央电视台戏曲·音乐部为刘正国拍摄《找寻失落的文化——龠》专题节目，特邀刘正国参加节目拍摄。

六孔竹笛，已有2000多岁高龄，广受喜爱，但是它音域窄，不能达到三个八度，没有半音，表现力很受限制。刘正国对"六孔笛"的改制终于成功。他把"六孔笛"的音孔增加到七个，让一向闲着的末位小指头也参与演奏，再把原有的四个出音孔都去掉，其他不变。刘正国"七孔笛"首演非常成功，得到专家、演奏家一致好评。

著名制笛大师周林先生在《一孔越千年——听刘正国"七孔笛"首演音乐会有感》一文中，由衷地赞叹："中国笛类乐器发展至今，用了九千多年的光阴，才铸成了今天的'六孔笛'。刘氏'七孔笛'的发明，将中国笛的发展向前超越了一千五百年，真是一孔越千年啊！"他预言："七孔笛将会在今后漫长的时空里受到越来越多的人喜爱，发出越来越嘹亮的充满艺术魅力的声响。"

刘正国对古龠卓越的研究成果走向了世界。他应邀出访，先后赴日本、瑞士、韩国、美国、意大利、斯洛文尼亚、克罗地亚等国家作古龠考古讲学和独奏表演。他每到一处，在当地的音乐界都引起了惊叹和震动。瑞士听众这样感叹："中国的经济腾飞我们已经有所了解，而你们的音乐使我们进一步认识到，具有数千年古老渊源的中国音乐文化更值得西方人关注。"

2012年11月9日，刘正国回到故乡无城，向家乡亲人作汇报演出。海报一出，全城轰动，一票难求。此时的刘正国已经是上海师范大学音乐学院二级教授和硕士生导师、国家一级演奏员、作曲家、音乐理论家、音乐史学家、教育部学位中心学科评估专家。

刘正国组织了高水平的助演队伍，全场共演出15个节目，古龠、九孔龠、埙、七孔笛悉数亮相，一曲终了，总是掌声四起，尤其是他的"空管吹律"表演，更引得人们连连惊叹，演出盛况，无城少见。精彩的演出，让故乡人看到了刘正国在音乐之路上执着追求的赤子之心，为国家作出的宝贵贡献，为故乡争取的巨大荣誉。

宣益民

林群青　连文磊

　　宣益民教授，1956年9月，出生于无城镇东门，工程热物理学家，中国科学院院士，南京航空航天大学教授、博士生导师。1982年1月，宣益民毕业于哈尔滨船舶工程学院（现哈尔滨工程大学），获学士学位；1984年9月，毕业于南京工学院（现东南大学），获硕士学位；1991年10月，毕业于德国汉堡国防大学，获博士学位，并继续在该校从事博士后工作；1993年2月，回国工作。宣益民曾多次以客座教授和高级访问学者的身份，赴德国汉堡国防大学、美国普渡大学、日本九州大学，讲学及开展合作研究。1998年9月，宣益民任南京理工大学党委常委、副校长。2010年9月，任南京航空航天大学党委常委、副校长。

　　宣益民教授，治学严谨、潜心钻研、勇于创新、悉心教书育人。他曾长期从事能量高效传递、储存、转化、利用和控制方面的科学研究和人才培养工作，取得了系列原创性成果并培养了一大批能源科学技术和工程热物理专业人才，为我国系统热管理与控制技术的进步、"碳中和"事业发展和学科发展作出了突出贡献。宣益民教授曾获2010年度国家自然科学二等奖1项，2016年度何梁何利基金科学与技术进步奖，2019年度江苏省基础研究重大贡献奖，江苏省五一劳动奖章。

王传福

赵同峰

王传福，比亚迪股份有限公司董事长兼总裁。1966 年 2 月，出生于无城镇一户普通农民家庭。13 岁小学毕业时，父亲不幸离世，本来家中人口多，生活贫困，加上家中顶梁柱倒了，生活更是雪上加霜。哥哥姐姐们为王传福倾注全力，他们纷纷表示：就是砸锅卖铁，也要竭尽全力供弟弟读书，让他成为对社会有用之人。

王传福

王传福从小学习刻苦，天资聪颖，理想远大，1983 年考入湖南长沙中南工业大学（现中南大学）冶金物理化学专业。1987 年 7 月，21 岁大学毕业后进入北京有色金属研究总院攻读硕士。1990 年硕士研究生毕业后留院工作。因业绩突出，在工作期间，王传福被破格提拔为该室副主任，主持工作。

1993 年，北京有色金属研究总院在深圳市成立比格电池有限公司，王传福被委以重任，担任该公司总经理。他在工作中发现，一块充电电池，成本极低，却能卖到数百元，利润极高，远远超出想象。那时国内还没有二次充电电池独立知识产权，都是购买海外电池组装。企业没有核心技术，永远只能被别人牵着鼻子走。王传福经过广泛调查，深思熟虑，作出了常人不敢想

无城精英

象的决定——辞去比格电池有限公司的职务，自己创业。

1995 年，王传福在深圳布吉创办比亚迪，比亚迪的英文全称为"Build Your Dreams"，意为"成就梦想"。

创业艰辛，难如登天。当时生产电池的内行人不多，王传福花重金聘请电池方面的专家指导工作。他与工人一样，经常下车间，参加电池生产。小作坊式的工厂，有辅助、卷绕、化成、装配、检测、包装等六个车间，主要生产镍镉电池。设备十分简陋，每日生产电池不到 3000 支。没有食堂，一楼几十平方米厂房的后面，有个狭窄的走廊，凑合着当厨房。没有专门负责做饭的人，领导与工人谁能抽出时间，谁就负责做饭。吃饭没有桌椅，就蹲在走廊里吃。宿舍没有自来水，就用水桶抬水。当时工人休息的地方没有床，就用破损的铁皮架子和破床垫拼在一起将就着用，所有人挤在一起，一字排开，脚挨着地。王传福曾经感慨："说实在的，我剩下的仅仅是过剩的精力和创业的勇气。"

20 世纪 90 年代的中国市场，产品价格竞争激烈，回笼资金特别难。1994 年 11 月，比亚迪接到第一笔来自土耳其的订单，订购 5 万支电池，王传福喜出望外，公司领导与所有员工全部下车间生产，王传福加班加点，在合同的约定时间内保质保量地完成了订单。

1995 年 2 月，王传福向表哥吕向阳（现比亚迪副董事长）借了 250 万元，正式注册比亚迪实业有限公司（现比亚迪股份有限公司）。同年 9 月，公司从布吉迁到同乐政华第六科技城，扩大成两栋楼房，面积达 8000 平方米，更名为深圳市比亚迪电池实业有限公司，员工达 300 余人。

王传福积极参加海外的电子与通信展，拓宽眼界，销售产品。1997 年 1 月，比亚迪公司参加了美国 CES（消费电子）展，同年，参加莫斯科通信展，中国内地只有比亚迪与华为两家公司参展。海外对中国这类产品了解很少，为了说清楚产地，比亚迪在展台插上中国国旗。1997 年 8 月，比亚迪锂离子电池开始量产。

1998 年 12 月，经过不懈努力，王传福在荷兰鹿特丹成立了第一个海外（欧洲）分公司。王传福主要通过展会、杂志和网络联系客户。每次展会上，王传福都会带着产品目录，一个个摊位向采购经理介绍比亚迪电池。当察觉到对方有购买的兴趣时，他会向对方发传真，或用其他方法联系对方争取达成合作。1999年2月，比亚迪香港分公司成立，同年11月，美国分公司诞生。短短的5年时间，比亚迪海外市场的拓展取得重大突破。

1999年11月23日，比亚迪在深圳葵涌正式落户，斥巨资开始建立起自己的第一个现代化工业园——葵涌工业园。2000年起，比亚迪告别了租赁厂房的历史，建设更加专业的生产线，进行更加体系化的生产、供应和配套服务。

2000年9月，比亚迪成为摩托罗拉第一个中国锂离子电池供应商。经过奋斗，比亚迪在无绳电话镍电池、电动工具、应急灯三大领域占据了绝大部分市场份额，并在无绳电话镍电池领域做到了全球第一，占据全球无绳电话市场约70%的份额。手机领域的客户包括摩托罗拉、爱立信、京瓷、飞利浦等国际通信业巨头，而无绳电话用户包括伟易达、松下、新利等行业领导者，比亚迪一跃而成为三洋之后全球第二大电池供应商，占据了近15%的全球市场。

2002年7月，比亚迪成为诺基亚第一个中国锂离子电池供应商。7月31日，比亚迪在香港主板如期上市。出乎意料，比亚迪被全球权威刊物《亚洲货币》（*Asia Money*）和《财资》（*The Asset*）评为"2002年最佳新上市公司管理奖"第一名和"2002年最佳中型企业上市集资项目"。

上市后，比亚迪的社会知名度大幅提升，有了充裕的发展资本。当时，中国汽车市场"井喷"，王传福审时度势，于2003年1月跨界进入汽车领域。

2005年9月，首款比亚迪品牌汽车F3上市，是中国品牌首次跨入"万辆俱乐部"的车型。2008年12月，全球首款不依赖专业充电站的双模电动车F3DM上市，率先实现电动汽车商业化。2009年7月，比亚迪进入新能源客车行业；2009年11月，进入电动叉车行业；2010年5月，全球首批纯电动出租车E6在深圳投放市场；2010年9月，比亚迪K9纯电动客车下线。2016年10月，云轨全球首发，比亚迪正式进军轨道交通行业；2017年9月，全球首条商业化运营云轨线路在银川通车；2019年1月，全球首条云巴线路运营；2019年6月，比亚迪全球设计中心落成；2019年12月，弗迪模具有限公司、弗迪动力有限公司、弗迪电池有限公司、弗迪视觉有限公司、弗迪科技有限公司成立；2020年3月，比亚迪与丰田成立合资公司——比亚迪丰田电动车科技有限公司。

2022年，比亚迪无为新能源汽车零部件产业项目，在无为市开工建设，总投资125亿元，分别建设新能源乘用车零部件、电池零部件生产基地。比亚迪电池，前五期共投资200亿元。云轨钢构厂投资20亿元，马口河地块第六期占地2500亩，投资160亿元。投资巨大，王传福以拳拳盛意，回报家乡，为无为经济腾飞作出重大贡献。

八

无城巡礼

博爱满金河——金河社区

耿松林

　　从 1998 年起，地势高峻的原无城西北地带，掀起了新城建设的高潮。到 2003 年 8 月，在檀树和城北两村的原址上，一个成熟的城市社区形成了。因所在地东南为美丽的环城河景区，河边又有由金家滩自然村建设而成的大型小区——金河小区，故取名为"金河社区"。

　　金河社区位于城区西部，东起滨河路、状元桥，南到环城北路无城至开城路口，西沿巢湖至无城路两侧，北达金塔路。面积 2.1 平方公里，下辖 26 个网格，58 个小区，总人口 1.8 万人。辖区内拥有市政府、镇政府、市公安局、市人民法院、市人民检察院、市税务局等 58 个机关事业单位，是全市全镇的"心脏"。先后荣获安徽省文明单位、安徽省文明社区、芜湖市文明社区、芜湖市先进单位、无为市文明社区、无为市先进党支部等荣誉称号。

　　坐落在本社区的无为济民医院创建于 2003 年 2 月，是全省首批成立的民办非营利性医疗机构之一。经过 20 余年的发展，医院逐渐发展成为一所集医疗、预防、保健、康复、教学和急救为一体的二级甲等综合医院。2017 年，荣获"全国诚信民营医院"称号。2019 年，成为合肥职业技术学院医学院教学医院，也是芜湖市残联儿童脑瘫、智障等康复定点医疗机构。

　　状元桥是标志性建筑，与新城同步崛起，落成于新千禧年，是一座现代化的九孔实腹式拱桥。南端骑于宋元城垣，北端飞落新区"二环"，全长

339米。两侧栏杆镶嵌着青石雕刻，装饰28杆豪华桥灯，彩虹般横跨古城河之上。因为无为历史上曾出过两名状元——焦蹈、邢宽，所以人们有着极深的"状元情结"。每年中高考前夕，莘莘学子都不约而同地走过状元桥，期盼金榜题名。

热闹的状元桥

环城河景区是社区一大特色，古老的环城河在全省乃至全国都较罕见。社区四面环水，由大小七座桥连接，人称"河在城中游，城在水上漂"。安澜桥、状元桥、景福桥雄踞河上，人们依水而居，怡然自得。都市花园段，是整个环城河边香樟树最茂密的地段，树龄都在十年以上。花开时节，香气弥漫，让人流连忘返。

复核：邹志勇

同心奔美梦——同心社区

李光明

　　同心社区位于无城镇西北部，新力大道、巢无路、金塔路、凤河北路环绕四周，市场监督管理局、财政局、住房公积金无为管理部、融媒体中心、数据资源管理局、住建局、烟草局入驻其中，安徽新科电缆、龙联智能等多家企业在社区经营发展。2008年，在无城大规划时期，同心社区应运而生。因社区居委会位于同心小区旁，故取名为"同心社区"。同心社区辖区面积2.2平方公里，辖御景苑、秀水、同心、御龙湾、书香华府、学府春天、都市经典等小区。华星学校知名度的提升和无为三中城北分校的建成，让同心社区的人气高涨。随着城区的不断发展和拆迁户陆续回迁入住，同心社区总人口达5万人。

　　十多年来，同心社区在上级党委政府和社会各界的关怀与支持下，秉承爱国、守法、诚信、敬业的理念，以打造和谐、稳定、绿色、安居的社区为目标，以提高干部职工素质为重点，以岗位创优为着力点，严格执行"同心六分钟"制度，真心联系群众、真情排忧解难、真诚问计询策，被作为提升基层效能作风建设典型，写入市政府工作报告，在全市得到推广。

　　同心社区始终重视统筹推进党建引领下的社区各项重点工作，使为民服务的速度和效率明显提高，较好地完成了党委政府交办的各项工作任务，为维护一方稳定，赢得一方民心贡献了应有的力量。同心社区的社区办公楼及新时代文明实践站，配有党员活动中心、社区大课堂、文体活动中心、便民服务大厅、城市生活e站、农家书屋、电子阅览室、翰墨轩、演艺坊、童趣苑、家庭发展服务中心、健康教育促进中心、生育关怀指导中心、怡情话吧、志愿者活动室、科技馆等，设施齐全，环境温馨雅致，受到广大居民的喜爱和称赞。同心社区居委会门口的道路两旁，矗立着两排梧桐树，是一道独特的风景线。一色的梧桐树像威武的哨兵站在道路两旁，守卫着社区。

亮丽的梧桐树

在未来的日子里，同心社区工作人员将以更加饱满的热情投身社区建设，以更加亲和的态度做好服务工作。

复核：张浩

古韵芝城

418

五彩的滨湖——滨湖社区

耿松林

　　滨湖社区成立于2008年1月，位于无城镇西北，辖区面积1.6平方公里，共有28个居民小区，划分17个网格，常住人口1.5万人。

　　滨湖社区以五彩滨湖党建品牌为核心，创建"135"工作法，通过推进"红网微格"组织体系，打造"家门口党课""九到家""三单行动"等特色亮点，建立"夜访夜谈"话家常机制、书记周轮值"当家"制度，塑造滨湖议事会系列品牌——水景怡和花园三方微治理、滨河小区红邻党群服务站、香榭丽苑居民驿站等，以高质量党建引领高质量基层治理，奋力谱写和谐幸福的"五彩滨湖"新篇章。滨湖社区先后获得全省综合减灾示范社区、省级儿童之家示范点、芜湖市先进党组织、芜湖市文明社区等荣誉称号。社区党建工作入选了芜湖市城市领域基层党建工作"领航"计划"1311"工程示范库。

　　滨湖社区是无城镇科教新重地。社区的历史虽不长，但文化教育单位较多，包括无为市教育局、文旅体局、文联等多家政务单位，以及无为二中、滨湖小学等。无为二中原名无为二初中，创建于1958年。1974年，在现址重建，占地115亩，现有教职员工288人，其中特级教师1人，高级教师99人。有69个教学班，近4000名学生。培养出王传福等一大批知名校友，一批批体艺特长人才。滨湖小学建成于2005年，占地面积2万平方米，现有

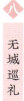

419

1—6年级共48个教学班，在校学生3100余人，在职教师101人，其中高级教师10人。

安徽省无为第二中学

　　滨湖社区还是氤氲书香墨韵的文化高地，坚持以文化人，打造总面积为3200平方米的社区文化综合体，开设书法、绘画公益课，举办特色讲座，推动中华优秀传统文化进社区。辖区内的无为市青少年活动中心，直属市教育局管理，专事少儿科普、体育、艺术、社会实践等公益性校外教育活动。无为市图书馆，2013年迁至滨湖社区境内新力大道与滨河北路交叉口东南侧，2023年被文化和旅游部评定为"一级图书馆"。

复核：罗萍

国企摇篮地——泰山社区

李光明

    泰山社区位于无城镇东北部，辖区面积1.4平方公里，共有20多个居民小区。相传古时候无城境内小丘，冠名为山，而此一带小丘最高，故名"泰山头"。2003年7月，根据城市发展需要，调整无城区划，增设4个社区，将泰山头一带冠名为"泰山社区"。

    泰山社区的历史可追溯到宋朝，人文荟萃。这里有一口洗脚塘，水清澈，鱼翔浅底，翠柳婆娑。相传无为人王蔺，宋淳熙年间，有女册封为贵妃。回乡省亲时，因道路泥泞，轿夫闪跌，凤轿倾斜。王贵妃双脚落地，绣花鞋沾满烂泥。于是由宫女搀扶，在路边池塘擦拭干净，因称之为洗脚塘。

    有华林桥，据史料记载，始建于明初。元至正二十三年（1363），被委任为无为知州的夏君祥筑城，开挖护城壕堑，引华林河水灌之，方有护城河并建桥。仓埠门位于华林桥外，为全城物资交易与货运仓储的重要场所。舟帆轻卷泊柳岸，车辚马萧市如潮。1930年5月1日，中共无为县委创办机关报《红旗报》，地址在泰山社区凤河信用社对面的原魏家祠堂。

    泰山社区是无为原国有企业集中区域，曾是无为国企的摇篮。最大的国营纺织厂——无为纺织厂，1958年上海一家规模为15000枚纱锭300台织布机的纺织厂内迁无为县，次年与县芝华针织厂合并为无为纺织厂，职工最多的时候达5000人。无为第一家国营齿轮厂——无为齿轮厂，1977年由县农机厂改名而成。无为第一家国营电机厂——无为电机厂，1969年生产1.5kW电动机，1988年生产85000 kW电动机，是省机械厅定点生产厂家。无为最大国营肉联厂——无为肉联厂，1980年前后更名为肉类禽蛋联合加工厂。无为第一家国营制药厂——无为制药厂，1970年创建投产，初期只生产大输液和四环素两个产品，到1984年发展到有两条大输液生产线，日产万瓶大输液。其5%、10%葡萄糖注射液和葡萄糖氯化钠注射液，在1983年评比和1987年复评中均获安徽省优秀产品称号。

坝埂头法治文化公园法治长廊

复核：夏宝莲

古迹秀景观——城东社区

童毅之　邢朝庆

　　城东社区位于无城镇东门大桥外，东至王福渡大桥，西至东门大桥，南至翡翠湖，北至三河口官圩。辖区面积2.5平方公里，共有10个规范化小区，24个网格，现有总人口约1.3万人。原为王福村，因东门外大街逐渐形成，居民不断增多，于2003年7月成立城东社区，因地处无城的东面而得名。

城东社区委员会

改革开放前，东门大桥外路面仅有4米宽，铺设砂石，坑坑洼洼，路两边为低矮破旧的小屋。2014年，新建的东门外大街宽24米，双向6车道，沥青路面，中间建有护栏，极大地方便了人们的出行。

城东社区最为突出的特点是拥有众多的古迹。

东津桥，位于城东环城河上，原为三孔石桥，长29.3米，宽9.4米，由石条垒砌而成，造型古朴，工艺精湛。1949年1月，解放军渡江部队的炮兵由此桥通过，抵达泥汉江岸。

通济桥，横跨环城河，西连老城北大街和一环路，东接城中新区和二环路，将新老城融为一体。

历史上，无为小东门外建有通济桥，原桥早已不复存在。2012年重建新通济桥，是无城环城河景观规划"七园九桥"中的一座，主桥两侧栏杆镶嵌着青石雕刻、装饰有豪华桥灯。

湿地公园，位于锁埠北路环城河边，依水而建。为实现环城河水的自然循环，路面纵横交错，建有众多的石拱桥、木头桥、凉亭。园内种植各种景观树木、花草，空气清新，是居民休闲放松的好去处。湿地公园与通济桥交相辉映，是夜晚环城河上一道亮丽的风景线。

桥头公园，坐落于长江路与东门外大街东南交汇处，总面积约60169平方米，主要景点有双叶广场、儿童娱乐场、阳光花海、观景平台、银杏步道、景观大道等，是一个集休闲、娱乐、观光为一体的综合性公园，是广大居民的又一处休闲场所，更是无城的一处地标性景观。

复核：蒋昌锁

雅韵萦文化——太平社区

汪大木

　　太平社区位于无城镇东北部，名称源自辖区内的太平巷，无城最早的13巷之一，寓意天下太平。1952年1月，无城镇增设太平管理区。1961年10月成立太平居委会，1968年更名为大庆居委会。1982年恢复太平管理区，2003年7月更名为太平社区。占地面积0.95平方公里，有23个居民小区，住户3920户，11566人。俗称"北门"的辖区内有"九街十八巷"之称的前新街、上新街和太平巷、谎陈巷、大猪集巷、观音堂巷、石婆婆巷等，有省级重点文物保护单位米公祠、千年古城墙、镇淮门、迎恩楼、迎恩桥、通济桥、老州衙、铁山塘等文化古迹，是无城文物、文化资源丰富的社区。有百年名校杏花泉小学、商业宝地"米芾广场"、高楼林立的华林府商业街、北城小学、金融一条街、原五交化公司、曾经的无为最高建筑"小东方明珠"电力大厦、中心菜市场，特色食品有燕记板鸭和杭记食品，等等。曾有仓埠门小轮码头，货船、客轮由此通往芜湖、巢湖等地。还有建于1959年的大江剧场、1979年的铁山影剧院，现皆不存。

　　太平社区走出的贤达卢庶（1912—1948），原名卢长庚，又名卢绍轩，仓埠门人。1927年大革命失败后，卢庶走上革命道路。1929年加入中国共产主义青年团，1931年考入安徽省安庆第一工业学校，1932年加入中国共产党，1938年赴延安鲁迅艺术学院学习。1946年创办山东土木工程学校，任副校长。1947年任中共河南省鄢陵县委组织部部长、县委委员。1948年4月5日，在转移阵地途中遭遇敌人，在突围中牺牲。其爱人王坤民等被俘不屈，被敌杀害。

米公祠墨池

太平社区走出的贤达林启骥（1907—1968），号寿苔，仓埠门人。1933年毕业于武汉大学中文系。1936年，在青阳县筹办省立陵阳简易师范学校（后改名省立池州师范学校），被任命为校长。1944年秋，调任省立十二中学（校址在泾县，后迁宣城）校长。1946年后，历任南京安徽中学教导主任、校长等职。1950年起，任江苏教育学院、南京教育学院中文系教师。

复核：卢勇

老城拂新风——皇武社区

汪大木

皇武社区，位于老城核心地段，名称源自古城隍庙、武岳庙。1940年，无城始设皇武等四镇。1970年前为东风居委会，1986年更名为皇武管理区，2003年7月更名为皇武社区。现占地面积0.4平方公里，住户4041户，8686人，划分为10个网格。党员241名，共建立5个网格支部，14个党小组。

皇武社区自古人烟稠密、市井繁华。东门外有水码头，外来物资由大东门、小东门、仓埠门运入城内。米市、草市、鹅市等街名沿用至今，可见昔日繁荣。十字街的无为饭店、一品轩、中和楼等餐饮老字号，丰富着无城的美食。城隍庙、黉门、讲书楼、钟鼓楼等，令人无限遐思。

这里有无为最早的书院——芝山书院，宋代建立，明万历间被毁。1927年8月中旬，无为最早的党组织——中共无为特别支部在无城米市街"刘魁记衣店"成立，直属中共安徽省临委领导，发展壮大后改为特别区委。

原无为县政府大楼、邮政大楼等坐落于辖区内；1961年大江电影院试映成功，成为省内第一家县级宽银幕电影院；1990年前后商业大厦在商界名噪一时；犁头尖，更有着久远的故事。现有新华书店、新百商厦、商之都、农商行、人民广场、犁头尖菜市场、银杏苑小区等。原鼓楼小学内的两株百年古银杏树老树新枝，见证着社区的历史发展。社区精心打造"鼓楼新风"服务品牌，成为提升社区服务民生质量的一张特色名片。

皇武社区党群服务中心

　　皇武社区走出的知名文艺评论家王淑明（1902—1986），原名王铸，家住后新街。新中国成立后，历任人民文学出版社中国现代文学编辑部主任，《光明日报》、《文学评论》（半月刊）主编，中宣部文艺处戏剧组组长，中国文联研究室主任，中国社科院文学研究所研究员等。三级残疾革命军人傅昌堂，1952年参加中国人民志愿军，在朝鲜战场与美军英勇作战负伤，失去右臂。1964年参加中国共产主义青年团第九次全国代表大会，1978年当选全国人大代表。1977年《安徽日报》《人民日报》刊登文章，报道其先进事迹。

　　　　　　　　　　　　　　　　　　　　　　　复核：黎晖

历史承厚重——五华社区

方小平

五华社区地处老城区的东南部，面积 1.2 平方公里，住户 4363 户，7400 余人。辖区内有农业银行、人寿保险公司、无为市文化馆、绣溪小学等企事业单位。曾获全国社会救助工作先进单位、安徽省百佳社区、安徽省人民调解工作先进集体、芜湖市文明社区、芜湖市综治先进单位、安徽省"五好"关工委等荣誉称号。

据老辈人介绍，很久以前，这里有五华山，山不见踪迹，而五华的名称一直沿用至今。

这里，市井繁华。向南有市供销社大楼、人寿保险公司、钟表店、刻字社、登沄宾馆、烟草公司、农业银行等，东面米市大街（东门大街）上有同心金店、老凤祥银楼、周大生和周六福珠宝店、颜记糖酒老店和晨光文具店等。米市二街，现已成为无城小吃一条街，早点、面馆、酒店有数十家之多，马玉虎板鸭店也在二街。

五华社区内著名景点绣溪，别名南池，又称锦绣溪、观震潮。绣溪公园原为清代显官曹颂虞的私家花园，号称双溪别墅。文峰阁，矗立湖边，在石拱桥旁，分上下两层，飞檐翘角，古色古香。

礼拜寺巷，位于辖区东北部，建于明代末年，距今已有 300 多年历史。

水上乐园，在环城东路河边。园内有网红秋千、大鲨鱼滑梯和 500 平方米的大游泳池。横筛子巷、直筛子巷和佘家巷，均在社区的东南面。千年古镇无城曾有"九街十八巷，三井对庙堂"之说。

五华社区致力于创新社区发展，提升居民的幸福指数，努力做到"八个满意"：办事质量满意，服务态度满意，矛盾调处满意，美化亮化满意，杂物清理满意，小广告清除满意，道路平整满意，下水道疏通满意。

五华社区党群众服务中心

五华社区未来一定是一个市场繁荣、环境美好、宜居宜业、和谐文明的美丽社区。

复核：钱广元

文卫济世功——文景社区

汪大木

无城镇西大街北侧旧有二状元祠，祠侧有文昌庙，街南实验中学内旧有文庙（古夫子庙），无为中学内旧有景福寺，因此取名"文景"。

1940年设无城区文景镇，1961年撤并，1968年恢复建制改称抗大居委会，1982年复称文景管理区（无城镇早期五个管理区之一），2003年7月更名为文景社区。文景社区曾获民政部双拥先进集体称号，是安徽省文明单位、芜湖市学雷锋活动示范点、无为市书香社区、先进基层党组织。社区"文景之春"志愿服务队，是无为市第一个获得省级志愿服务队称号的团队。

文景社区地处老城区西北片，南临无为商业繁华之地——西大街。过去焗坊较多，经营小鸡、小鸭等禽苗，从事建筑行业的人员也较多。现辖区约0.9平方公里，居民4464户，约1.3万人，设14个网格，是全市教育、医疗、商业中心，有无为中学、无为实验小学、无为老年大学、无为人民医院、隆兴超市及1000余家小型商户。人文古迹有二状元祠、文昌庙、景福寺、西寺塔、天王庙、徐家花园（今存徐庭瑶故居）。

环城河上有知名桥梁状元桥、安澜桥、景福桥，连接古今，人文气息萦绕。状元桥缘起毁于早年的二状元祠，是一座九孔实腹式拱桥。安澜桥名既是为了纪念民族英雄戴安澜，也饱含江河安然、天下太平之愿景。

　　20世纪五六十年代，春节期间麻石街常有社火节目表演。表演者身上画着五脏六腑等诸多图案，寓意祛病消灾。过去还经常举行舞龙、踩高跷等传统民俗表演。

西大街秋韵

　　安徽省无为中学，创办于1925年。先后历经无为县初级中学、无为县立中学、皖北区无为中学、兴无中学等历史阶段，校址几经变化。1970年11月恢复建制并定现名，现为"安徽省示范性普通高级中学"（2001）、安徽省第一所获得北京大学授予"高中校长实名推荐资格的县级中学"（2013）。

　　与共和国同龄的无为市人民医院，是集医疗、急救、预防、保健、康复、教研于一体的二级甲等综合医院，曾荣获省级文明单位、百姓放心医院等诸多荣誉称号。2020年新建成22层45000平方米的门诊住院大楼，进一步改善了就医环境。2021年启动创建"三级医院"工作，核定编制床位数将达到1200张。

复核：夏虎

绣溪映芝山——芝山社区

方小平

　　无城镇芝山社区成立于 2003 年 7 月 1 日，位于无城镇西南。东抵锦绣苑小区，西南沿一环路，北临西大街，总面积 1.1 平方公里，居民 3826 户，6465 人，下设 6 个小区党支部，党员 260 人。辖区内有长江河道管理局、实验中学、运管所、工商银行、农业银行、绣溪公园和烈士陵园等。

　　《纲鉴易知录》载，宋仁宗皇祐三年（1051）夏六月，"知无为军茹孝标献芝草，帝曰：'朕以丰年为瑞，贤臣为宝，草木之异焉足尚哉！'免孝标罪，而戒州郡勿复献。"这里讲的芝草是指紫芝，即灵芝。因此地盛产紫芝，后名为紫芝山，简称芝山。所产紫芝专事上贡，无城也叫作芝城。芝山在芝山社区境内，社区由此得名。

　　绣溪公园位于芝山社区的南面，溪水长流，风光似锦，名绣溪，又名锦绣溪。曾建有迎春楼、沂春亭、挹秀亭、文峰塔等。最有名的当数北宋大书画家米芾题写匾额的文昌阁，该地自古以来就是文人雅士流连忘返之所。洗心亭，距绣溪草堂不远，由革命烈士吕惠生建造。文印庵，位于绣溪公园南侧。静雅的院落，微风拂面，佛音阵阵，一派静雅祥和的气氛。黄泥湾，位于社区西南角，围绕"丁"字路而建，存有清朝时期的古民居。烈士陵园，坐落在环城南路。大门楼牌匾，由张恺帆题写"无为革命烈士陵园"几个遒劲大字。进门后，正中是革命烈士纪念碑，右边为新修建的无为市革命史迹

433

展览馆。纪念碑后长眠着 20 多位革命烈士，既有原皖中行署主任吕惠生烈士的墓，也有被周恩来称为"党外布尔什维克"的胡竺冰烈士的墓，还有新近建成的张恺帆先生的墓。整个陵园肃穆幽静，已成为芜湖市重要的爱国主义教育基地。

芝山社区

芝山社区先后获得第六届芜湖市文明社区、第六届芜湖市文明窗口、第六届无为市文明社区、第七届无为市文明社区、第九届芜湖市文明社区、2022 年度无为市平安社区、无城镇 2022 年度安全生产先进单位、无城镇2022 年度积案化解先进单位等荣誉称号，是一个宜居宜业的社区。

复核：魏修斌

魅力环城画——西苑社区

耿松林

2003年4月，无为县政府撤销无城镇原5个管理区的建制，在新老城区新设9个社区居民委员会，7月1日正式挂牌运行。其中，无城镇南环城河一带，即从南门大桥经南门大转盘，沿无襄路至江西桥，东北沿南环城河至无开路口，以当时最大的居民点西苑山庄为核心，命名为西苑社区。

西苑社区

辖区内一些工业企业，曾为无为经济社会发展作出过重要贡献。1958年民政部门在南门大桥外高家山（今融城绿景）办的福利窑厂，是无为县最早的建材企业，后演变成无为县建筑材料陶瓷厂。1979年转产电器陶瓷、日用陶瓷和卫生陶瓷，1984年批量生产釉面砖。从1986年起，连续三年利润突破百万元。该厂曾是国家中型企业、全省建材重点企业、省级先进企业。无为化肥厂，1970年筹建，1973年投产，曾极大地缓解了全县农用化肥供应不足的压力，为农业生产作出了贡献。无为棉织厂，1988年完成年工业产值204万元，年产棉布184万米。官镇羽绒厂（后更名为安徽鸿羽羽绒制品厂），位于江西桥北侧，与化肥厂相邻，1985年与上海申达羽绒制品公司联营，是安徽省畜产进出口公司出口产品定点厂之一，其产品畅销国内外。

西苑社区是环境优美、宜居宜业的幸福之苑。占地面积约1.2平方公里，近9000户居民，常住人口1.8万余人。党总支下辖5个支部，党员306名。辖区内有市水务投资有限公司、公路分局、邮政汽修厂、铂曼酒店等单位，有西苑山庄、月牙山庄、融城绿景、滨江竣景、桂花园等10多个居民小区，有融城绿景幼儿园、金苹果幼儿园及700多个商业网点。无为植物园作为环城公园的一部分，园内有公共绿地17万平方米，水面有21万平方米。如今的西苑社区，各居民小区绿树成荫，环境优美。邻里间和睦相处，互相帮助，文明礼貌，秩序井然。西苑社区也因此先后荣获无为市文明社区、芜湖市民主法治示范社区、安徽省健康卫生社区等荣誉称号。

复核：夏启立

扬时代特色——龙云社区

童毅之　邢朝庆

　　龙云社区成立于2014年5月，位于无城镇城南新城核心地带，东至王福路菜市场，南至军二路南门新汽车站，西至官沟，北至紫园和锁埂路，辖区面积约1平方公里。辖区内有东方家园、蓝鼎柏悦园、铂金园、观湖园、锦绣园、万湖山庄等8个居民小区，入住人口1万多人。辖区内主要有市中医院、三泰医院、市棚改办、市城投公司、市妇幼保健所、市婚姻登记处、市人力资源和社会保障局、市政管理处、城南新汽车站和南门公交车站等单位。

　　构建一站式社区服务体系，便民惠民。作为城南新区成立的首个社区，龙云社区承载着发展与宣传新区的重任，依据"空间布局更优化、功能配置更完备、环境氛围更温馨、活动载体更丰富、服务供给更贴心"的目标，建立了以新时代文明实践站、党员活动中心、退役军人服务站、妇女之家、青年之家、圆梦书吧、百姓健身房、老年食堂、综合服务大厅等为一体的一站式党群服务中心，不断深化社区服务标准化、规范化、便利化，始终把群众的利益放在首位，真正做到为群众办好事、让群众好办事。近年来，龙云社区先后获得芜湖市文明社区、无为市文明社区、2020年度无为市"三八"红旗集体、无城镇2022年度党风廉政建设先进单位、无城镇2022年度信访维稳"无访社区"等多项荣誉。

龙云社区党群服务中心

　　共建和谐社区，建设美好龙云。未来，龙云社区将坚持以党建为引领，改革创新、踔厉奋进，助推各项工作提质增效；强化社区服务体系建设，打造新型和谐社区，率领广大居民共同建设更加美好的龙云社区，共同追求更加美好的生活，共同创造更加美好的明天。

复核：王建松

党建树品牌——双桥社区

童毅之　邢朝庆

　　双桥社区位于城南新区，北至军二路，南至万厦璟府小区，东至长江路，西至大地农产品批发市场，辖区面积 2.6 平方公里，居民 26248 户，人口 39542 人。辖区小区有：蓝鼎清华园、翰林园、观澜园、万厦城市经典、新城经典、世纪经典、中俊理想城、碧桂园翡翠华府、翡翠公园、桥南新村、惠民园等。

双桥社区党群服务中心

无为市全民健身综合馆。位于渡江路与恺帆路交叉口，建筑面积1.86万平方米，包括篮球、羽毛球、乒乓球等运动设施。其中，二层是一个有1400个固定座位的篮球场，并可以随时调整为10个标准羽毛球场地，可承办省级篮球和羽毛球赛事，对加快推进体育强市建设具有重要意义。

城南公园。位于比亚迪大道以南、渡江路以东、恺帆路以北、长江路以西，占地面积为9.78公顷。主要由人工湖、人工岛屿构成，内建有大型喷泉、灯光塔、景观亭、亲水平台等设施，是一座集休闲、娱乐、健身为一体的大型公园。

水景公园。位于无城规划区东南片，总占地面积13.9万平方米，其中陆地面积7.6万平方米，水面面积6.3万平方米。内建有广场、亭廊、木栈道、亲水平台、平拱桥、驳岸、管理房、喷泉等设施。

无为市博物馆。位于幸福路与渡江路交叉口，共4层，总建筑面积约8575平方米。2023年10月1日建成开放，是一座展示无为传统文化和发展特色的历史艺术类综合博物馆。馆内现有文物藏品共约1000件（套），其中上展文物藏品468件（套）。

提升"双桥"服务亮点。丰富党建活动载体，通过设定岗位、公开承诺、设置党建示范岗、在职党员进社区、志愿者服务等活动，积极发挥社区党组织、党员、共建单位、居民的能力和作用，进一步提升连心桥和惠民桥的"双桥"社区服务亮点。

打造"五心"党建品牌。社区以交流学习滋人心、深入群众聚人心、治理环境亲人心、文化活动乐人心、关注民生暖人心为抓手，调动辖区单位、居民的参与积极性，共同推进党建工作的高效开展。

推进"五心"惠民工程。社区坚持"以人为本、服务居民"的理念，从身边的小事做起，从服务百姓的点滴做起，热情为民服务，真诚为民解忧，切实推进"五心"惠民工程。

复核：徐文

明珠辉万家——王福社区

童毅之　邢朝庆

王福社区位于无城镇东南，东临西湖大堤，南临天井山路，西临长江路，北临王福路，总面积约 7 平方公里。2006 年，原来的王福村、新福村、福渡村合并为王福村，可谓三福集聚之地。

2006 年至今，王福村管辖的 48 个自然村，已陆续拆迁建设成新城区，属于城乡接合部社区，于 2018 年正式成立王福社区。辖区内现有芷兰湾、水蓝湾、柏丽湾、浅月湾、翠珑湾、凤凰岛、西江樾、泰和文苑、春晓苑、初阳苑、云栖苑、闻莺苑、紫约拉菲庄园、万厦时代经典、星河湾、滨湖世纪、向日葵公寓、和景苑等居民小区，总户数 18209 户，常住人口 27126 人。

王福社区党群服务中心

无城巡礼

原辖区内有一圩。据传，唐代经济改革家、理财家刘晏任知县时，体察民情，途经此地，见一片滩地，北侧有高山（徐家山，即班茅嘴），可围一座小圩，并令当地卢员外在圩西侧建紫金牌坊、书堂、亭廊等各一座，又在此圩南侧建庙一座（后为晏公庙）。为怀念刘晏，后人取其名为晏公圩。

党建引领。王福社区党委下设6个党支部，6个党小组，有146名党员。为提升社区治理水平，王福社区党委以"党民共建，福系万家"为理念，大力打造"全能网格"，充分发挥基层党组织战斗堡垒作用和党员先锋模范作用，打通联系服务群众的"最后一公里"。

为充分发挥社区共建单位的优势，王福社区凝聚各方力量，变"独角戏"为"大合唱"，扎实开展"双联双应"工作。积极对接双联单位，扎实开展各类志愿服务活动，满足居民精神文化需求。辖区内设有先锋驿站，在社区广场、商店、超市等人流聚集处，安装"有话对党说居民意见箱"，方便群众投递"烦心事"。

王福社区坚持以"让群众好办事，为群众办好事"为宗旨，开放包容，多元互动，着力打造共建共治共享的和谐宜居高品质社区。实行"一站式"服务，积极推广"前台接待、全科受理、全能服务"工作模式，居民到社区即来即办、即办即走。社区设有党建活动和道德讲堂的多功能室、互助养老服务站、福禾书吧、青少年科普室、儿童活动中心，以"网格化+现代化+合作化"的服务模式，为居民提供精准服务。

复核：汪国培

扁担挑日月——城北社区

赵同峰

　　城北社区位于无城镇城区北门，系城乡接合部，与无仓路、新力大道贯通，交通便利。原有 17 个自然村和 1 个村民组，因城市建设需要，拆迁了 11 个自然村和 1 个村民组。现有罗村、二宫、先锋、花园、徐村、徐东 6 个自然村，总面积 1.2 平方公里，耕地面积 1900 亩，山地面积 120 亩。有居民 1640 户，户籍人口 4386 人。党总支共有党员 94 名，通过抓班子、带队伍，不断提升党组织的凝聚力和战斗力，充分发挥旗帜作用。主要农产品有水稻、小麦和蔬菜。

　　早期，城北社区分属两个乡，花园、陈里、鲁村、徐村、张村、夏村、宋村、熊堰、山头、官棚、金滩等自然村隶属董桥乡，罗村、二宫、先锋等自然村隶属东河乡。1958 年自然村合并，成立一心大队，隶属大江公社。1966 年改名为新城大队。1984 年归凤河乡管辖，改名为城北村。1988 年由无城镇代管，1992 年正式划归无城镇，2005 年改名为城北社区。

　　金滩自然村村民用小商品换羽毛羽绒有百年历史。凡是进城或下乡换鸡毛、鸭毛、鹅毛的，大家都知道是无城北门金滩人。到 20 世纪 70 年代初期，因管控而终止。

　　1983 年实行大包干责任制后，人们又重整旗鼓，由原来仅在本县交换而发展到外地，尤其发展到东北。经过不断发展，羽毛羽绒加工企业成为无为市企业的亮点。

　　发展飞速的安徽文翔羽绒制品有限公司，坐落在无城镇无仓路羽绒产业园。公司注册资本 2000 万元，占地 100 亩。截至 2018 年底，固定资产投资已达 1 亿 1 千万元。公司引进先进生产设备，生产技术达到国际先进水平，主要产品有水洗白鹅绒、白鸭绒、灰鹅绒、灰鸭绒、水洗毛片、羽绒被等。公司构建了稳定的营销网络，现有客户包括上海东隆羽绒制品有限公司、浙江柳桥实业有限公司、萧山荣达羽绒制品有限公司、浙江金利发羽绒制品有限公司、太平鸟集团有限公司等全国知名羽绒制品企业。产品出口东南亚等地区。

安徽文翔羽绒制品有限公司

　　城北社区还充分发挥城郊优势，以草莓园基地建设为基础，大力发展采摘观光农业，建成城郊现代农业示范基地。

复核：范勇

乡贤故事美——官镇社区

童毅之　邢朝庆

　　官镇村位于无城镇南部，系城乡接合部，上至老无城护城河南门大桥，下至江西桥。通江路和军二路直贯全村，军二路东边为万亩大圩官圩。原有36个自然村，军二路西边为4个小圩口，有8个自然村。全村总面积4.67平方公里，耕地面积1026亩，总户数1698户，人口6468人。

　　1958年隶属大江公社，1960年划归官镇公社，1984年属官镇乡。1988年划归无城镇代管，1992年由无城镇直管。2006年原官镇村与双桥村、龙云村合并成为官镇村。2023年2月，改官镇村为官镇社区。

　　卫星自然村原名"铁匠铺"，传说是因洪秀全率领的农民起义军驻在这里打造兵器而得名。南面有两座不大的山——营盘山和张家大山，两山中间有两条窄而深的山沟。一条通往五里河埂，通虹桥。一条通往江西桥，达襄安。还有一条小路通关城圩，达上三溪下西河。三条路交会于铁匠铺，称"分路口"，是无城南郊的要道。这三条路上，晴过三日，尘土飞扬；雨后三天，泥水横流。行人进出无城，只能走山坡。夏天，烈日暴晒；冬天，风雪严寒。

　　铁匠铺住着张氏兄弟几户，为乡亲们排忧解难。在自家住的路段上，傍着老宅搭起一座草棚，挂牌"张家亭"。张家亭分三间，每间中间放一张方桌和四条长凳，桌上放着茶壶和水碗，长年向行人免费提供茶水。每间棚的

445

中柱上，都挂着一串草鞋，免费供行人换脚。后来乡亲们改称"分路口"为"福路口"，并立石碑永久传颂张氏兄弟好善乐施的美德。抗战时期，福路口成了战略要地，和张家亭一起被标注在当时的军用地图上。张家亭的历史旧貌、风俗人情，曾在南京历史博物馆展出。

新中国成立后，军二路被扩建为双向四车道的沥青公路。张家亭草棚被拆除，福路口石碑被移走。随后，江西桥小石桥被现代化三拱钢筋水泥桥所代替。张家大山现已建成鸿联·桂花园小区，呈现出一片繁荣昌盛的景象。老人们不时向儿孙讲述张氏先贤的故事，激励后人砥砺向前，助人为乐。

西河官镇护堤大坝

随着城南片区建设的不断推进，学校、医院、商业综合体、高档酒店相继入驻，在现代化治理下，环境整洁度、百姓便利度、人民幸福度不断提升。

复核：李凤琴

史册辉今朝——新民村

童毅之　焦晓澜

　　新民村位于无城镇西郊，东邻城区，西至赫店镇，南至官镇社区，北至檀树社区。现有 32 个自然村，居民 1725 户，6282 人。总面积 1.72 平方公里，其中耕地面积 2554 亩。水面资源突出，有 1500 余亩养殖水面，劳务输出人员较多，主要是经商和务工。村内水泥路遍及每个村民组，经过村内的巢无路改线项目建成通车后，较以往交通出行更加便利。

　　1949 年，在七里井设新民区，1958 年成立新民乡，驻地新民小房自然村。后成立新民大队，花疃等 8 个自然村由文景并入新民村。1986 年成立花疃、新民、八里 3 个村。1991 年，原新民村以东干线划分，沟东 5 个自然村归花疃，沟西 6 个自然村归八里。2006 年 6 月，花疃、八里合并为新民村。八里鱼灯是新民村富有地域特色的国家级非物质文化代表性项目。令人印象深刻的还有花疃古墓群。

　　清嘉庆《无为州志》载，"状元焦蹈墓在西城外花疃"，"居士章吉老墓在西城外花疃，有米芾墓表"。

　　焦蹈，字悦道，少年时代在县学读书，聪颖好学，熟读《四书》《五经》，且精通经史百家，文翰有名。前后四次乡荐第一，奈何屡战屡败，但更加刻苦。章吉老，名迪，精通医学，洞晓《素问》《内经》等医书，尤擅针灸，以其医术救人数万，被誉为神医。

八

无城巡礼

447

新民村八里鱼灯

　　清嘉庆《无为州志》载，"知本州事夏君祥墓在西城外花疃，隆庆五年州守洪邦光表之"，"状元学士邢宽墓在西城外二里花家疃"，"布政使仰升墓在城西三里花家疃"，"工部主事沈桂墓在西城外三里花家疃"，"大理寺卿钱策墓在西城外二里花家疃"。据濡须《汪氏宗祠》（平阳堂）卷四《人物史》"汪有典"条，"葬花家疃祖茔"。

　　夏君祥，字天瑞。在任无为城主期间督修城墙，奠定了明清无城城墙的基础。邢宽，字用大，幼聪敏好学。永乐二十二年（1424）乡荐第一，赴京科考，中试第七名。仰升，字晋卿，号我轩，中进士，最终升任河南左布政使。沈桂，字仲木，号万川，年十二补诸生，秉公执法，不畏权贵。汪有典，字启漠，号订顽，又号咬菜居士，乾隆年间庐州府庠生，博通经史和秦汉各家之学，尤精《史记》。

　　沿着历史的痕迹，新民村将加快美丽乡村建设，打造生态环境优美、村容村貌整洁、产业特色鲜明、乡土文化繁荣、公共服务健全、农民生活幸福的社会主义新农村，提升群众的幸福指数。

复核：张向东

岁老根弥壮——檀树社区

林　燕　焦晓澜

　　檀树社区位于无城镇西北部，距市政府、镇政府驻地约 0.5 公里。东起小河桥，西与马厂村毗邻，南至无开路，北抵新力大道，巢无路、金塔路分别贯穿南北东西，其区位独特，交通便利。社区总面积 5 平方公里，耕地面积 1280 亩，下辖 38 个自然村，居民 2110 户，人口 7551 人。辖区内地势平坦，土地肥沃，塘口星罗棋布，农作物以水稻、小麦、油菜、棉花等为主。

　　檀树村历史悠久。据传明洪武二年（1369），有汪姓一家迁徙而来，在一个叫作檀树稞的地方安居乐业。这便是檀树村名的来源，距今已有 650 多年。

　　1930 年 1 月，中共无为县委扩大会议在檀树中共地下工作者黄子珍家召开。1945 年 8 月，无为县抗日民主政府代表杨杰等，在此居住并与驻无城的侵华日军代表就日军投降事宜进行谈判。1948 年 3 月，中共无为县委书记杨杰到檀树借住，实际上檀树成为中共无为县委机关驻地。1949 年 1 月 21 日，无城宣告解放，县委机关迁往无城。

　　新中国成立前，檀树属虹桥区新民乡。1952 年 1 月设檀树乡，属新民区。1956 年 3 月并入福路乡，属石涧区。1961 年成立檀树人民公社，属无城区。1963 年檀树人民公社改为无为县直属公社。1988 年设檀树乡，由无城镇代管。1992 年改为檀树村，隶属无城镇。2009 年 8 月，檀树村与姚庄村合

八

无城巡礼

449

并为檀树社区。

1930 年中共无为县委扩大会议会址

改革开放以后，檀树人多外出务工或经商，从事运输业、建筑业等，收入大为增加。随之而来的可喜变化是村容村貌焕然一新，文明新风吹进这座古老村庄的每个角落。

近年来，檀树社区坚持以党建引领各项工作，切实加强党性党风教育和组织建设，乡村振兴、信访维稳等工作有效开展，集体经济进一步壮大。与此同时，村规民约的制订使村民参与村务管理得到进一步保障和推进，村民政治参与热情得以激发。广大居民积极参与社会主义新农村建设，合力打造美丽新檀树。

复核：潘士强

古韵芝城

西郊通衢地——马厂村

任 华 焦晓澜

马厂村位于无城工业园区内，北沿江高速公路、无六路、老巢无路穿村而过，花渡河傍村而流，水路交通便捷，地理位置优越。全村占地面积8178亩，其中耕地面积3650亩，农作物以水稻、小麦为主。下辖38个自然村，居民1770户，6092人。今日的马厂村，经济发展，乡风文明，呈现出社会主义新农村的美好景象。

马厂村党群服务中心

451

马厂村地势平坦，土肥水清，适于安家耕作。村内主要姓氏有胡、章、谢、夏、陈、郭等，一代代马厂人在此繁衍生息，发展至如今的规模。

相传很久以前，在距离现在马厂村约1公里处，有个叫薛家冲的地方。村子外边建有一群石人石马，白天无异样，夜间变活后便偷吃庄稼，溜进村里喝祠堂前的塘水。一村民发现后召集青壮年，挥舞叉样、扁担前往村口围阻，石人石马落荒而逃。驱赶过程中，一匹石马还被打断了一条腿。有人风趣地说：如果不赶走石人石马，整座村子就要变成养马场了。于是"马场村"便叫了出去，后人习惯称"马场"为马厂。

马厂村1949年为选区，1953年改为低级社，1956年改为高级社，1958年改为农业社，1960年改为生产大队，1983年更名为村，2006年与竹园村合并为现在的马厂村。

改革开放之后，马厂村的经济发展取得了显著的成就。村民们开始从事卤菜制作、经营餐馆等，不仅提高了收入水平，也为村庄带来了更多的就业机会。

2012年至今，马厂村连续完成了19个重要工程，包括美好乡村建设、无六路和北沿江高速公路的征地、四好公路建设、水利兴修等。这些工程的完成，提升了村庄的基础设施水平，改善了村民的生活条件。

马厂村在经济发展、基础设施建设和扶贫开发方面取得了显著的成绩。未来，马厂村将继续致力于乡村振兴，进一步提升村庄的发展水平，为村民带来更加美好的生活。

复核：章敬宝

古韵芝城

巧手绘蓝图——凌井村

陈　婷　焦晓澜

　　凌井村位于无城镇西北部，东依新巢无路，南傍北沿江高速公路，与黄汰、马厂两个村接壤，和赫店、红庙、石涧三镇交界，花渡河水系环绕其西北。2006年凌井村与老屋村合并为凌井行政村，总面积6.2平方公里，耕地面积5910亩，辖40个自然村，居民1760户，6227人。凌井村属平原地带，地势平坦，土地肥沃，农业以种植水稻为主。

　　凌井村历史悠久，文化深邃。境内有一座三孔拱形石桥——横步桥，历经600多年风雨，依然安卧在碧波荡漾的花渡河上。清嘉庆《无为州志》记载，横步桥始建于明洪武四年（1371），桥长27.8米，宽5.35米，通体由大理石垒砌而成，墩基呈方形，桥面用青石板铺设，属市级文物保护单位。2018年后，经修缮加固，横步桥容光焕发，展现出古朴典雅的迷人风采。

　　凌井村南张狮子灯为无为县非物质文化遗产，始于明代初期，600多年来赓续不绝。每逢盛世，张氏家族都以举办南张雄狮灯会的形式进行庆祝，彰显地方文化特色与民间艺术传承。2013年，南张狮子灯入选县级非物质文化遗产名录。

　　凌井村人才辈出，比亚迪股份有限公司董事长王传福即该村王咀自然村人。其家境贫寒，1983年考入中南工业学院冶金物理化学专业，1987年考入北京有色金属研究总院读研，1990年毕业后留院工作。1995年辞职，创

无城巡礼

办比亚迪公司，2003年进入汽车行业。2022年，比亚迪市值突破万亿元，跻身全球车企前三。

凌井村是劳务输出大村，全村近80%的村民外出经商、务工，劳务收入是村民的主要经济来源。村党总支以抓党建促发展，逐步提高群众的物质生活和精神文明水平。全村现有100亩以上种田大户20个，实现土地流转5000余亩，极大地提升了种粮效益，为农业经济发展和产业结构调整打下了良好的基础。

凌井村文体活动广场

截至2020年底，凌井村全面实现了村级道路硬化、亮化，总长23.8公里。2022年，村集体经济收入50多万元。未来，凌井村计划进一步盘活优化村集体资源，带动经济发展，增加集体收入，实施好基础设施和产业扶持项目，召回外出劳动力，发展农村经济，注重精细化管理，发挥资源优势，规划建设具有地域文化特色的村庄，高标准推进生态宜居美丽村庄建设。

复核：朱克宏

454

文旅精品彩——黄汰村

黄海东　焦晓澜

　　黄汰村位于无城镇西北郊，距无为市中心约 5 公里，天天高速、新老巢无路及 218 省道穿村而过。总面积 4.2 平方公里，辖 32 个自然村，居民 1518 户，4924 人。耕地面积 4866.79 亩，水域面积 800 亩，大、小圩口 10 个。

　　说起黄汰名称的由来，要追溯到东汉时期。据相关文献记载，古时候，村落处于黄水与汰水的交汇处，汰水沿着凌井黄汰延绵至仓头凤河最终流入西河，故而黄金塔又名南汰寺，仓头已消失的一座古寺叫北汰寺。又因此处黄姓群众居多，"黄汰"因此得名。

黄汰村党群服务中心

近年来，黄汰村因地制宜发展特色农业产业，多措并举实现产业强村，先后获得芜湖市农村基层党建示范点、芜湖市民主法治示范村、芜湖市乡村振兴示范村、安徽省乡村振兴示范村、安徽省精品主题村、第三批全国乡村治理示范村等多项荣誉。

随着产业结构调整和乡村振兴战略的纵深实施，黄汰村依托辖区内特色农业产业优势和区位优势，因地制宜地采取了"企业+合作社+农户"的模式，闯出了一条农文旅融合发展之路。全村现有专业合作社3家、新型农业企业4家、家庭农场4家，主要种植蓝莓、无花果、火龙果、车厘子、蝴蝶兰花，养殖鱼、小龙虾、大白鹅。一大批优质的农业龙头企业争相入驻黄汰村，大大推进了黄汰村第一、二、三产业同步发展。

2022年9月，黄汰村乡村振兴示范点（农文旅）融合项目正式对外运营。该项目总投资2800万元，覆盖区域面积1700亩，重点打造了综合示范区、研学教育体验区、花海田园观光区等6个功能核心区域。建筑用地面积约3.3万平方米，建有游客接待中心、农民大食堂、停车场等。2023年，黄汰村开始实施农文旅融合发展提升项目，改造升级科技园，开工建造游泳池、乡村振兴馆、抓鱼池、钓虾池、大舞台、攀岩场、秋千场、休闲活动草坪及"我家小菜园"等。

到2025年，黄汰村将打造成集休闲、教育、旅游、观光、采摘和体验为一体，农文旅融合高质量发展，烟火气浓郁、文化特色鲜明的3A级旅游景区村庄。

复核：汪亮

羽毛第一村——董桥村

赵同峰

董桥村位于无城镇西北，巢无路东侧，紧邻无为政务新区，新力大道贯穿其东西，交通便捷。辖 25 个自然村，耕地面积 1287 亩，居民 1028 户，4198 人。

董桥村设党总支 1 个，下设 2 个党支部，4 个党小组，现有党员 66 名。目前拥有羽毛片、羽毛球加工企业 32 家，固定资产 2 亿多元，拥有职工 5000 余人，是一个以羽毛深加工为主导产业的村，被誉为"中国羽毛第一村"。

董桥村党群服务中心

无城巡礼

457

北一圩，名为疃疃圩。三闸圩水系，河流东西走向，经年不息。历史上有董姓人家出资建桥，以利圩内村民出行。村民赞誉，称之为董家桥，董桥村也因此得名。

1950 年 10 月，董桥村更名为董桥乡，隶属新民区管辖。后来，多次划分、组合，直到 2005 年，董桥改为村，归无城镇管辖。

董桥村人多地少，农田收入无法满足家庭生活。穷则思变，村民从小摊贩起步，经营羽毛、羽绒产业。初期，因交通不便，收到的物品进不来，加工后的物品出不去。1989 年开始，董桥村用了三年多时间在无为县率先修建了较为宽阔的五里砂石路。

道路畅通，羽毛产业飞速发展。从 1987 年起，董桥村羽毛加工产业由量的积累到质的飞跃，改变了过去走村串户的收购方式，开始设点收购，并将收购的羽毛、羽绒进行半机械化的清洗分类和漂白等初加工。羽毛加工、分拣的家庭式作坊，如雨后春笋般出现。董桥村由占有全国羽毛市场 80% 的份额，一跃成为全国羽毛最主要的集散地之一。

董桥村围绕乡村振兴战略的总要求，把"产业兴旺"作为农民增收、农业发展和农村繁荣的基础，在抓好羽毛加工产业的同时，着力打造生态环保绿色农业产业，开拓种植业与养殖业更加广阔的市场。未来五年，董桥村将以更大的手笔描绘宏图，围绕乡村振兴发展目标，加快美丽乡村建设。

复核：陈英豪

拓展大农业——东河村

赵同峰

东河村地处无城北郊，东至七里村、凤河村，南至城北社区，西至董桥村，北至黄汰村、石涧镇柘城村，属于西河流域、三闸圩区、季闸水系。现辖22个自然村，居民1473户，户籍人口5188人。总面积4.5平方公里，可耕种面积4500余亩，主要农作物有水稻、小麦、玉米、棉花、油菜等，水产有鱼、虾等。加工业有羽毛羽绒企业3家，大米加工厂1家。东河村交通便捷，东大路、董七路两条乡道分别贯穿东河村南北和东西，208省道横贯东河村东西。以208省道为界，南侧区域地处城市规划建设区范畴，北侧区域地处无为羽毛羽绒产业园规划区内。其中，新庄自然村已于2018年整村用于羽毛羽绒产业园建设。

原东河大队于1958年前成立，隶属大江公社管辖。经过多次划分、合并等，1988年由无城镇代管。1992年撤区并乡，隶属无城镇管辖。2006年，原长庙村和鲁碾村合并，取名东河村。

东河村特产优质的水稻品种，所产大米腹白小，甚至没有腹白，角质率高，米色清亮，有特殊香味，煮出的饭甘香。稻鱼综合种养，是东河村引进的一种新型种养方式。东河村发展特色养猪业，为无城镇居民提供优质猪肉；发展特色种植业，所产西瓜口感好、甜度高，征服了消费者的味蕾，远近闻名。东河村还利用城郊优势，发展大棚蔬菜，为村民增收。

459

无为市嘉宇体育用品有限公司位于东河村，专业生产各类比赛用羽毛球，中、高档训练场馆等用羽毛球。公司月产4万打羽毛球，目标月产量为15万打。

东河村2014年在全市率先实现城乡一体化供水，自来水入户率百分之百；宽带进村入户，广播电视户户通；2016年在全市率先实现城乡一体化供气，目前已实现村村通天然气。

东河村已建有排泵站5座，总装机容量170千瓦时，保证了全村4500余亩农田的旱涝保收。2018年，在全镇率先实施"农田水利最后一公里"项目，进行泵站技改、渠道硬化、沟塘清淤、涵闸修复等，极大地改善了农田水利条件。

东河村已建成村内水泥道路20余公里，持续加强交通建设投入，所有自然村道路硬化，极大地方便了广大村民出行。

东河村广袤的绿色田野

东河村通过不断加强基本公共服务和基础设施建设，改善了民生，提高了群众幸福生活指数。

复核：任俊林

古塔映春秋——凤河村

赵同峰

　　凤河村位于无城镇东北3公里处，东临西河，西依无仓公路，南临新力大道，北临七里村，208省道贯穿境内。总面积6平方公里，耕地面积3200余亩。辖25个自然村，居民1300余户，总人口5000余人。地势平坦，属于圩区。水资源丰富，土地肥沃，农作物以水稻、小麦、油菜为主。

　　凤河村中的陡门自然村境内，原有凤凰山。钱村、季村、邾夏村、周村等自然村，沿东河一线（现为西河）。1958年，取凤凰山之"凤"字和东河之"河"字，合为凤河村。

　　1958年，凤河村隶属大江公社。1962年，因行政区划调整，凤河村与鲁楼村、七里村、六圩村、东河村、城北村、鲁碾村、长庙村、董桥村组成凤河人民公社。1984年，归石涧区管辖。1988年，由无城镇代管。1992年，并入无城镇。2006年，凤河村与鲁楼村合并，成为凤河村。

　　周家大村人周敦，1937年走上抗日前线，曾任团政治部主任，在淮海战役中牺牲。吴村自然村人吴照凤，号凤楼，一度受聘，任张恺帆私塾先生。张凯帆曾写诗《赞塾师吴凤楼醉后挥毫》：

　　　　雅爱吴师好杜康，醉时走笔更锋芒。

　　　　前朝多少真名士，翰墨千秋带酒香。

　　闻名遐迩的千年古塔——黄金塔，屹立于凤河村东边。黄金塔建于998

年，距今已有1000多年历史。塔为六角九级仿木楼阁式砖塔，面阔3.4米，塔高35米。

全国重点文物保护单位"黄金塔"标志碑

现在的凤河村，各行业蒸蒸日上。工业方面：国有企业丰原药业集团、丰原包装厂，私营企业宗平冷冻厂、亚环羽绒有限责任公司、文翔羽绒羽毛有限责任公司等，解决了村内剩余劳动力就业问题。农业方面：主要种植水稻、棉花，同时发展水产养殖。外出务工、经商人员居多，促进了经济发展和繁荣。凤河村条件优越，投资环境优良。村级组织以真诚态度、良好服务，为投资者和村民做好各项服务工作。

凤河村党总支抓住羽毛羽绒产业园坐落该村的契机，将着力打造千亩农业生态园，依托黄金塔，构成一个集休闲、垂钓、采摘、观赏为一体的农家乐旅游目的地。

复核：魏静

求真务实事——七里村

赵同峰

　　七里村位于无城镇北郊，无城至仓头公路穿村而过。党总支下设2个党支部，党员106名。辖38个自然村，居民1287户，4710人。面积约3平方公里，耕地面积4870亩，水面面积160亩，大、小圩口11个。"新农电"台区8个，电力排灌站5座。农业生产以种植水稻、小麦为主，经济作物蘑菇是传统优势产业。养殖业以饲养鸡、鸭、猪较为普遍，稻虾混养面积发展到330亩。七里村是"中国羽毛羽绒之乡"无城镇羽毛羽绒产业园所在地，上海500强企业东隆羽毛羽绒制品有限公司坐落在村中。村距县城北门七里路，又村中有一口古井，故取名"七里井"，得村名"七里村"。

　　1958年，隶属大江公社。1962年，归属凤河人民公社。1984年，人民公社撤销，划归为石涧区凤河乡，并改称七里村。1988年，由无城镇代管。1992年，撤区并乡划归无城镇。2006年，并大村时将七里、六圩合并成七里村。

　　七里村启动一事一议道路硬化项目，对各个自然村的道路实施硬化。纵横交错的村道铺上了水泥路面，改变了以往脏、乱、差的旧面貌，极大地方便了村民的出行，提升了村民的幸福感。

　　七里村锚定"合作谋发展，美丽新七里，打造七里生态农产品高质、高效、高产"目标持续发力，多措并举发展七里产业；打造特色农产品品牌，建设第一、二、三产业融合发展的和美乡村；大力实施农业集约化、规模化经营，走"种养加"结合的路子，创造品牌农业产品效益；依托羽毛羽绒产业园，多方招引企业入驻，大力发展商业，以满足企业员工和农民日益增长的物质文化生活所需。七里村谋划建立一个规模较大的中心村，努力把中心村建成集超市、宾馆、幼儿园、养老活动中心、村民文化娱乐中心等为一体的和美乡村，让村民生活更加欣欣向荣、蒸蒸日上。

七里村党群服务中心

复核：杜宝家

亘古烽烟烈——仓头社区

张甫根

仓头社区位于无城北郊6公里处，地处无为县第二大圩三闸圩腹地，距城区约10公里。有自然村33个，居民2106户，总人口7500人。辖区面积约3.6平方公里，土地确权面积4500亩，水面面积2000余亩。仓头社区素有"鱼米之乡"的美称，社区内地势平坦，土壤肥沃，水面资源丰富，各类鱼塘星罗棋布。农作物主要有水稻、棉花、油菜、玉米等，水产品鱼肥蟹鲜，稻田养虾已成规模，畜禽养殖和菊花种植已形成特色。农家特色小菜和腌制品，闻名遐迩。

仓头社区是原仓头镇政府所在地，历经划分、合并等，2005年12月区划调整，整体划入无城镇管辖。2006年5月，由西桥、季闸、六井村和仓头街道合并成仓头社区。

三国时期，曹操四渡巢湖，征战东吴。几度大军在此驻兵屯粮，故名"仓头"。古老的建筑、古朴的街巷，都是历史的见证。始建于三国时期的北汰寺，系曹操部下大将张辽的幕僚张庚琪所建。北汰寺井圈上深约3厘米的28道井绳沟痕，深深地记录下南宋壮士刘绍祖等千余勇士抵御外寇、保家卫国的英勇壮举。藕塘事件，提醒我们不忘国耻。新中国成立前，仓头是红色游击区，有大批地下党在这里活动。

新中国成立后，中国共产党无惧艰险，创新发展。中国经济社会发生了

无城巡礼

465

翻天覆地的变化，仓头也日新月异。陆路交通不便，却造就了仓头商贾云集、车水马龙的繁荣景象。仓头老码头是当时重要的水路客道，人山人海，充满烟火气，搬运工们往返码头与粮站、油厂和供销社等经济纽带，将努力和期盼传递到五湖四海。老码头担任着经济流通的中转站，同样是承载着仓头人美好愿景的远航船。无数怀揣着梦想的有志者来到码头，坐上船只，迈向远方的城市，用智慧和汗水在外闯出天地。多年后，他们带着积累的见识和财富重返这片土地，带动整体经济发展。随着现代交通的发展，老码头热闹不再，渡口前的指路牌上写着"福渡—仓头渡"。偶尔有零星的几人乘船渡河，柳条婆娑、芦苇摇曳，显现出别样的风景。

老渡口

现在道路四通八达，出行不再受限。仓头靠着"咸肉"特色产业日益壮大，仓头咸肉因其独特的制作工序和风味成为无为美食之一，远销省外。

仓头社区将大力调整农业产业结构，力争成为"环境优美、村容整洁、产业兴旺、特色鲜明、街道繁荣"的美丽和谐社区。

复核：郏俊生

466

神嘴歌伟绩——圣嘴村

张甫根

在无城镇东北约 12 公里处，有一个 600 余年历史的村落，当地村民称之为"乌龟墩子"。这土墩三面靠圩堤，一面临水，位于三墩与碾头之间，坐东北朝西南，从正面能明显看出一个乌龟脑袋形状，前额连西河，为上水龟形。又因西河环绕，形成湾汊，好像乌龟伸嘴要喝西河水之状，故当地人称之为"神墩"。

清光绪年间，永胜圩发大水。马村地势较低，水灾非常严重。无奈的百姓只好迁到圩埂上一个地势比较高的大嘴头，大水漫不上来。村民在这上面搭些简易棚，暂住避灾。因为"前门有银河，后门有良田"，气候宜人，环境优美，恰似神仙住的地方，所以被称为"神嘴"，后改为圣嘴，也就是现在的圣嘴村。

圣嘴村历史悠久，文脉连绵，最早可追溯到三国时期，是曹操出征东吴的前军大帐所在。现在的"碾头"自然村，是曹操出征东吴时存粮碾米的地方。"军田"自然村，是当年曹操驻兵屯田的地方。"东营""西营"自然村，是两个铁打的营盘。"坛中""坛西"自然村，则是操练军马、练武排阵之地。

现在的圣嘴村，隶属无城镇，与福渡、陡沟隔河相望，西河穿村而过，水陆交通便利。面积 4 平方公里，耕地面积 4500 余亩，居民 811 户，3021

人。全村有三个圩口，分别是义兴圩、永胜圩、三闸圩，盛产水稻、棉花、油料作物等。

新中国成立前，圣嘴村归属中共无为石涧区委领导。1949年7月，四乡合一设神嘴乡，隶属石涧区。1955年成立圣嘴高级社，1958年改为圣嘴大队，1978年成立圣嘴村，2006年圣嘴、张广、义兴三个村合并，冠名圣嘴村，归属无城镇管辖。

圣嘴村党群服务中心

圣嘴建村历经几百年，广大群众前赴后继，艰苦奋斗，从一穷二白到文明富裕，创造了一个又一个奇迹。圣嘴人民在这块土地上，必将继往开来、再创辉煌！

复核：许福生

水稻伴果香——周店村

张甫根

周店村历史悠久，早在五代十国时期就有相关的神奇传说。

周店村上通巢湖，下达芜湖，是南来北往的交通要道。历史上为了方便往来客商，很多周姓人家开店经商，且待客有礼，和气生财，口碑甚佳。这里因此被称为"周家小店"，后简称为"周店"，沿用至今。

周店村位于无城镇北部，由永固和周店两个村合并而成。属三闸圩半丘陵地区，有22个自然村，45个村民小组，居民1086户，总人口4299人，现有面积约4.5平方公里，耕地面积4243亩。京福高铁和天天高速（服务区）穿村而过，仓（头）石（涧）柏油路横穿全村3公里，4条水泥路通往各个自然村。主要圩口有太安圩、景德圩、花保马圩，建有10个低压配电台区，10个电力排灌站。村中青壮年多外出务工，耕地80%以上流转至种粮大户。主要农作物有水稻、小麦、玉米、油菜、棉花等。另有养殖大户经营特色水产稻田养虾3000余亩。近年开始引进莲藕种植，具有得天独厚的发展潜力。

新中国成立前，周店设乡，归属中共石涧区委领导。1952年8月，设周店乡，归属黄雒区管辖。1955年12月，撤销周店乡，改为周店大队，归属石涧区黄雒镇管辖。1958年，归属仓头乡（社）领导。1992年撤区并乡，周店大队改称村，划入仓头镇。2005年12月，永固村并入周店村，冠名周店村，归属无城镇管辖。周店村党总支由3个党支部组成，其中一个在北京，以延伸职能，拓宽服务。党总支辖7个党小组，共有党员116名。

周店村党群服务中心

2023年，周店村在周岗中心村实施美丽乡村建设，涉及朱村、刘村自然村。2023年，实施高标准化农田建设，周店村通过规划、建设，使农田、灌溉渠道、砂石路、绿化、沟塘清淤等都得到标准化提升，农户种植便利，农业增收。

复核：吴向东

创建新农村——革贪村

张甫根

2021年4月，安徽省司法厅和民政厅第八批任命的"安徽省民主法制示范村（社区）"中，革贪村榜上有名。

革贪村位于无城镇北郊约10公里处，三闸圩腹地。面积7.22平方公里，耕地面积6524亩，水面面积1000余亩。居民968户，总人口3878人，共有17个自然村，28个村民组。革贪地接巢湖，引雏水而对芝山。

革贪村原名葛壇村，当地的陈氏先祖来自河南省长葛县，后由于战乱和自然灾害，陈氏先祖一部分人于明弘治十年（1497）迁徙到无城北乡落户，繁衍壮大。刚来时，地势低洼，为了抵御水灾，陈氏先祖们合力垒土成台，古时称为"壇"。因他们从河南长葛县迁徙而来，为了不忘本，取名为"葛壇"。

20世纪初，大批知识青年当兵入伍，参加新四军、游击队，有许多可歌可颂的英雄人物。他们积极参加当地的革命活动，与反动腐朽的黑暗势力作坚决的斗争。尤其是20世纪30年代，全村所有人都参加了无城人民反贿选、反贪腐的斗争。青年陈光茂，就是这股革命洪流中一朵灿烂的浪花。他接受新思想、新潮流，勇敢地站在革命队伍的最前面。为了表达"革除腐败"的决心，依"葛壇"的谐音，改名为陈革贪。当地村民和中共北汰区委认为这个称呼有积极意义，便也把葛壇村改叫"革贪村"。从此，便有了这新的充

八
无
城
巡
礼

471

满正能量的村名"革贪村"。

1930年1月，革贪村归属中共无为北汰区委领导。1952年8月，改属新民区政府。1956年1月，革贪撤村改为革贪大队，归属石涧区仓头镇。1992年，撤区并乡，仓头改为镇，革贪大队归其管辖。2005年底，仓头镇撤销，革贪、南庄、高褶3个大队合并为革贪村，归属无城镇管辖。

革贪村党群服务中心

今日的革贪村依托现代化农业技术，发展稻虾混养、绿色水稻、荸荠等高效高产农业，提高了农民收入。在广大干群的共同努力下，革贪村基础设施不断完善，居住环境不断提升，农舍错落有致、林荫掩映，成为幸福家园。

复核：马克军

聚力谋发展——陈闸村

邢朝庆　童毅之

陈闸村地处无城镇西北边陲，东临周店村、黄闸村，西连石涧镇赵巷村、纯头村，南临革贪村，北依石涧镇黄埠圩。辖23个村民组，居民896户，常住人口3206人。境内主要水系为黄陈河，有电动排灌站2座，受益面积约5000亩。耕地面积5847亩，水面面积2200亩，其中可养殖水面890亩，优质稻虾混养面积2000亩。

1949年后，陈闸村先后成立互助组、初级社、高级社。1956年成立陈闸乡人民政府，隶属石涧区。1958年成立陈闸大队，隶属仓头人民公社。1992年撤区并乡，陈闸村和北庄村隶属仓头镇。2006年6月，陈闸村与北庄村合并为陈闸村，成立陈闸村党总支委员会和村民委员会，隶属无城镇。

党总支带领全村党员和群众，以富民强村为目标，以基层党建工作为抓手，艰苦奋斗、真抓实干，扎实推进农村"三大革命"（厕所革命、垃圾革命、污水革命）和脱贫攻坚工作，顺利实现小康。

广大群众人人动手、人人动脑、人人争做环境卫士，从自身做起、从身边做起，做到自家院落整洁化、垃圾袋装化、厕所卫生化、村庄美丽化。通过坚持不懈的整治，陈闸村生活垃圾无害化处理率超过75％，完成自然村605户常住农户卫生厕所改造，普及率提高到68％。农村生活污水治理水平明显提高，乱排乱放得到有效控制，村容村貌焕然一新。在持续推进美丽乡村建设过程中，党总支以更大力度持续改善人居环境，建设美丽家园。

先武生态园

　　如何进一步发展？陈闸村党总支规划重点建设中心村，撤并汤李、张埂、陡门、龚家、小村等自然村，重点发展稻虾混养，对新陈圩、沥水圩、太安圩、朱家圩等沟渠进行常态化梳理，打造万和垂钓中心、刘虎农家乐、秦宗发菜牛养殖场，提升先武生态养殖基地规模，按照"生态宜居村庄美、产业富民生活美、文明和谐乡风美"的总体要求，加快陈闸美丽乡村建设步伐。

复核：张强龙

景泰三村人——黄闸村

邢朝庆　童毅之

　　黄闸村位于无城镇北郊，总面积7.8平方公里，辖29个自然村，居民1026户，3600余人。1949年10月，属石涧区黄雒乡。1951年9月，改黄闸村为黄闸乡，隶属石涧区。1952年8月，划归黄雒区。1956年，黄闸改乡为村，归属石涧区永胜乡。1961年10月，黄闸村改为黄闸大队，划归石涧区黄雒公社。1983年，黄闸大队改为黄闸村，隶属石涧区黄雒公社。1992年10月，归属仓头镇。2005年，随原仓头镇整体并入无城镇。2006年10月，原黄闸、杨柳、花保三村合并为新的黄闸村。

　　黄闸村具有丰富的红色文化内涵。土地革命战争时期，是无为红色文化的发祥地。中共无为县委在这里编辑、发行了县委机关报《红旗报》和《新闻周刊》。初创的《红旗报》为周刊，后来改为周二刊，8开油印报。六洲暴动失败后，重建的中共无为县委成立"无为武装宣传队"，继续开展以打土豪为主要内容的武装斗争。《红旗报》继续作为中共无为县委机关报，发挥党组织的喉舌作用，直到1931年底停办。抗日战争时期，黄闸是无为县人民抗日自卫军的集训地，留下了许多无为军民同心抗日的佳话。解放战争时期，黄闸是中国人民解放军渡江部队第二十五军的驻地。黄闸人民为支援解放大军渡江作出了巨大贡献。

　　黄闸这片红色的土地上，走出了爱国中将季嚼梅、抗日名将季鸿，以及抗美援朝、保家卫国的胡世寿师长，他们的英名永存。

黄闸美丽乡村

　　为了更好、更便捷地为群众服务，在建设美丽乡村时，黄闸村新建了党群服务中心，占地面积210平方米，建筑面积420平方米，分上、下两层，一层是为民服务大厅，二层是党群服务中心，设有综治中心、为民服务代理站等，拉近了干群距离，提高了服务质量。

　　黄闸村鼓励农户进行特种水产养殖，成为小龙虾养殖基地，主要采用稻田养虾，龙虾收获后，再种植水稻，每亩收益2500余元，带动了本村的经济发展产业链，为更多的村民找到了致富路子。

　　有了党的好政策、村党总支的正确引领，村干部积极谋划宏图，描绘美好画卷，人们的生活水平不断提高，幸福指数不断提升。

复核：胡亚飞

476

绽放幸福花——七广村

邢朝庆　童毅之

　　七广村，东临陡沟镇，西连石涧镇，北接黄雏社区，南依黄闸村。辖28个自然村，面积4.42平方公里，居民1000多户，3600多人。土地确权耕地面积约6100亩，有张婆圩、景德圩等圩口，有黄树闸和金龙排灌站2座。

　　1953年实行乡级行政建制，七广村属合明乡。1958年属仓头乡，1961年属黄雏人民公社，1984年更名为黄雏镇。1992年撤区并乡，黄雏镇归属仓头镇。2005年，七广村随仓头镇并入无城镇。2006年5月，原七广、蔡湾、土城三个村撤销合并为七广村。

七广村党群服务中心

七广村党总支下设 4 个党支部，有 139 名党员。党总支充分发挥党组织的政治优势和组织优势，夯基固本，发挥"领头雁"作用，激发"总支领、村民跟、谋发展"的内生动力，让老百姓关心的每一件实事都落地生根，让党的旗帜在村级阵地上高高飘扬，奏响乡村振兴"幸福曲"。

　　七广村乡贤人物众多。许德胜，蔡湾自然村人，1940 年参加江北游击纵队，1941 年牺牲。潘克宽，小孟自然村人，1945 年 10 月新四军七师奉命撤出皖江抗日根据地后，参加地方民兵组织，活动于七广周边，1946 年 3 月牺牲。季学成，蔡湾自然村人，新四军七师奉命撤出后，担任民兵排长，开展地下武装斗争，1946 年 3 月牺牲。季永旺，土城自然村人，参加新四军七师沿江支队，北上途中英勇牺牲。

　　七广村开展"宜居靓家园，健康新生活"主题宣传活动和"清洁城乡，美化家园"活动，把村民文明卫生素质教育与环境卫生整治工作紧密结合。建成村内水泥道路 23.8 公里，所有自然村道路均已实施道路硬化。疏理沟渠 22.5 公里，保证了全村 6100 亩农田旱涝保收。2022—2023 年实施高标准农田建设，通过财政投入资金 1372.5 万元，对项目区水、路、田进行综合整治与科学配套。

　　党建引领发展的"幸福花"，在乡村振兴路上绽放，一幅"产业兴旺、生态宜居、乡风文明、治理有效、生活富裕"的乡村振兴新画卷，正在七广大地上全面铺展。

复核：金志中

濡须古航道——黄雒社区

邢朝庆　童毅之

　　始建于宋代的黄雒古镇，原名黄雒河。1949 年 7 月在此成立黄雒镇，1952 年 8 月划属黄雒区，区政府驻黄雒河。1956 年 1 月设黄雒乡，1961 年 10 月成立黄雒人民公社，1983 年成立黄雒镇，1992 年撤区并乡划归仓头镇，2005 年仓头镇整建制并入无城镇，成立黄雒社区。社区共有 8 个自然村，21 个村民小组，居民 1150 户，3412 人。

　　黄雒社区位于无城镇最北端，属西河与裕溪河交汇处的平原水网地带，与含山县东关、运漕一河之隔，与凌家滩古遗址直线距离仅 5 公里。黄雒河是古濡须水的重要干段，西接巢湖，南连西河，东入裕溪河，是三河汇聚的黄金水道。东汉末年孙权与曹操的濡须之战，孙权草船借箭的历史典故就发生在这里。

　　黄雒历史上是无为市最为重要的物流中心、集散中心、交通中心，是安徽省一颗璀璨的明珠、无为市极为重要的河流调节闸。

　　黄雒老街位于黄雒码头圩埂后，狭窄幽深，青石板路面，两旁鳞次栉比的店铺，砖木结构，粉墙黛瓦。老街起源于宋代，明清时期发展成为物资集散中心。现在大部分商铺纷纷迁至新街，老街逐渐淡出人们的视野。

　　新街建于 20 世纪 90 年代末，从抗旱渠道至车站，长 500 米，宽 18 米。街道两边花坛之间是 3 车道的公路，路两旁有书店、超市、酒店、医院、药店、菜市场、邮局等。

黄雒老街

随着社会的进步、交通的发达，人们出行方式也在发生着变化，汽车、高铁已成大众出行的首选，轮船已消失，靠河发展的黄雒失去了地理优越性。

黄雒社区党总支下设4个党支部，20个党小组，现有党员146名。自成立以来，黄雒社区在无城镇党委领导下，始终以社区党建为核心，并结合社区实际，扎实、细致地开展各项工作，以宣传栏、广播、报告会等形式，向党员、群众开展教育，做好流动党员管理，适应新形势，积极探索社区党建新路子、新方法，开拓新局面。

复核：程舒

480

后　记

2023 年春节后，无城镇党委、政府研究决定，出版《古韵芝城》一书，以展示和宣传地方历史文化底蕴、新时代建设风貌等。

无城镇党委、政府高度重视，成立了以主要负责人为组长，各部门负责人为成员的领导组。下设办公室，镇一名负责人兼任主任。各社区、村负责人积极配合，安排相关人员协助编写工作，并认真复核有关文章，确保准确性。

2023 年 3 月 1 日，召开第一次编写组会议，由主编阐明出书宗旨，介绍各位编委相识。会议确定全书分为八个部分，并明确文章、图片的采集方法，以及分工、采编时间等具体事项。

2023 年 3 月 1 日至 5 月 31 日，无城镇综合文化站主办了"米芾杯·无城镇历史文化全国征文大奖赛"，吸引了广大无城人，以及在无城工作过或与无城有缘之人，写无城事、无城人、无城景等。大奖赛评出一、二、三等奖及优秀奖，部分作品被选入书中。

2023 年 9 月 21 日，无城镇人民政府主办，无城镇综合文化站、无为市摄影家协会承办的"'多彩金秋 魅力无城'全民摄影大赛"作品展开展。部分作品，选入书中。

收集稿件期间，得到文学爱好者的大力支持。他们积极搜集历史资料，深入各地采风，创作出大量高质量、有价值的文章。从全书统筹考虑，有些内容相近的稿件，不得不忍痛割爱。

全书八个部分，分别从不同的角度，力求用真实的人和事，反映无城古今全貌，有古代雄厚的历史文化，也有现代社会的奋进奇葩。每个部分的文章基本按时间顺序排列。《无城精英》中，以有文字记载、收集到的资料为准，力争展现各类名人，以飨读者。因采编人员、时间、精力等有限，无法一一展示，实属美中不足。

2019年12月26日，根据《安徽省人民政府关于撤销无为县设立县级无为市的通知》（皖政秘〔2019〕248号）精神，撤销无为县，设立县级无为市。因此，本书根据不同历史时期，对无为市、县称谓不同。

所有编委努力工作，不辞劳苦，深入社区、村，获得珍贵的资料；张甫根同志认真拍摄配图，精心挑选，力求最佳效果（极少数图片选自网络）；很多热心人士提供线索，为本书出版作出贡献；"米芾杯·无城镇历史文化全国征文大奖赛""'多彩金秋 魅力无城'全民摄影大赛"组织者精心安排，广大群众积极参与……在此，对所有关心、支持和参与本书出版工作的同志，一并表示衷心感谢！

《古韵芝城》编写组

二〇二三年十二月十二日